# 剑桥博士求学记

辛木 著

中国青年出版社

剑桥大学风光

目录

contents

**辑一**
Series I

# △初赴英伦

说起我的出国经历，还要从办理英国签证讲起。

# 临行第一站
## ——英国签证中心

　　说起我的出国经历，还要从办理英国签证讲起。一开始，我并没有把签证当回事。之前我也曾出国旅游，但都是通过旅行社办签证，再加上年龄不满 18 岁，始终是父母帮着准备材料。虽然我也参与其中，但我一直以为办签证只是走个程序而已。这一次我也不例外，简单地把签证材料备齐，在网站选择了最便宜的服务，轻松地走进了签证中心。

　　北京的英国签证中心占据一个大写字楼的一层，呈长方形，布局好像银行的营业大厅——中间一大片椅子，被周围二十多个窗口环绕着。

　　"叮咚，叮咚……"叫号器的提示音此起彼伏。终于轮到我了，我急忙跑过去，一股脑儿地把材料都递给了窗口里面的工作人员。对方很礼貌地把材料接过去，看了一眼就装进一个大信封。我心里的一块石头落了地，好像签证已经稳操胜券了。

　　可是，后来事情的发展轨迹却发生了偏差。本来承诺的 15 个工作日得到结果，但已经过去四周了，签证仍然杳无音讯。

　　那段时间我心绪不宁，常常呆呆地望着窗外，心里默想：不知道签证现在办得怎么样了。我多次忍不住想去询问，但是在网上查找半天却发现，签证中心其实只是一个代理机构，真正受理签证的英国领事馆既没有留下电话，也没有邮箱地址。我从小到大还从来没有感受过这种无奈——自己的"未来"完全掌握在别人的手里，而自己却毫不知情，也毫无办法。

四周之后，我终于收到让我取签证的邮件，我满心欢喜地再次来到签证中心，经过半小时的等待，我终于从取件窗口，拿到一个鼓鼓囊囊的纸信封。我坐在一个等候区的椅子上，迫不及待地打开信封，先拿出我的护照，可是在上面左找右找，也没有看到签证的贴纸。我又从信封里翻出一张对折的 A4 纸，一眼就看到上面的黑体字——"拒绝"。

这样就算是被拒签了？我之前在网上看到，英国拒签率只有不到3％，我从未想过这种事居然会发生在我的身上。这时离开学只剩不到两周时间，我的签证又得从头办理……这还能不能赶上报到日期呢？我到英国后续的手续又该怎么办？一步赶不上，步步赶不上！这可真不是个好兆头啊。

我继续往下看，大段的文字我看不下去，将目光直接跳到"原因"的冒号后。

"您的签证在财务财产证明一条没有满足我们的要求。

"因为没有提供存款证明的原件，因此我们不认为您提供的材料满足我们的要求。"

我不知道当天是怎样回到家中的，只记得搭乘地铁的时候还差点坐过站，对前途的焦虑占据了内心。回到家里，我顾不上吃饭，马上开始第二次的准备。

再次打开申请签证的网页，一行行仔细地读着。我发现了很多之前从没注意到的功能——提前递签、加急、短信通知……看来只需交钱就可以大幅度提高签证效率。我毫不犹豫地选择了提前递签、加急的服务，还特别购买了短信通知。

签证中心提供的材料清单好像重有千钧，就像一沓试卷一样。我不敢大意，逐字逐句细读着，遇到几处不太明白的地方，马上用笔圈出，在网上搜索着经验，之后又忙在清单上标注出来。仅是读完一遍材料清单，就花掉了我两个小时的时间。

随后一周的时间，我都在反复核对着签证的准备材料，直到材料清单的纸张已经起皱泛黄。当我重新预约到办理签证，已是新一周的周一。这是我第三次坐在签证中心，心里尤为紧张。我小心翼翼地递上去一大沓材料，对方一语不发，简单地翻看了两下，就把材料装进了信封。

办理加急签证，承诺 5 个工作日内出签。但整整一周过去了，签证依旧有如石沉大海，我每天都在网上查找签证攻略，偶然发现一条消息：每天下午 6 点会有一批签证送回签证中心，可以这时去现场询问，运气好的话就可以当时取回签证。

看到这个信息，我如获至宝。眼看周六就是我预订好的航班出发日期，下周一就是学校正式开学的日子，而周末签证中心休息……我再也坐不住了。周五的中午，我草草地扒了一口饭，就按着攻略的指导去往签证中心，等待着这最后一根救命稻草。

第四次坐在这个地方，我的内心焦灼万分，面对着取签证的窗口，看着一拨一拨的人来了，又走了。他们或欣喜、或紧张，有的是商务人士，穿着笔挺的西服，额角上渗出粒粒汗珠，用手帕擦着；有的女士衣着时髦，高跟鞋在映出人影的地面上发出清脆的声响；有些也是学生打扮，行色匆匆，脸上也露着一丝茫然；还有一些旅行社的导游，不知道已经来过这里多少遍，一副满不在乎的样子，手里抱着一大摞护照，拿着折叠过多次的名单一个一个地打着钩。看着这一大摞护照，我无比羡慕，只要能拿到自己的签证，让我干什么都行！

时间过得飞快，不知不觉就到了下班时间，签证大厅中的灯暗下了一半儿，剩下一侧大都是像我一样焦急等待的学生和家长。与此同时，还不断有人陆续赶到。

"签证已经到了啊，排队取一下。"我隐约听到工作人员的声音，大概她每天都要重复很多遍这样的内容，这句话说得非常冷漠。

"太好了！"一个中年男子高兴得都变了声调，一路小跑奔向取号机，完事又坐回原处，脸上的笑纹还迟迟不肯散去。

我甚至有些嫉妒这个幸运的大叔，何时自己才能迎来这一刻呢？

在煎熬的等待中，又过了一个小时，这一侧的灯也关闭了，只有签证取件处的灯依旧开着，好像是那最后的一丝希望。

终于，一个工作人员走向了我们，大厅里的气氛活跃了起来。几个前排的中年人猛地站起，围拢上去问长问短。这个工作人员中等年纪，这样的场景她大概天天都会见到，早就习以为常，我做好了心理准备，等待着"宣判"。她并没有直接宣布结果，而是记录下我们的申请流水号，准备查询。这串长长的流水号，我这几天已经背得滚瓜烂熟，能脱口而出，只见她用圆珠笔飞快地写下来，就走向了后一排。

这位工作人员走后，一切又沉默了下来。又过了半个小时，那位工作人员又出现了，她大概已经练就了过目不忘的能力，直接用手指着：

"你——你——你——签证到了。"

我抬起头，看到她的手正指着我的方向。

我的签证终于到了？向后看看，后面没有人，我仍旧不敢相信："签证……真的到了吗？"

"嗯，你等会儿，会叫你来取。"那位工作人员头也不抬地答道。

有目标的等待更加难熬。这次会不会像上次一样？如果这次又有问题，那可就彻底完了。看到身边的人一个个拿到自己的信封，满意地离去，我再也坐不住，站起来踮着脚，伸长脖子看着前方的窗口。

后来终于轮到了我。我迫不及待地接过自己的信封，终于看到了那张签证的贴纸。当我已经迈出签证中心的大门，手机短信的提示音才姗姗来迟："你的签证已被取走。"

这是我最惊险的一次办签证的经历。等我回到家，已将近晚上8点了，全家人都在焦急地等待着，我匆匆吃了晚饭，就赶忙和父母一起打包行李。

就这样，我卡着入学报到的时间点，第二天早上7点半赶奔机场，远赴异国他乡。

## 留学攻略

赴英留学前，留学生们便要经历一番"烦琐"的申请环节。

第一步是申请学校，在收到学校有条件录取通知书（conditional offer）后，就要尽快满足其上列出的条件；当收到无条件录取通知书后，还要申请签证。

这里提醒留学生们，由于英国办事效率不高，也不会为了迁就学生入学而"特事特办"，赴英留学的人数又逐年增多，所以应该尽早准备相关材料。

在准备材料时，一定要做到细致、周到、全面。仔细检查每一项具体要求和详细细节，如有拿不准的问题，网上都有比较详细的攻略。英国人非常讲规矩，只要材料准备得完全符合要求，各种手续便不会有问题；相反地，如果材料准备得不到位，也难以逃脱检查人员的"法眼"。比如我第一次办理签证失败，就是因为忘了提交银行存款证明原件而只提交了复印件，而工作人员也疏于检查，才造成了失误。

名校体悟

"我要不要选择出国留学？"这恐怕是很多高中和大学毕业生们都会面临的选择。过去的几十年，世界正面临翻天覆地的变化，我国高等教育水平已经明显提高，中国大学生无论是知识水平、综合素质都绝不逊色于世界名校毕业生；随着新媒体技术与国际合作交流的深入开展，"英语流利、眼界开阔、拥有国际视野"也不再是海归学生的专利。在这样的大背景下，要选择出国留学，应该重点在这三个方面提升自己：

第一，世界名校中有一些最为尖端前沿的课题与专业方向，也有一批顶尖的学术大师。当你师从这些大师，从他们对原始数据、生活细节的评价与分析中，学习他们观察世界的独特视角与思考问题的思维模式，最终才能"青出于蓝而胜于蓝"，成为真正的创新人才。

第二，相对于国内的教学环境，国外高校更加强调学生的自主性。留学生们既脱离家人的视线，又没有老师的"监督"。这样的生活既是无拘无束的，也是孤独的，有时可能还是危险的。这样的环境可以充分锻炼人的适应性、独立性与自律性，培养更加完整、健全的人格。不过，这样的环境也是一把双刃剑，对于那些已经自知适应能力或自控能力较差的学生而言，出国留学并不是很好的选择。

第三，在融入世界大家庭的过程中，更能正确地认识自己。当我第一次被外国朋友要求介绍自己的家乡时，我才意识到我对自己的祖国的了解是那样的不足；当我习惯了西方小镇平稳安逸的生活时，我才惊叹于祖国日新月异的发展变化……此外，当看到那些在世界上颇有影响力的学者依然衣着简朴，骑着旧自行车上下班时，我才深刻地意识到，物质条件的好坏，并非一个人身份的象征，过着简单的生活，却做出不平凡的业绩，这才是真正的潇洒人生。

# 机场送别
## ——再见，北京

　　第二天就是离别的日子，全家人都早早起来。简单吃过早饭，父母送我去往机场。一路疾驰，窗外的高楼碧树一闪而过。我坐在车里，脑子里忆起中学时去美国参加夏令营的场景，又想到全家人一起出游的经历，恍恍惚惚之间，不久就抵达首都机场 T3 航站楼。

　　迈进"国际、港澳台航班"入口，浅灰色的航站楼大厅便在眼前，一眼望不到头。一缕朝晖透过航站楼上方的采光玻璃倾泻下来，给整个大厅洒下一缕金色。虽然当时还不到早上 8 点，我搭乘的英国航空公司去往伦敦的航班已经开始值机，柜台前已经排起了长队，队伍拐了个弯，对折过来。这个时节，排队的乘客绝大部分都是学生打扮，从队尾看去，花花绿绿的双肩背包都装得鼓鼓囊囊的，上面露出一个个黑脑袋。地面上排列着一个个大号的旅行箱，还有几个摊开着，箱子的主人们蹲在一旁，焦急地扒拉着，一看就是在寻找着什么。偶尔传来一两声尖厉的抱怨声：

　　"你说说你……"

　　随即又湮没在嘈杂的背景声音中。

　　队伍缓慢地向前移动着，我也不情愿地挪动着自己的脚步，父母在一旁默默跟着，这时我心中虽有一丝对家人的不舍，但马上就被对前途的迷茫和无助感所湮没——现在还是熟悉的机场景象、熟悉的语言文化，十几个小时后，我就要到达一个全新的世界，融入不同肤色、不同生活习惯的人海。虽然之前出过国，但自己却从未在陌生的城市独立生活过。我未来的生活会是什么样？况且我并不是只去几个月，很可能是长期生活和学习。我能适应吗？这一切都是未知数。

　　不知不觉到了值机柜台，我目送着自己的行李，随着传送带缓缓远去，心里有些不舍——此刻，这场奔赴异国的旅程正式开始了，再也不能回头了！

　　随即，我接过自己的登机牌，它的纸张非常柔软，上面没有图案，白纸黑字干巴巴地印着一个个单词——将来也许我每天只能看到这样枯燥的文字？办完手续还有一些富余的等候时间，我尽量克制自己不去担心未来，和父母一起坐在大厅柱子下的长排座椅上。

我们家是典型的慈母严父。今天老爸穿着休闲衬衫和西裤，到了这种场合仍然寡言少语，有时望望排队的人群，偶尔又看看手机。老妈已经打开了话匣子，一个劲儿叮嘱着：

"你一个人到了国外，一定得吃好喝好……不要怕花钱。西餐咱们吃不惯，中餐馆就是贵点儿，你该吃就吃，别太省着……"

她说起话来虽然语气如常，但语速越来越快，心里的千言万语，在排队时像是被大坝阻拦着，现在终于找到了出水口，争先恐后地往外冒。

"我们都不在你身边，自己要照顾好自己啊，晚上睡觉别着凉……我给你带的药，怎么吃都给你写在小本儿上了……"

她开始回忆着，担心带的药不全。突然又换个话题：

"学习上有压力，千万别自己扛着，打电话时及时跟我们说啊！"

我心不在焉地听着——我及时跟你们说？该说些什么？隔着半个地球，我说了又能有什么用呢？从今以后，一切真的都要靠自己了！

我低头一看手表，过了9点半。到点了，我一心想着不要误了飞机，忙说："好啦，我得去安检了，咱们告别吧！"

这时在一旁的老爸才开口："别老惦记家里。明年我争取抽个时间去英国看看你。"

说着一家人站起身，推着行李车，向安检口走去。

T3航站楼的构造好像一个平躺的沙漏，登机的统一入口恰好位于沙漏的中心处。放眼望去，这个沙漏阻隔了不少父母的脚步，只漏下一个个奔赴远方的学子和父母们远眺的目光。

我扫描机票通过闸机，走了一段路，一回头，看见老爸老妈还在远处的人群中向我翘首张望着，心里涌起了一股酸酸的暖流。

我转过身来，低头走着，脑子里不停闪过各种问题：我能顺利通过英国海关吗？能顺利找到学校吗？虽然这一切都做了准备，但是经历过办签证的"惊险"，我丝毫不敢大意，生怕再发生什么意想不到的事情。

我坐着机场小火车穿过"沙漏"的中段，过了中国海关，紧接着到达了安检处。这里等待的人多极了，一条条甬道拥挤不堪。终于轮到我，听到机场工作人员拖着长音喊着：

"电脑——充电宝——手机——拿出来啊——"

但我在安检行李架上几乎找不到一个能用的空地儿，也害怕影响到后面的人，只好把箱子和背包放在地上打开，手忙脚乱地拿出电脑、充电宝，又从裤兜里翻出了手机，放到安检专用的大托盘里。

我长舒一口气，刚刚离开，突然间意识到，钱包还在裤兜里，是不是也不行啊？我三步并作两步返回去，看到装着自己行李的大托盘马上就要进入安检机，我忙把钱包扔进去。

个人通过安检之后，我又去等待自己的行李，生怕有谁拿错。我看着自己的行李从 X 光机"吐"出来后，传送带忽然猛地一停，我的行李向前滑动了一下，随即就被一个横向的传送带送向了工作人员。"啊？我带了违禁品？都怪我妈，不知道又给我塞了些啥！"我心里暗想着。

"这是谁的包？"工作人员高声问着。

"我的！"我心里着急，大声说着，同时高举手臂，生怕她看不到。

"你杯子里水没倒啊！"

哎呀，真是忙中出错！明明是自己的错，还怪到父母头上！当时我的脸一红，低下了头。工作人员看看我，把我杯中的水倒净后，先是在上面用手持的金属探测器照了半天，伴随着传来的一声"嘀——"，随即又重新把水杯插进背包，重新放到安检机的入口。这时旁边已经过去了好几个乘客。我一边盯着自己已经出来的行李，一边又要注意没有出来的背包，很是狼狈。终于，背包再次被 X 光机"吐"出。我赶紧一把抓过来，把电脑重新塞进背包。

在候机区时间不长，我就听到了登机的广播。很快，登机口前就排起了长队。中英两国的接待员向乘客挨个儿问好。我穿过狭长的登机通道，登上飞机，坐在自己的座位上。

给父母的微信发出"上飞机了"四个字后，我松了口气，微微闭上双眼，想象着异国他乡的模样。

　　绝大部分朋友第一次离家，心情都是非常紧张的，因此都表现出对父母的关心、问候有些漠然，这不是因为缺乏亲情观念，而是因为对前途担忧导致的。这时需要父母的理解，建议父母们在送别时尽量提出一些比较具体的建议。同时提醒同学们也要关注到父母的情绪变化，理解父母送别子女时的不舍与失落的心态，及时做出回应。

　　准备行李时需要考虑目的地的气候、风俗、住宿条件和自身需求等。大部分英国宿舍只提供空床、床垫、衣柜、写字台、座椅、台灯、窗帘这几种家具。一个比较好的检查方法是想象自己工作日和周末一整天的生活经历，看看有何种需要。此外，提醒留学生们可考虑携带一些治疗感冒发烧、腹痛腹泻和常见外伤的药物，以及一本小的英汉词典（虽然现在手机词典很方便，但国际学生在英国参加考试，很多学校只允许携带普通的纸质词典）。

　　收拾行李是"技术活"，如果行李摆放合理，可以明显缩短通过安检的时间，特别是在人多的时候，能减少不必要的麻烦。比如，将电子产品放到容易取出的地方，洗发水、沐浴液、化妆品等液体提前用透明袋装好。同学们可不要小瞧这些细节，远赴异国他乡，如果能够快速通过安检，办理完相关手续，可以有效提升信心，振奋"士气"，这对于未来的学习和生活，都会有意想不到的效果。

# 初抵英国
## ——异国风物初体验

　　经过 11 个多小时的漫长飞行，飞机降落在伦敦的希思罗机场。走下飞机，阳光夹杂着室内的灯光射进眼中，使我困意顿消，身体每一个关节都充满了兴奋，一切都是那样的新鲜——一个个陌生又熟悉的单词，之前只在课本和单词书上见过，如今就活灵活现地出现在眼前，总是有几分新奇。

　　沿着标志标识的方向，我顺利到达海关边检。这里排队的人可真不少！一字长龙拐来拐去，排满了整个大厅。远远看过去，只见一片黑压压的脑袋。人群头顶上方深蓝色的背景上写着几个白字 UK Border（英国边境）。

入关手续比我想象中快捷，等待的队伍走走停停，一个多小时后便轮到了我。只见一个身穿白色制服的年轻帅小伙，高高瘦瘦，留着短短的金发，坐在玻璃窗里。我把护照递上去，手里还攥着一大沓准备签证时上交的文件，以防万一。

他草草看了一眼，头也不抬，用很快的语速问道：

"你来这里做什么？"

我忙回答道："留学。"算不上一句话，就是蹦出一个单词，说话时脸有些发烧。

"那你学什么专业？"可能他已经见惯磕磕巴巴的英语，特意放慢了语速，问的问题也很简单，完全可以只用几个单词应对。

"电子工程。"

他紧接着问道："在哪里上学？"

"诺丁汉市。"

"你怎么去那里？"

"长途汽车。"

说完他让我录入指纹，还专门用手比画着。还没等我回过神来，他就把护照返还给我，还给我做了一个往里走的手势。

顺利进入海关，我心里的一块石头落了地。我大步流星穿过整个航站楼，走向行李传送带。这时传送带上已经排着不少行李，摆放得倒是整齐，但依旧看得人眼花缭乱。我目光扫过一个个箱子，"目送"它们前行一段，随即又看向下一件。

几分钟后，第一批看到的行李再次随传送带转到了原点。不好的念头开始一个接一个地闪过。坏了，是不是行李丢了？异国他乡，我应该去哪儿问啊？我的目光从传送带离开，四处寻找着行李询问处。正当我四处张望之际，一个熟悉的大箱子悄无声息地随传送带从腿边经过，就在它即将"溜走"的时候，我一眼就盯上了箱子上捆着的彩色打包带。这个肯定是了！我心里又一块石头落了地，将它一把拎下来，害怕慢一秒就会被人误领走。我拿过登机牌又核对了托运单号，这才带着大包小包走向出口。

我在国内的时候，就预订好了长途汽车票，去往目的地诺丁汉市。一出机场，正对面是多层停车场的最底层。而面前的第一条道路，便是长途汽车停靠点。一眼望去，一辆辆白色的大巴车整齐地停在路边，好像等待阅兵一般。我拖着行李，慢慢往前挪着，时不时拿出打印的票据，又把头探出来，看向车辆的编号。

"FK230。"我心里默默背着。

又往前走了几步，前面几个橘黄色的数字"230"引起了注意，心里顿起一阵惊喜。可是未见前面的字母，我仍心存疑虑。我转到车的侧面，还有一行小字"Derby"（德比市）。

德比市离诺丁汉市不太远，应该就是这个车吧？不，不，不，不能心存侥幸，我又想起之前的签证经历。签证错了还能重新提交，车要是坐错了，自己人生地不熟的……我不敢继续想下去。这时我看到一位司机从车上下来——要不，我去问一问？

说起问，我心里又犯起怵来。到达英国后，我连一句完整的英语还没说过，看到身边一个个"大块头"，黄头发、蓝眼睛，都要微微抬头才能看到他们的眼睛，内心不由自主地有点紧张。我连个车号都找不准，是不是显得特别"土"？想起这些，我的嘴巴仿佛被胶粘住似的，就是张不开。我在车前面来回踱着步，力争发现一些其他的线索，想避免这尴尬的提问。

但是我绕着车找了两圈，除了一个长途大巴车公司的商标"national express"，再也没看见别的字。我轻轻叹了口气，既然来到英国，迟早要张开口的。

我脑子快速地运转着，搜寻着合适的词汇，嘴里也默默地念着，开始"造句"。

"你好……请问……去……怎么走……"唉，好像不太好。

"这车……是不是……去……"

终于机会来了，我看附近没有别的乘客，问错了也不会太丢人！这时，只见大巴司机在车旁转悠着，漫无目的地四处张望。这是一个很胖的中年男人，上身白衬衫，下身黑西裤，走起路来，肚子上的肉一颤一颤的，但正所谓心宽体胖，他面目很是慈祥，嘴角翘着，看上去心情不错。

我终于鼓起勇气，拿着自己打印的车票凑上去，双手不由得攥起了拳，像是给自己鼓劲。

"您好，不好意思打搅一下——"我把自己会用的礼貌用语一股脑儿地堆上去，终于引起了他的注意。

"我想去诺丁汉市，是这趟车吗？"

由于害怕说话不流利，这句话我已经在心中默背了几遍，像背课文一样说了出来。

终于说出了第一句英语，我如释重负，就像回答老师的提问，我背完了"课文"可以"坐下"了似的。我心里想着，居然都没听清对方的回答。

等他说完，我才回过神来，我暗暗叫苦，这下尴尬了。不过，说完第一句话后，我的胆子也就自然而然地壮了起来。

"不好意思，再请问，是这个车吗？我看这车号少字母……"

他冲我笑着，还没等我说完，就打断了我：

"没关系，你是想去这儿，对吧？"说着用手指着我票上的目的地。

"嗯。"

之后他提高嗓音：

"那恭喜你！找对啦！请上车吧。"这个"恭喜"，说得抑扬顿挫，好像一个大人在哄小孩子一样。

说着接过我两个沉重的行李，搬到了车底的行李箱里。这时我轻松了许多，看着大叔北极熊式的背影，顿时觉得他可亲而又可爱——我们也是可以交流的，外国人不是只在外教课上才能见到的蓝眼睛大鼻子"怪物"，而是和我一样的普通人。

我上了车，心里甜滋滋的。这是我在英国第一次完整的对话！而且完成了"确认目的地"这样一件有意义的事。留英之旅算是"旗开得胜"。

车子缓缓地开动了，我欣赏着英国首都的风光，伦敦这个"雾都"的绰号名副其实，阴雨绵绵，小雨打在车窗上，稀稀疏疏地留下几道细细的水渍。

英国的车道很窄，大巴车车体又宽，几乎压实了两边的虚线，我们的车辆一路靠左边，七拐八拐地上了高速路，不久就离开了市区。黄黄绿绿的油菜花田，为起伏的丘陵铺上了巨大的方格毯子，远处几个白色的风车还在转动着，天色正在逐渐暗下来。

初来乍到还算顺利！我的激动劲儿还没过去，就开始畅想起未来的生活。

留学攻略

落地英国后，留学生的第一任务便是寻找自己的托运行李。

留学不同于旅游，往往一个学生会带有两三件大行李，给行李系上打包带是一个好办法。打包带不仅有防止箱子在搬运过程中裂开的作用，同时也非常便于取行李时辨认。因为旅行箱的颜色大多为灰色、黑色、深蓝、深红等，很多箱子放在一起往往难以辨认，使用一个颜色鲜亮的打包带可以让箱子容易辨认，效果非常好。在拿到自己的箱子之后，建议同学们检查行李的托运号，避免拿错。

抵达异国他乡，随之而来的事情就是倒时差。

我自己的体会是，对于年轻人而言，倒时差是个考验意志力的"任务"，一个人很难强制自己在不困的时候入睡，但却可以坚持在困倦的时候保持清醒。只要到达新环境后，坚持大半天，之后遵循当地的作息习惯，基本上一两天就可以完全调整过来。

一般来说，刚刚到达一个新环境，特别是如果目的地是白天，人会本能地比较兴奋，在机场里通常不会感到困。但是一般在离开机场后，留学生们往往要坐很长时间的公共交通，这往往是人感到最疲倦的时候。建议留学生们提前下载一两部电影，在坐汽车或是地铁时可以看看电影、听听音乐，或是看看窗外的景色。这样到达目的地之后，当天晚上按英国的时间习惯休息，很快就能把时差调整过来。

# 入住英国宿舍
## ——"不合时宜"的火灾警报

当天晚上我到达诺丁汉市，搭乘出租车直接抵达我的宿舍门口。这

● 诺丁汉大学的学生宿舍

是一座半新不旧的学生公寓，整个宿舍楼已经完全融入了茫茫黑暗中，只有入口处闪着微光，柔和而温暖。

我拖着箱子迈步走进去，正对面就是接待处（Reception），里面有一位管理员大叔。尽管当时已经是晚上 10 点钟，但是他精神一点儿也不减。见到我走过来，他不慌不忙地戴上了眼镜，又翻出一个写满人名的大本子，问过我的姓名后，拿着圆珠笔一顿一顿地对着名单。终于他在一行字前面打了个钩，随即递给我一个信封。

"这是你的学生卡和房门钥匙，你随时都要带着，吃饭的时候也要使用……要爱护宿舍的财物，我们会定期检查的。"他不紧不慢地说着，我总算跟上了他的语速，频频地点着头，心里也暗自高兴于自己英文的进步。

"此外，一听到火灾警报马上要下来，到门前的空地集合。"

我在他递过来的一份入住协议上签了字，说完谢谢，就往里边走。分两次把行李拎上二楼，通过一条仅供一人通过的走道，我终于进入了自己的宿舍。之前已经习惯住国内四人宿舍的我，看到独立的单间，还有单独的洗手池和冰箱，像是住进了星级宾馆一般。坐在软软的床垫上，我既兴奋又满意——终于到地方了，新生活就在眼前！

第二天早晨起床，拉开窗帘，又是一幅动人的画面——窗外尽是碧绿，一棵苍翠的青松傲立在大片草坪的正中，整个草坪显然是被精心修剪过，环绕着树形成一条条环形的花纹。整个宿舍楼三面围绕着草坪，方与圆整齐地堆砌着，令人产生无尽的遐思。

"丁零、丁零、丁零、丁零——"

两天之后的晚上，一串急促的警报声把我吓了一跳。当时我正在淋浴，刚刚抹完洗发露，头上尽是泡沫。我甩了甩头上的水，突然间反应过来——坏了，难道这就是传说中的火警？哎呀，前两天管理员刚刚强调过！刚到英国，千万别犯错误。可是我现在全身还……这可怎么办？

我一时不知所措，赶忙把水龙头开到最大，冲掉头上的泡沫，来不及擦干，穿上浴袍就往外跑。

这时楼道里所有的防火门都关得严严实实。我一个人在窄窄的走廊里左撞右撞，推开两三道门之后，找到了楼梯口。这时我才看到仍有三三两两的几个人和我一样。他们也都是衣着不整，有个金发的男生穿着拖鞋睡衣，边走边使劲地摇着头。两个女生披着外衣，不知嘴里嘟囔着什么。看到有其他的同学，我紧张的心放松了一些，快步赶到门口。

一出大楼，一股寒风袭来，我顿时打了个冷战。9月底的英国，秋意已经很浓，空气湿漉漉的，加上寒风凛凛，穿着长裤长袖也感觉单薄。更何况晚上我只穿了浴袍，在滑溜溜的皮肤上直往下掉，头上也在滴着水。楼门前的空场上挤满了人，虽然按照各自的楼层分成几个区域，但仍然是三五成群。我东找西找，总算找到了自己所在的楼层。挤在人群中间，我依然打着寒战。身边的人也尽是"奇装异服"，不乏睡衣或是背心，自己融入其中倒也"和谐"。我不停地跳着脚、搓着手，牙齿不听话地相互撞击着。

这时，两天前接待我的管理员大叔出来了，手里拿着花名册，还有那支圆珠笔。他不紧不慢地走到我们面前，让我们在花名册上找到自己的名字，随即在名字旁打上一个个小小的对钩。这时另有几个老师走进宿舍楼，检查是否还有没出来的学生。

人名已经统计完，走进宿舍楼的老师却迟迟没有出来。站在空地上的每一分钟都很难熬，我的牙颤得咯咯作响，仿佛也在记录着时间。大概过了五六分钟，终于看见几个黑影走了出来。这时，管理员大叔站在大家面前，提高了嗓音：

"非常感谢大家的配合，咱们火警演习结束了！请大家回去吧！"

如此大费周章，闹了半天居然是演习？我当时心里虽然有火，但又使劲压了压，转化成了一股冲劲儿，虽然穿着拖鞋，撒腿就往回跑。

"阿嚏！"回到宿舍，我就打起了喷嚏。我用了三张卫生纸，才擦干流出的鼻涕。我又赶忙冲了个热水澡，喝下一袋感冒冲剂，身上这才逐渐恢复了暖意。

---

留学攻略

火警演习，几乎给每个留学生都留下了很深的印象。在英国所有的房屋内都设有火灾警报器，每周都会在固定时间进行一次警报器测试。无论在何时听到火灾警报，必须马上离开建筑物。英国的大学宿舍还会有火警演习，所有学生必须要参加，还会有人统计人名。如果缺席，将会被处以罚款，还可能会被记录为反社会行为（Anti－social behaviour）。同时，有些火灾警报器特别灵敏，加湿器、做饭的油烟、洗澡的水汽等都可能触发警报器报警。所以一些同学在做饭或洗澡时，喜欢把火灾警报器用塑料袋罩起来，不过要记得在洗完澡、做完饭后，及时把上面的遮挡物去掉。因为在大学宿舍中，会不时地有安全巡视员检查火灾警报器的工作情况，遮挡火灾警报器的行为一经发现，也会被看作反社会行为。如果有这样的记录，在英国是无法承担涉及公共安全工作（如消防员、警察）的。

# 我的新邻居
## ——英国学生众生相

我刚到英国的第二天正赶上是礼拜天，宿舍的食堂没有早餐和午餐，只在11点半提供一顿"早午餐"（brunch）。这是我到英国后吃的第一顿饭，我一个人东寻西找，走到食堂门口，就发现了长长的队伍已经排出了门外。我也加入其中。

队伍走走停停，我跟着走进了食堂，继续向打饭的地方移动着。这个食堂不小，规规矩矩地摆着三排长长的米黄色桌子，两侧都已经聚集了几个人。打饭的队伍中也有几人转过身来和同伴们小声聊着。人家都互相认识，就我一个生人，当时有些手足无措。

正当我心里打鼓的时候，我的后背被轻轻地拍了一下。我回过神来，转身看去，见一位个头不高的男生，棕色皮肤，长长的黑发留着波浪卷和未刮净的胡子融为一体，看着倒像是只小狮子。他的眼里泛着红，在皮肤的映衬下却很有神。往身上看，黑色薄衬衫上带几个白点，一双人字拖鞋。

"嘿！你在这儿有朋友吗？"他直截了当地问我，可能是已经注意到我的尴尬，英语虽然带着口音，但也能勉强听懂。

我先是一愣，转念一想：出国的一个目标不就是交外国朋友吗？我也很坦率地和他攀谈起来："我刚来，还没有，你……"

"那你现在有一个啦！"他直截了当地说。

我反应了一下，才意识到他想说的是：他想要成为我的第一个朋友。

我也主动起来：

"很高兴认识你这个朋友！我叫辛木，英文名叫 Jason，从中国来。"尽管心里暖乎乎，但我说起话来还是有些结巴。

"我叫 Patryk，来自印度。"他回应着，说话间我们都拿了饭，向餐桌走去。周日的"早午餐"比较简单，就是一份摊鸡蛋、培根、面包和牛奶，我们拿着餐盘并排往外走，走向坐在一张桌边的几个人。

"小狮子"跟他们打了招呼。"给你们介绍个新朋友！"说着用手指向我。

我循声望去，看见桌子对面坐着的，也是一个亚裔模样。大脸盘，身材魁梧，头发往上吹着，一看就是一位"潮男"。

"你好啊，我从韩国来，叫 Young－Ho。"他的英语说得有些生硬。

我也不知道该怎么跟外国人聊天，憋了半天才说出一句：

"你过来多久了？"

"潮男"刚开始没反应过来，回了一句："爬盾。"我反应了一下，才意识到原来他说的是："Pardon？（对不起，再说一遍。）"

我又重复了一遍问题，他答道："我三天前来的，你呢？"

"我昨天才来。"

这时，"小狮子"在一旁插了句："你来还没买什么东西吧？吃完饭我带你去超市，带你认认路！"有了这个安排，我也就开始埋头使劲地吃饭，这位韩国"潮男"又和边上的两个同学聊起来，其间，我又听到好几声同样的"爬盾"。

饭后，我们按照约定出发了。有个熟人带路，我很顺利地到了一个大超市，里面东西一应俱全。我当时心里热乎乎的，外国同学还真是友善！

买完东西，我又开始收拾自己的屋子。直到晚饭时间，房间才显出几分"生活气息"。我喊上了隔壁的"小狮子"同去食堂，席间，又遇到了几位新朋友。一个亚裔男生坐在我旁边，他个头不高，却很敦实，留着寸头，皮肤晒得黝黑，穿着T恤，露出粗壮的胳臂，依稀可见一块一块的肌肉，像是我在国内大学军训时的教官。

"你好，我是Jack。"说罢，他又凑向我，用略显生硬的中文轻声说："我是马来西亚的华侨。"

"啊，你好！"我回应着，心里像发现了"新大陆"一般。

再往对面看，是一位欧洲男生，高高瘦瘦，头发是浅褐色，蓝色的大眼珠，经他自己介绍，我得知他是波兰人。他的五官与我之前认识的一位外教有几分相似，我顿时觉得他又可亲又可敬。

他也很热情，问道："晚饭后有什么事儿吗？没事儿到我屋里坐坐啊！"

我们几个人也没事，都接受了邀请。吃完饭就走进这位波兰人的宿舍。

他和我也住在同一层，屋子的布局也差不多，床旁边放着一把电吉他，窗台上还放着两个玻璃空酒瓶。我们一进去，他就从床下搬出一箱听装啤酒，一人分了一听。

我之前在国内还没经历过这阵势，但看到"小狮子"和"肌肉男"纷纷接过啤酒罐，我也当仁不让，接过来喝了两口。

英国的啤酒味道稍苦，我略微地皱了皱眉。可身边的朋友们却毫不在意，一个个坐在床上，扬起脸来大口喝着。一旁印度来的"小狮子"

东看看西看看，眼睛盯上了床边的吉他，惊讶道：

"你还会弹吉他？"

这位波兰人来了兴致，脱口而出："你真是跟我在同一波段！（We are at the same wavelength.）"

说完后，我们几个亚洲人面面相觑，都没反应过来。波兰小哥愣了一下，恍然大悟，跟我们解释道：

"我说的是一句俗语，意思就是咱们很有共同语言！"说完后，看我们还没理解，就给我们举了个例子："比方说，我爱看电影，你也爱看，咱们就在'同一波段'。"

这时我插了句话："你也看电影吗？你们在这儿一般都看些什么呀？"

"很多啦，《星球大战》《权力的游戏》还有电视剧，什么《神探夏洛克》……"

听到这里我颇感亲切，看来英剧、美剧已是走遍世界了。我听着痛快，也多贪了几口。波兰小哥接着说："你到了英国，我给你推荐个视频网站，各种电影随便看。"

"啊，谢谢！不过提起《神探夏洛克》，最新的这部我觉得一般……"我又拉近了话题。

这时我这听啤酒已经见底，波兰小哥看到我仰起脖子，马上就又给我拿出一听，主动给我打开易拉罐，递到我的手里：

"来！接着喝！"

虽然在国内也在酒桌上喝过酒，但这样没有饭干喝酒的阵势，我可还没经历过。第二天就开学了，今天可别喝多了，我心里想着，端着酒瓶，半天不往嘴里送一口。

印度"小狮子"此时喝得起劲，脚下摆着两个空瓶，他黑黑的脸上也泛起了一层红晕。

波兰小哥今天也喝了不少，又问道："我想知道啊，你们都从亚洲来，坐这么长时间的飞机受得了吗？"

没等我准备好措辞，"肌肉男"就先发了言："这有什么不习惯的，飞机上睡一觉就过来了！"

"我可受不了。要是让我坐十几个小时的飞机到另一个国家去上学，我肯定不去!"他说着坐到了地上,"在家弹弹吉他、看看电影不好吗?"

又过了半小时,几个同伴皆有醉意。波兰小哥提出:"咱们出去转转吧!"说话时语速也慢了下来,重音也变得奇怪,说罢跌跌撞撞地走向屋门。

走出房门来到了楼梯口,"肌肉男"小哥走到近前,猛地往上一跃,搂住了上一层的栏杆,做起了引体向上。身边,波兰小哥和"小狮子"大声叫着好,为他计着数,时不时还爆发出一两声欢呼。

"肌肉男"做了 20 个,跳了下来,拍拍手。这时印度小哥坐在楼梯口,盘腿像是打坐的样子:"我今天晚上……就……在这儿……"话说得语无伦次。

我答道:"你醉了,赶紧回去休息吧!"

第二天晚上,这几个同学又找到我,仍然准备着喝酒。我有些厌倦,当天我又认识了几位中国朋友,晚上便与几位中国人逛了逛校园。夜幕降临,诺丁汉大学的校园静谧祥和,其中有位年纪稍长的"学长"侃侃而谈,介绍着经验:

"学校外面有个中国超市,里面可有'老干妈'……咱们学校公选课还有汉语,想刷分的话可以试试……给你们推荐一个做文章校对的网站,价格公道……"

我听到此处,心里暗笑,虽然努力和外国人打交道,但还是和中国人聊更有共同语言。

回到宿舍楼前,我发现一辆救护车停在门口。我走到自己的屋门前,才发现对门的屋门敞开着。探头一闻,酒味、呕吐的味道交杂着,让人胃里反酸。一位我不认识的同学人事不省,两个人架着他,正往外拖。

看来,这酒,还真不能多喝!

留学攻略

在国外留学,最难得的机会就是与世界各国同学、老师相互交流。锻炼自己与身边各色人等的交际能力和自己的语言表达能力,是留学生们一项重要的功课,重要性不亚于完成学业。各位同学和家长,千万不要想当然地认为，到了国外有英语的语言环境，英文自然就会好。我身边就有不少在国外三四年，英语仍然说得磕磕巴巴，甚至语言水平与没出国前相比不升反降的例子。不过留学生们也无须过分紧张，只要有意识地多说多练英语，大约半年到一年时间，英语水平一定会有长足的进步。

从另一方面来看，留学生们也不要给自己太大的社交压力，比如制定"一定要交几个外国好朋友"这样的目标，强迫自己和外国人聊天。绝大部分人出国之后都会感觉到：自己大部分的好朋友都是中国人；而外国人常用的一些"成语、俗语"，或是一些笑话、喜剧的"笑点"，很多是在过了"语言关"之后，仍然是难以理解的。其实这种"抱团"的现象，全世界各国都存在——英国人、美国人、德国人等，他们都有自己的"圈子"，只是中国人由于人数和肤色的关系，显得比较明显而已。因此，在交友方面顺其自然即可，对于外国同学，只要不排斥相互交流，如果能遇到爱好相同的伙伴就抓住机会多聊聊天，否则也不必勉强。

在与外国学生交往时，留学生们也要特别注意抵御不良嗜好的诱惑：由于文化传统和思维方式的不同，比如抽烟、酗酒、赌博、夜店、性生活等嗜好，在外国人中间相对普遍，留学生们在与外国人交朋友的过程中，也要注意抵御这些不良嗜好的诱惑，面对原则问题必须要有自己的主见，学会坚决说"不"。比如，在英国夜店和蹦迪文化比较流行，抛开一些色情、斗殴的问题不谈，夜店的活动时间一般是从晚上11点到第二天凌晨三四点，其间往往伴随着大量的饮酒，对身体健康损伤很大，并且比较耽误时间，因此留学生对此应该慎重对待。再比如，酒文化在英国也很受欢迎，正式晚宴时也会给每人一杯葡萄酒，同学们可以适当尝试，但一定要注意适度。

# 新生适应周
## ——留学生们的入学手续

新学期开学后的第一周，并非正式上课，而是给学生们提供专门的时间办理注册、选课等手续。我在新学期迎来的第一项"任务"便是办理各种注册手续。

● 诺丁汉大学新生注册处

在签证、入关等经历的对比之下，学校的注册手续让我耳目一新——学校充分考虑了国际学生"人生地不熟"的困难，把所有手续全部集中在一起，完全是一条龙服务。在一个临时搭建的大棚里，我跟着蜿蜒的队伍，在一排桌子前暂时停下脚步，又跟着队伍，走向下一排桌子……就这样，我先领取到了我在英国的"临时身份证"BRP 卡，又向学校提交了我之前的成绩单。

只见一位老师简单检查、复印之后，冲我微微一笑："好了，办完了。"

随即，我听到几句流利的英语："接着请去往学校主楼前的礼堂，在那儿是医疗服务注册！"循声看去，这是老师身旁的一位小伙，脸上有点雀斑，显得稚气未脱，身穿一身浅蓝色的 T 恤衫，上面白字大大地写着"Student Volunteer"（学生志愿者）。

沿着他所指的方向，我来到了大礼堂。它就在学校的行政楼旁，通体用白色大理石砌成，屋檐向外突出，雕刻着精美的花纹，显得庄重而典雅。建筑底部长了一层厚厚的青苔，给一幅明快的"油画"上添了一道碧绿的笔迹。

厚重的铁门敞开着，走进第一道门，便是礼堂的入口。旁边临时摆着一排桌子，上面整整齐齐地摆放着一份份空白申请表。尽管医疗注册本身与学校无关，是留学生向英国的医院系统注册，但学校也组织了不少学生志愿者。他们都身穿蓝色 T 恤，跑前跑后地忙碌着。相比之下，只有少数几个身穿白大褂的医务人员在桌后埋头整理表格。

我拿了一张空表格，在工作人员的指引下走进礼堂。这个礼堂不大，更像是一间大教室，最前面的舞台被深红色的帷幕遮得严严实实。这个礼堂没有阶梯，也没有固定的桌椅，桌子已经被摆成几组，旁边围满了填表的同学们，这里的华人面孔可真不少。我在一个桌子旁的空位坐下，静静地填起表格。

这份表格分成几个部分，前几页填得很顺利，除了个人信息，便是询问既往病史，以及是否正在接受医学治疗，我画了一连串的"×"，翻到了最后一页。

这是一页红白相间的小卡片，配上黑色的字迹倒像是答题卡。我看标题——学校推荐的疫苗接种意向书。再往下看，不认识的"拦路虎"可真不少！我抬眼一看，身边几个同学的手机纷纷都翻到了"有道词典"，还有小声交谈的中文声音：

"这个 MML 是什么呀？"

"第一个是麻疹，第二个……"语气含混，看来翻译成中文，也无济于事。

"这个 D 打头的呢？"

"哦，刚查了，是白喉。"

"这个你打不打？"

"不知道啊，打吧？"

我查了几个词，发现译成的中文词也是不知所云，心里也没了主意，就记得在国内接种过"麻风腮"疫苗，没必要重复。算了，干脆都不打了！于是我在上面都画了"×"，交了上去。

离开大礼堂，没走多远，便到了警察局的临时登记处。对于中国留学生而言，到警察局登记注册居住地址也是一项必办手续。想到这里，我不由得皱起了眉头：想到在国内看过的攻略，这套手续非常复杂，要先预约，再缴费、注册等。但令我没有想到的是，在开学季，警察局的警官们也在学校内设立了登记处。这里的警官们都穿着白色的制服，坐在桌子里侧，文质彬彬，和蔼可亲，一边办理手续，一边和你聊天。最后还不忘说一句："祝你新学期顺利。"让我听了心里暖乎乎的。我嘴角笑着，心里还在奇怪："这怎么和我在电影中看到的那些威风八面、荷枪实弹的外国警察不一样呢？"

办理这些手续都还算顺利，我又迈进了隔壁的学生中心大楼。"这里有一家银行的网点，干脆把银行卡也办了吧。"我盘算着。

离得老远，我一眼就认出了银行——一列长长的等待队伍形成了一道人墙，把学生中心的走道堵得严严实实。

我询问一位排队的同学，得知这就是办理银行手续的队伍后，便加入了长队。队伍向前缓慢地移动着，我踮脚向前张望，很长时间才有一位学生走进银行，自动感应门不停地打开、关上、再打开，时不时有学生被门夹到，发出了几声咕哝。

看来这个手续不太容易办！我时不时伸长脖子向前张望，不知过了多久，随着队伍七拐八拐，这才看到了银行网点里的摆设，队伍的尽头是一个浅黄色的服务台，一侧是一张张桌子，周围也挤满了填表的各色人等；另一侧有几个服务窗口，周围冷冷清清。临街的一面墙壁完全做成了落地玻璃窗，楼外碧绿的草地完整地映入视线，稍稍安慰着焦急等待的顾客。

我看着看着，等来了一位工作人员，她站在门口，提高了声音：

"注意啦！我们现在下班啦，大家请回吧！"

啊？这才下午 3 点啊！我不甘心，看着人群纷纷散去，我凑到近前，看到紧闭的自动玻璃门上印着营业时间：10：00—15：00。

英国银行真是清闲，一天就上五个小时的班！我暗自想着，既生气又好笑。

乘兴而来，败兴而归。但想到第一天已经完成了不少事，我心里也算平衡。

第二天院系的活动安排在下午，我利用上午的空闲时间，又去了银行。赶在银行开门前，我就先占据好了位置，排上了队。

上午 10 点，银行终于开门了。我这次排得很靠前，不久就站在了柜台前，这位工作人员人到中年，穿着深紫色的工作服，一头短发中间露出三角形的脸，她戴着金丝眼镜，操着浓重的伦敦腔，不紧不慢地说道：

"你要先预约。现在办理的人很多，最快也要三天以后。"

我接过一张小纸片，上面就写着一个时间，只得悻悻地离开了。

就这样拖过了一周，终于到了预约的日期，我再次去往银行。这一次，人明显少得多，事情也变得简单起来。我向工作人员出示了预约的纸片，马上有一位客户经理递给我一份用户协议。我心里一阵小激动，拿起笔来飞快地填着个人信息。

刚写几行，我猛地发现，标题下方一行小字："全部字母须大写。"

这下麻烦了。我当时又不好意思再要一份协议，心一横，画掉原来的几行笔记，在空格上方重新落笔。

填完之后，我举手示意。不一会儿走来一位西装革履的客户经理，他对我的涂改毫不介意，简单看过后就对我介绍着：

"为了客户的隐私安全，银行卡、密码和网上银行的密码都直接邮寄到你家中。你耐心等待吧，两周之内就可以送到。"

终于，在开学三周之后，我收到了自己的银行卡和密码。在此期间，一位好友曾向我吐槽："这是什么银行！硬是把我的地址抄错了，我去修改地址，工作人员告诉我还得再等一个月！"听到这个消息，我也苦笑了一下，不知道自己是不是应该庆幸。

这回算是体验了英国人的办事效率。

留学攻略

留学生初到英国，要办理学校注册（领取学生卡），领取 BRP 卡（Biometric Residence Permits，居住许可生物信息卡，相当于临时身份证），社区全科医生（General Practioner，GP）注册，警察局注册，办理银行卡、电话卡等手续。这一套手续听起来繁杂，但大部分英国高校在开学季都会提供比较人性化的一条龙服务，方便国际留学生。警察局和医生们也会在学校内开设临时办公点，还有学生志愿者引导和协助。一般来说，一到两天就可以完成，疫情期间也有很多手续改在线上进行。英国高校为吸引国际留学生，增强国际合作，除了提供优质的教育之外，在生活小事上从学生的角度出发，设身处地替学生着想，努力完善服务流程，这样的服务意识也是值得借鉴的。

在英国办理各种手续往往需要提前预约，这是英国办事效率低的主要体现。如果需要答复，对方往往会给出"几个工作日内答复"的回应。对于这类承诺，一般都会卡着最后的期限，很少提前。所以同学们要习惯这样的工作节奏，提前做好计划，才能不耽误事情。

此外，在社区全科医生注册环节中，有时学校会给出一些注射疫苗的建议（除新冠疫苗外，往往还伴随有很多其他种类的疫苗），但由于中西方人体质的差异，有些中国人在接种英国的疫苗后会产生较大的副作用，需要慎重选择是否接种疫苗，并且关注注射疫苗后在洗澡、饮酒、食用海鲜等方面有无禁忌。

# 遭遇文化碰撞
## ——奇怪的宿舍规定

我初到英国后平稳地度过了两周，可没有想到，一场风波，悄然而至。

在此期间，我在学生宿舍里又认识了几位中国来的学生。正可谓"他乡遇故知"，我们很快就熟悉起来。特别是吃饭时，总是聚在一起。有时候有人带来一瓶"老干妈"辣酱，抑或是一袋榨菜，便会引来一阵惊呼。

到了周五，我正和几位中国同学吃晚饭，一位认识不久的中国同学匆匆忙忙地走进餐厅，身边还跟着另外两个背着双肩书包的中国女生。她们显得有点儿拘谨，双手在身前扣着，眼睛东看看西看看。

我的这位同宿舍楼的朋友倒是很随意：

"你们谁借我用一下学生卡？我的这两位同学晚上没地方吃饭，在咱们这儿临时'入个伙'。"

我当时离他们最近，听到这个消息，不加思索，直接拿起饭卡递过去。

● 诺丁汉大学宿舍楼内的餐厅

"嗯，我的，拿去吧。"

这三位同学当时面露喜色，接过饭卡，便由这位同宿舍的朋友带领着，走向了领饭的窗口。

谁料没过一会儿，这两位同学低着头走了出来，脸上有点红，后面跟着一位食堂打饭的大叔，他个头儿不高，溜光的脑门儿上泛着光，额头上刻着几条皱纹，鼻梁上架着一副窄窄的眼镜，几乎和他的眼睛一样宽。他抬着下巴，嘴角向下使劲儿撇着，眼里透出一丝得意的神气，就像押着犯人一样径直来到我跟前。

这是怎么回事？我们每次拿着学生卡，都是无限量随便拿呀。都是一样的卡，怎么换了人就不好使呢？再说，我这也是急人所难、助人为乐嘛。我憋了一肚子问题，但还没等我张口，大叔就劈头盖脸地问道：

"这个饭卡是你们谁的啊？"

"我的。"我赶紧回答道，看到他气势汹汹的样子，语气软了下来。

"饭卡不能借给别人，你们不知道吗？"

我来到英国可是小心翼翼的，没想到还是捅了娄子。当时周围的桌子有不少同学，也纷纷转过头，投来诧异的目光。我心里发了毛，赶忙站起来道歉：

　　"哎呀，对不起，对不起，实在不好意思，我不太了解规定，以后保证不这样做了。"

　　这位大叔听完这些，二话没说就往回走。我心里打起鼓来：这就没事了？那出于礼貌他也应该说一声吧？当时坐在我斜前方的，是一位到英国留学已经三年的学长，我赶紧向他求教。他满不在乎，安慰我道：

　　"嘿，这种事儿，最多批评教育。没事了，继续吃饭！"

　　我一抬头，哪知这位大叔没有回到打饭窗口，却走向了餐厅的另一角。此时我的学长也看到了大叔，脸上的神情当时就由晴转阴，嘴里不自主地念叨着：

　　"哎哟，坏了，坏了！他直接去找这个楼的主管主任了！你们可有麻烦了。"

　　过了不到五分钟，打饭的大叔就走了回来——这次他的头扬得更高了。他后面跟着这栋楼的管理主任，这个主任长得身材高大，和那位大叔走在一起更显得反差明显。他留着一个"鲨鱼头"，中间的头发被搓得高高的，又戴着大大的黑框眼镜，显得非常突兀。他穿一身休闲西服，看上去倒是非常斯文。

　　我早已知道事情不妙，没等他们走到近前，就主动迎上去。

　　还是这位主任先张了口：

　　"你的这个问题很严重，很严重！你这完全是盗窃行为！一周之后，我们要举行一个听证会，专门解决你的问题！"说完便拂袖而去。而这位大叔也返回到自己的岗位，背影一晃一晃的。

　　啊？盗窃，还听证会？我当时已经傻在那里，怔怔地站了好几分钟。来到英国之后，我可谓是"黛玉进贾府"，千小心、万小心，可没想到才刚刚两周就"犯了法"！这是个什么国家呀！怎么这么多奇怪的规定？之前在国内的大学参加军训，即使在部队，也没听说有这么多不近人情的"清规戒律"呀！

　　我当天晚上胃口全无，自己待在屋里，仔细了解后才知道，宿舍食堂饭卡，仅供宿舍学生本人使用。随后的一周，我常常心神不宁——已经闹到了要开听证会？这究竟算什么性质？是不是都要把警察叫过来？我之前可就听说外国的法律非常严格，有的学生就因为一句玩笑而锒铛入狱。而且，犯过的错误都会被记录在案，将来贷款、求职，甚至升学都有影响！我还想着毕业之后继续读研究生、读博士呢，不会就因为这事儿泡汤了吧？这一周里，我问了很多身边的同学、朋友，不少在英国生活多年的人也很是惊讶，说从来没听说过有这样的事情。我越想越觉得前途"昏暗"——这问题得有多严重啊？

一周之后，听证会如期举行。我蹑手蹑脚地迈进宿舍楼内的一间小会议室，抬眼看去，一个圆桌被几把椅子围着，椅子靠着墙壁，显得非常逼仄。显然这个会议室也上了年头，桌椅陈旧。

桌旁坐着两个人，之前的楼管主任并未出席，取而代之的是一位30岁左右的年轻老师，一身黑色西装、短发、短胡子楂，显得非常干练。旁边还有一位编着"脏辫"的年轻女老师，她正打开她的笔记本，头一晃，脑袋上炭条般的头发也跟着抖动起来。

没等我说话，"黑西装"跟我打起招呼：

"你好！"他一张口倒是非常爽朗，好像这不是个"批斗大会"，而只是朋友间的闲聊，"我是专门管理学生纠纷的，很高兴能认识你！"

看到没有警察，气氛还这样轻松，我的心稍稍安定下来。

"您好，我也很高兴认识您！"我依旧怯生生地回答着，等着挨训。

"我们今天是要解决你上周在食堂里发生的问题。我听到的说法是这样的：你把卡借给别人，让别的同学过来吃饭——当然你本不应该借的。而且在食堂工作人员查到你的时候，你不仅毫无歉意，而且还在大笑。"

我当时再也忍不住了，这都哪儿跟哪儿啊！我不是一开始就马上道歉了吗？

"老师，我确实把卡借人了，但我没有笑……"

"你先等等，听我说完。"他说着抬起手示意。

"我们查看了监控录像，有人怀疑你可能在笑。好了，这就是我所知道的，现在请你告诉我，那些我们还不知道的情况。"

这件事情发生一周了，这是第一次给我说话的机会！他的话音刚落，我就急不可待地接着说道：

"老师，我当时是把学生卡借人了，我是刚来的新生，当时还不清楚宿舍楼的具体规定细则，非常抱歉！但当食堂的管理员大叔找到我时，我不仅没有笑，相反，马上就说了对不起，也说了以后再也不这样做了。"

这时我也看到了桌子上的监控照片，我更纳闷了：这明明是我在承认错误时的截屏，怎么就成了"大笑"？

"老师，您看！"说着我指向桌子上的照片，"我哪是在笑啊，我当时是在承认错误，向他说对不起呢。"

这位老师边听边点头，旁边的女老师记录着。

"好的，你说的我明白了。你违反规定，本应该罚款150英镑。"听到这里，我心里一块石头落了地——只要不留下违法记录，怎么处理都行啊！

这位老师接着说道："但鉴于你刚来不久，而且你也保证了以后不会再犯，我们决定免除对你的处罚。"

说完，他的语气又和缓下来。

"你也别着急，那个打饭的大叔脾气不好，我们再去找找他，也做做他的工作。"

我走出那间会议室，感到脚步变得异常轻快。这一周真是跌宕起伏，我心里说不清是什么滋味，既沉重又轻松。

又过了一周之后，我又遇到那位光头的打饭大叔，他主动跟我打了招呼，还努力地冲我笑了笑。我也向他点点头，微笑示意，还特意向他招招手。总算卸掉了心头压着的包袱，我长舒了一口气。

留学攻略

英国是一个规矩较多的国家，而很多小规矩的具体实施是根据规则监督者的性格来决定的。比如我这一次就赶上了一位非常"较真"的大叔。如果真是感受到了不公正的对待，可以向学校的有关部门（比如学生中心，student service centre）去反映。有些时候，为解决问题，学校便会要求学生出席听证会（Hearing），这是一个比较平常的事情。这并不代表学生犯了很严重的错误，而是为学生提供一个申诉的机会。我就是通过听证会据理力争，维护了自己应有的权利。我有一个同学也曾被监考老师错误地怀疑考试作弊，最终通过听证会澄清了误会，免于处罚。

西方人的规则意识不仅表现在对于规则的执行和监察力度上，更体现在对于规章制度的理解上，能够根据规则蕴含的制度精神来规范自己的言行，这才是值得提倡的。英国社会普遍认为，规定和法律不仅仅是用于惩罚恶者、警示后人，更重要的是构建秩序和解决矛盾纠纷的框架；相反，耍小聪明、打规章制度的"擦边球"，即使没有违反规则的字面含义，有时也可以免受处罚，但这不算是真正的规则意识。

在西方人眼中，东方人的相貌都非常类似，初次见面，他们有时难以辨别出我们表情的变化，比如这位食堂大叔就错把我"开口说话"当成了"大笑"，才产生的误会；相反地，在我们看来，西方人面部表情往往显得较为夸张。如果有人对你做了个"鬼脸"，并不一定表明他们对你意见很大，只是他们的习惯使然。同时，许多西方人很难分清中国人的年龄，我曾被当作是十几岁的小孩，也曾被当作是四十几岁的中年人，在此也提醒在英国的各位朋友，参与一切有年龄限制的活动时都要带好身份证明，西方人是不会根据相貌来判断年龄的。

在此也简单介绍一下英国常见的行为规范：

第一，在任何地方都应该保持诚实守信。最常见的情况就是乘坐公共交通工具时的购票问题。英国和很多欧洲国家一样，人力成本较高，很多电车往往只是偶尔有查票员上车查票，但千万不要抱有侥幸心理。

第二，遵守公共秩序，按规定排队。排队是英国特有的传统，无论做什么事情，如果看到有等候的队伍，一定要按规矩继续排队。最普遍的说法是，二战期间，由于生活物资供应短缺，英国政府开始提倡排队和谦让，并将其提升成为国家层面的道德规范。英国的排队礼仪不仅限于自觉排队、不插队，还体现在面对个别分不清先后次序的情况时，应该主动邀请对方先行。

第三，在公共场所，不得大声喧哗。这不仅是规定，也是一个人素质与修养的体现。英国的一些博物馆、图书馆，也会专门提醒来访者保持安静。

第四，注意保护个人的肖像权与版权。在英国，肖像权和版权非常受重视。即使是平时照相时，如果遇到路过的行人，也应适当避开，尤其是遇到小朋友，请尽量将摄像头避开他们。在英国，即使是中小学统一组织学生们去拍集体照片，都要提前向学生家长下发通知，必须经过家长签字同意后才可拍照。此外，参观各类艺术馆和展览馆时，一定要留意，是否有禁止拍照的要求。

# 踏出校门
## ——英国的公交系统

来到英国后的第二个周六，我在下午离开宿舍，完成一项"任务"——我在微信二手群里，订购了一个小床头柜，我要到校外去取货。

这个小床头柜倒是物美价廉，只是离我的住处有些远。我一路步行走过去，取到床头柜，卖主又送给我一个折叠晾衣架。我把晾衣架折起来，装进背包，又抱着床头柜这个重家伙，如何回家？这可让我犯了愁。思来想去最后决定，体验一下英国的公交车。

我在谷歌地图上查到了回家的公交线路，默记几遍后，抱起了小床头柜，走向了一个附近的公交车站。这个公交车站空无一人，看起来很不起眼，广告牌下一排黑色的简易座椅，久经风雨的洗礼，两侧已经露出点点锈迹。旁边的灯杆上用钉子钉着一个 A4 纸大小的彩色路牌，最上面写着车的线路，下面则密密麻麻地写着发车的时间。我掏出手机，对照谷歌地图上的公交车号，确定自己没有走错，心里稍稍安定下来。

往右看去，一个老旧的 LED 屏幕上显示出，下一趟车还要 10 分钟。我放下床头柜，稍稍活动一下发酸的手臂。

往周围看去，柏油马路边上，一栋栋红砖砌成的两三层小楼排列两旁。由于城市处于丘陵地带，道路蜿蜒着伸向远方，两边的小楼也随着起起伏伏。这周围没有一棵树，但这一栋栋的小楼，倒成了一大片红色建筑森林，"栽种"在小山包上，也显示出自然之趣。再配上湛蓝的天空，更显得秋意十足。

这老旧的屏幕显示还真准！10 分钟后，一辆橘黄色的双层公共汽车从道路尽头逐渐出现。这时我又回忆起以前赴美夏令营时老师说过的话："在欧美国家乘坐公共汽车，必须招手车才会停。"

● 诺丁汉市中心

　　我抬起右手。嘿，真好使！就看见公交车右转指示灯闪了几下，车速也降了下来。

　　在中国，我还很少有机会乘坐双层巴士，带着一丝新鲜感，我抱起柜子进入前门。

　　大巴车内尽是一片浅灰色，眼前的驾驶位被一大块的玻璃板隔开，这玻璃擦得锃亮，只是前方留了一个小窗口，下方就是投币处。

　　看到投币口，我才猛地意识到，自己身上带的都是整钱。之前买东西找回的硬币已经有一大把，可我还分不清楚，全都扔在家里。手里面额最小的就是五英镑的纸币，肯定用不了，这可如何是好？

　　玻璃板的另一侧，是这辆车的驾驶员。这是位女司机，中等身材，浅棕色的长发直直地披在肩上，淡淡的妆容下仍然可见眼角的皱纹，她身着白色的衬衫，坐在特大的方向盘前，怎么看都像是一位白领职员，很难与司机这个职业联系在一起。我试探着问道：

　　"这车去大学西门吗？"

　　"去，一英镑。"她头也没抬，话语也非常简练，说话间带着伦敦腔，看来这也是位"老司机"了。

"不好意思，能找零吗？"我还抱着一丝希望。

"不找零。"

唉，第一次坐车，能回家就行啊，我自我安慰着，于是便忍痛割爱，把一张五英镑的纸币塞进投币口，随即她从玻璃板的小窗口处给我了一张"小票"。

我重新抱起我的小柜子，还没等我站稳，车子就猛地向前发动了。我当时向后跟跄了两步，随即跌跌撞撞地向车后方走去。这车上的空位可真多，零零星星地坐着几个人。我找到一个靠前的位置坐下，两眼看向窗外。只见两旁红色的砖房飞快地向后退去，发动机轰鸣着，车子在高低不平的山路上，时不时剧烈地颤抖几下。

这时从驾驶室传来声音：

"把你的东西收好！"

我一愣，看到前面无人，我又转过头向后看看。

只见前方又有声音传来：

"你，就是你，你的东西请不要放在走道上。"

我的脚下意识地往前挪了半步，才发现，自己的小柜子，不知什么时候到了一边，正好占据了车中间不宽的过道。我当时有点不好意思，赶忙把小柜子拉过来夹在两脚中间，说了声对不起，但也被发动机的轰鸣声湮没了。

车子走走停停，没过一会儿我就看到了学校的栅栏围墙——目的地快到了。我也早有耳闻，欧美国家公交车不是站站停，想下车得提前按铃。我把目光移回了车内，果然身边的灰色扶手上有个凸起，正中间就是个黄色按钮，上面写着"stop"。我把手放在按钮上做着准备，同时两耳支起来，仔细听着站名。

眼看下一站就是学校的西门，我按下了按钮，随即"叮"的一声，车前也出现了一个红色的"stop"的字样。

可是司机没有一点减速的意思，"噌"地开了过去。我当时心里一紧，这是怎么回事儿？难道这司机没注意？可这车坐过了，我怎么办呢？我当时还不知道下一站去往何处。我又猛地按了两下按钮，接连传来"叮叮"两声提示音，我腾地站起身来，想着走到前面，看看车子往何处去，期待能记住回家的路。

我抱着小柜子向前走去，车子颠簸着，我跌跌撞撞的，像个醉汉。

我刚走到车的前门，看到眼前就是下一个公交车站，这次司机猛地踩下了刹车。

之后，我又多次乘坐这趟公交车，才逐渐发现，原来许多公交车不仅要按下停车键，同时要求下车的乘客提前站在车门口——英国的司机们，真是"不见兔子不撒鹰"啊。

留学攻略

英国大部分学校的留学生们都会自发建立新生微信群，同时随着旅英华人数量日益增多，绝大部分城市均设有华人圈子的微信二手群，留学生们可以积极加入这些群，因为学生们的需求大多类似，因此新老生之间互通有无，往往可以购买到不少物美价廉的二手物品。

至于我购买的晾衣架，这是西方国家的一个必备商品，因为在室外晾衣服和在窗台晾衣服都是非常不礼貌的行为。所以，洗完衣服后，要么使用支架式的晾衣架把衣服晾在室内，要么使用电动的烘干机把衣物直接烘干。

英国的公交车大部分都是投币式，投币处设在驾驶室旁，司机同时充当售票员。有些公交车是不找零的，所以在乘坐公交车时，应该提前准备好零钱。不过现在不少城市的公交系统也设有电子支付系统，下载好相应的手机 App，即可购买电子票。

**辑二**
Series Ⅱ

# △ 多姿多彩的本科留学生活

到英国的第二周，我迎来了自己在英国大学的第一节课——
"电力电子学"。

# 留英第一课
## ——英国课堂"开讲啦"

到英国的第二周，我迎来了自己在英国大学的第一节课——"电力电子学"。我提前十几分钟就到了教学楼，根据课表找到教室，心里带着一丝期待，但又有些紧张，自己的专业知识应该还说得过去，但不知道自己的英语能不能跟上。我为此特意准备了一个录音笔，这样万一听不懂还能回宿舍"回放"。

一路东寻西找，终于找到了自己上课的教室。我推门而入，这是个阶梯教室，不算大，一排排淡黄色的长条桌子有些窄，仅够放下一本书。第一排的桌子上摆着一摞讲义，当我进门时，正看到同学们聚集在桌前排队领取，我也照着样子过去拿了一份，顺势扫了一眼，这上面字不多，全是一句一句的，前面还标了序号，还有几张电路图穿插其中。尽管还没开课，我当时甚至还不理解课名的含义，但一看讲义就知道，今天的课要分成三个大部分。看到这里，紧张的心情略微平静了一些。

我尽量在前面找位子，很快在第二排坐下，这时才把目光仔细投向前面，教室前有两块白板，上方的大屏幕上已经打出了一页只写着课名的PPT，这个教室的讲台不大，一张小方桌前架着一个电脑屏幕，还不到国内大学教室那种铁制电脑柜的一半。

讲桌后面站着一位先生，应该就是这门课的老师了，他个头中等，但非常敦实，看得出上了年纪。他的脑门儿很宽，满头纯白的头发又细又软，在额头上卷着，眉毛像两把小笤帚，眼睛深深地凹下去，大鼻子却往前凸，嘴角有两道竖纹，下巴在脖子堆了几层。他不修边幅，穿着蓝灰色的衬衣，领口开着，宽大的黑色西裤兜住他的肚子。

上课的时间已到，但却没有上课铃声。这时，只见这位老师从讲桌后面走出来，清了清嗓子，我才意识到，现在已经上课了。他的"开场白"和我的预想略有不同，更加随意却又直奔主题：

"欢迎同学们来上这门课。这门课主要是研究供电模块和电力传输问题，这不同于同学们之前学过的信号处理，电力电子主要关心如何根据需要，以最小的损耗传送电能，而不是去分析信号的波形。"他讲起话来，好像变了个人，一字一句非常清楚，嘴角的竖纹更深了。

"电力电子是电气电子工程中的一个重要部分，在我们生活中也随处可见。"他并没有翻 PPT，也没有什么讲稿，好像聊天一样。"比如我们的手机、电脑的稳定电源。"他说着又指向窗外，"还有，你们看，窗外那条通往市中心的有轨电车，电车的供电系统就是我的研究组设计的……"

哇，这个老师几句话就点出了课程的主题，说起话来不紧不慢，还没有口音，加上讲义的辅助，完全能听懂。我当时就有了自信，我现在算是正式"留学"了，心里美滋滋的。

刚讲完这个问题，老师马上在 PPT 上放了一个电路图，上面有电源、三极管、电感、电阻。虽然只有几个电子元件，但却以奇怪的方式连成好几条支路，让人琢磨不透它的功能。这时老师开口了：

"你们看这个，这就是一个典型的现代供电模块的电路图。……"他边说边用两种颜色的笔，在原本电路图旁边画着等效电路，我这时才恍然大悟，心里还暗暗佩服这个"奇怪"电路的设计者。

画完后，他又说道："这就好比我们骑自行车，当你蹬脚踏板的时候，就是电源在给电感充电，当你不蹬脚踏板的时候，车子依靠轮子储存的惯性继续往前走，你们看，就像这样。"

说完，他从讲桌后边拿出一个大号自行车的车轮，他一手举着轮轴，另一只手开始拨动辐条，随着轮子越转越快，他身子往后让了让，用手拨弄着轮胎。他故意做出得意的表情："你们看，我练了好久，看它转得多快！"

说完，他笑容一收，说道："如果把轮子的转动惯量当成电感的数值，车的速度当成用电器上的电流，这两个物理过程满足的微分方程完全一样。"说话间他用上了黑板，先画了个受力图，开始推导这两个公式，他没有准备讲稿，但言语间依旧透着自信，也就五分钟，两个公式就写在左右黑板上，接着他用黑板的中间部分写着所有量的对应关系。真没想到，这个老师，对理论力学还这么熟悉。

讲完这一部分，他把 PPT 翻到了下一页，但话语却仍然停留在自行车上：

"你们在骑车的时候，控制蹬脚踏板的时间，其实就能够控制车的速度——你们要是想骑快点儿就一直蹬，要是想骑得慢点儿，就可以蹬一会儿歇一会儿。类似地，控制开关的开合，就可以控制输出电压。我们接下来就来讲开关是怎么控制输出电压的……"

这个自行车的例子举得真好！周围的同学虽坐姿各异，但都瞪大了眼睛，没有一个打盹儿的。我也听得入了神，都忘了打开录音笔。

分析完这个电路，他总结道："通过这个电路，同学们发现没有，人们在研究电力电子问题的时候，大部分是把三极管当成开关，研究开关状态下电路的结构。同学们之前学习过放大器，但它是工作在线性区域，所以同学们运用学习了很多线性电路的分析方法，而这里三极管的开关处于非线性区域，所以说之前的方法就不再适用了。"

说完，他又从讲台里拿出一个铁盒子：

"你们看，这是我设计的一款变压器。"说完把盖子打开，指着里面的电路，"你们传着看，看能不能找到我们刚才讲的这个电路。"铁盒子传得很慢，看来每个人都想着从中找到课上学过的电路，我接过铁盒子之后，也开始认真地找起来。这个"大家伙"像是电感，应该就在这一块儿。嘿！找到啦，真的跟电路图上画得一模一样！一阵成就感涌了上来：我这么快都能"学以致用"了，看来应该能学好这门课。

两个小时的上课时间一晃而过，上完课，我的心情都变得舒畅起来。

随着之后的学习，我才明白：电感的尺寸普遍较大，如何缩小它是个科研难题，而电感的尺寸是供电模块尺寸主要的限制因素。这时我才更深刻地理解了老师当年让我们找电路的"用意"。现在每看到电感或是磁性线圈，我都不由自主地想到我来英国的第一堂课，想到那个自行车轮子和那个铁皮盒子里的变压器。

英国的教学体制给予老师充分的教学自由，所以在课堂上，老师们的个性可以得到充分彰显。英国高校也基本没有统一教材，上课完全使用任课教师自己编著的讲义，这也就使得授课风格非常多样化。同样是一门课，不同学校、不同任课老师的授课内容可能会非常不同。讲师在自己"消化吸收"后，通过对于书本语言的重新表述以及详略的控制，会明显加深学生对重点知识的理解。尽管很难做到覆盖一门课程的全部知识点，但重点较为突出，对每门学科的核心概念、核心方法会有比较深刻的讨论，使学生能够学以致用。

一般来说，比较资深的教授，由于自身参加过不同领域的科研项目，知识会更加全面，在讲课时会类比、总结不同学科的知识；而一些比较年轻的讲师，由于他们参与科研的面还比较窄，更多的是就事论事，但也可以讲出一些学科的新进展。此外，有些学校也会把前一、二节课设置为试听课，任课老师们为了鼓励学生们来选课，一般都会使出浑身解数，把课程讲解得尤其生动。

有一些老师和同学有这样的看法：真正优秀的大学教师除讲授课程中的知识之外，也应提及一些科研中的逸闻和故事。这件事也要辩证地看待：英国高校中一些老师会提及自身的科研，但他们重点都放在解决问题的方式方法上，同时强调与所学知识的关联性。真正的好老师，在讲课中应做到收放自如，既要能放开，又要能够"点题"，最终仍要放在对课程中知识的理解上。如果为了谈科研而谈科研，没有很好地建立科研工作与课堂知识间的联系，那就喧宾夺主了。

# 特立独行的老师
## ——教授与他的"摩托车"

刚刚结束"电力电子学"的课堂，我走向对面的教室，"C＋＋语言设计"课即将开始。

我刚一走进教室，就遇到了一位个性十足的老师。他上课前正坐在第一排的长条课桌上，课桌的一侧紧靠着墙，他顺势让身体倚着墙壁，两条腿直直地横伸在桌面上，两条大长腿占据了四个人的位置。他上身穿着一件皮衣，休闲西裤上还绑着皮护膝。他年纪也不小，头发已经花白，是典型的"奶奶灰"，脸上带着和蔼的笑意，时不时还向走进教室的同学微微点头致意。

　　往讲台上看，讲桌上摆着一个大号摩托车头盔。黑板上方，一大张摩托车照片占了半个屏幕。我都有些怀疑自己是不是走错了教室，身边不少同学也是如此，一脸狐疑地打量着大屏幕和这位老师。

　　上课了，他用手撑住课桌，两条腿在空中一晃降落地面，颇有些双杠运动员的落地姿势。他可能已经注意到了同学们疑惑的表情，一张口就打消了我们的顾虑。

　　"欢迎来上C＋＋课！"说罢转向大屏幕，"你们看，这就是我每天上下班骑的摩托车——我特别爱骑摩托车！你们知道吗？学习计算机编程，就像学骑摩托车一样！"

　　我们听得更糊涂了，这时他突然蹲了马步，一边比画着一边解释道："我现在告诉你们，这个手是油门，"说着用手腕使劲地前后晃着，做出摩托车启动的姿势，"这个是刹车，再这样控制方向……之后就让你开车上路了，你们说能行吗？"

　　有些同学摇了摇头，大部分同学仍然认真听着。

　　"这样非出车祸不可！学习计算机也是一样，我不可能在课堂上就教会你。你必须通过编程练习，靠自己去学习它！"

　　啊，这时我才明白他那摩托车图片的用意，这时他已经开始下一个话题了。

　　"下面我先介绍一下计算机的发展历史。我要特别地讲一讲：计算机和我发型之间的联系！"说着眼睛透出一丝狡黠。这时我看到，大屏幕上新放出一页PPT的标题："我、计算机与发型"。屏幕上有一张芯片的照片，旁边是一个年轻"披头士"的半身照，稚气未脱，头发烫着大波浪卷，额头上还勒着发带。这时不少同学都笑了起来。

　　这位老师却没有笑场，一脸严肃地说道："这是1981年的一块CPU，我那时上高中。我在门口的杂货店打了一年的工，才买来的这块

CPU！当时的计算机只能用最原始的机器语言编程，如果你们谁想知道，如何在阴冷潮湿的早上窝在家里，去理解这一大串 0/1 字符是什么意思，我可是这方面的专家！"

说完他就翻到了下一页 PPT，和上一页布局差不多，但左边照片中的计算机像是现在超市收银台的小电脑，右边的半身像则显得中规中矩，头发也剃成了板寸，显得非常干练。

"这是 1983 年，我上大学了，这是一台苹果电脑。我们全学校只有两台，每次上课有 20 人同时使用，每人只能用 20 分钟。当时我使用 BASIC 语言。此外，所有的电脑公司都有自己单独的操作系统，互不兼容。"

说罢，他又翻了一页 PPT，左边的照片成了一个实验室，右边的照片中的小伙穿着学士服，戴着学士帽，而他的头发又蓄起来了。

"这是我读博士的时候，全校还是只有两台计算机，一台给本科生、一台给博士生，当时计算机用 Fortran 语言，编译一次要等 20 分钟，用计算机前要先培训三个月。它不能显示图像，我们用它主要就是进行矩阵的计算。"

新的一页 PPT 放出后，又爆发出一阵大笑，左边的计算机非常大，占据了半面墙；而右边这位小伙子穿着黑色、黄色相间的博士袍，头发烫成了我只在油画里才能见到的密密的小卷，都披在脑后。他的表情严肃，看上去倒像是个古代的法官。

他让同学们笑了一会儿，等到笑声渐渐停息，他才再次开口："这是我读博士后的时候，它有四个 CPU 并行，算是早期的'超级计算机'啦。不过编程语言还是 Fortran。"

随后的照片中，计算机逐渐变成现在的样子，他再次剃掉他的长发，留成短发，直到现在。

最后他总结道："大家可以看出，计算机的发展轨迹并不是追求计算效率，计算效率最高的是我高中时用的那款！恰恰相反，人们不断牺牲计算的效率，以求得计算机让人们使用得舒服。换句话说，就是要让计算机像人一样思考问题！

"同学们之前学过 C 语言，现在又来学 C＋＋，二者最大的区别就在于，C＋＋设计了一些新的语法，来更好地反映人的思维习惯，而不是从计算机的角度去思考问题。这样一来，就增加了程序的可读性、可扩展性和稳健性。下面我来具体给大家讲解这三个概念。"

……

在整个学期的课程中，他始终念念不忘他的摩托车：

"所有面向对象的语言中，'类'（class）的概念有如摩托车的零部件，比方说'发动机'这一个概念，这就是个类，而类的实例（instant），就是指一个个具体的发动机，像我的摩托车发动机就是'铃木'的，我哥哥摩托车的发动机，是'三菱'的，这就是同一个'类'下，不同的'示例'——"

……

"有些时候，一些操作是和对象紧密相关的，比如对于'摩托车'我只能'骑'，不能'吃'，所以'骑'这个动作总是配合'摩托车'出现的。自然而然我们就能想到，能不能把'函数运算'也放到'类'里面——"

……

"前几次的上机课我发现，有些同学在学习 C 语言时，对于指针的概念掌握得不太到位，在这里我再来讲一次：指针变量存储着一串数字，就表示内存中的一个位置，此外，对于指针有一个'解寻址'运算，这就好比我骑着摩托车按着地址去拜访我的朋友——"

……

这一系列生动准确而又别开生面的类比，给我留下了深刻的印象。从那以后，每每遇到"面向对象的编程"时，我就会想到这一系列"摩托车"的例子。

一学期之后，我又恰好选择了这位老师开设的另一门课程——数值分析与数值计算。他依旧是老打扮，皮大衣、皮护膝，讲桌上放着他的摩托车头盔。只是这一次，他第一页的 PPT 换了新图片，摩托车不见了，变成一个家庭用的工具箱，里面整整齐齐地摆着大小型号的螺丝刀、扳手、钉子、锤子等。

"你们去年上过我的 C＋＋课，这次跟去年有所不同，我们将会学习一门数学课，但可不是数学理论，而是要教你们如何根据数学概念来计算出具体的数值，所以你们一定要从实际操作的角度去思考问题。这就好比是一个工人，我这门课就是给你们提供一些工具，你们要把这些工具都放到'工具箱'里存好！"

说完，他特意用夸张的语气补充道："另外，我向你们保证：这学期我一定不再给你们唠叨我的摩托车的故事了！"说完还像煞有介事地敬了个礼。

一节课又在他风趣的话语中结束了。下课后，我们几个同学向他提出一个问题，他一时难以解答，这时一位同学提出，能否像其他老师一样，找一个时间去他办公室讨论这个问题。他有些为难，停顿片刻，才说道："这个，关键是我不是一个能安心坐在办公室里的人，平时我都在家办公。如果你们想找我，就去教学楼前的咖啡馆，我喜欢在那儿喝咖啡——"

突然他又补充，还没开口，他自己就忍不住大笑起来："如果真想知道我在不在学校，你们就去找我那辆摩托车吧！摩托车在，我就在！"

## 名校体悟

英国的理工科课堂形式也是以教师讲解为主，学生活动为辅。同时它具有如下几个特点：

第一，尊重学生的学习规律，重点、难点会在不同的课程中重复讲解。比如"模拟电路"这门课是电子专业的基础必修课，也是一门很有难度的课程，对于其中的很多知识，在大二、大三、大四的课程中都会反复出现。第一次听的时候，很多学生都好像听天书一般，可到了大四，绝大部分学生都可以很好地理解。我想，这是尊重认知的客观规律，从求学者而非已知者的视角去考虑问题的表现。对于理工科领域的很多专业问题的理解，不完全是在于学生的脑筋是否聪慧或者"悟性"高低，而在于对知识的熟悉程度，对于很多概念的深刻理解往往是在大量重复性学习之后的。

第二，运用描述性的语言讲解基础概念较多，计算性的公式推导较少。这样的讲解生动形象，可以激发学生们的学习兴趣，并且在较短时间内讲解清楚复杂的概念。当然这样的做法也有一个弊端，就是有些学生只练就了"嘴上功夫"，讲起道理来头头是道，一旦让他们解决一些具体的实际问题，特别是一些优化类的工程问题时，他们就答不上来了。在我看来，这样的教学方式是两个方面因素造成的：一方面是因为他们强调思维能力，希望将学生培养成为顶层设计者而非底层劳动者；另一方面也与英国的教育产业化有关——一个产业，它首要关注点是它的服务对象（也就是学生）的感受。在英国的大学本科排名中，"学生评价"这一项占比很大，学校也害怕如果把课程设计得太深、太难，将会对学校声望产生不利的影响。后来我和不同国家的同学交流得知，德国、俄罗斯等国的高等教育，除强调基础概念之外，也非常重视公式推导。这一点值得我们辩证地看待和借鉴。

第三，前松后紧。小到一门课、大到一个专业，越往后往往难度越大。纵观英国学生从大一到大四的学习生活也是如此，大一、大二较为轻松，大三、大四课业压力则会比较重。因为大三、大四的课程，会更加重视知识的综合运用，作业、考试也往往是根据所学理论设计新器件、新系统，要综合利用前几年学过的知识，实实在在地解决实际问题，而不是仅靠看一看、背一背就可以过关的。

# 面对面的个性辅导
## ——什么是"思明纳"

开学第二周，我又遇到了一个新事物——"思明纳"（Seminar）。原来，在英国，每位本科生都会分配一位本专业的老师，称为"个人导师"，而每位导师在每个年级都会带五六位学生，导师和一个小组的学生一起学习、交流，就被称为"思明纳"。

周二的中午，所有新入学的同学不约而同地进入一间大教室，我刚一迈进教室，就看见黑板上方的大屏幕上显示出一张大表格，分为左右列，右边一列比较稀疏，上面还有几个似曾相识的名字——这应该是老师的姓名，左边则是密密麻麻，看来是学生的名字。大屏幕前围着不少同学，我努力地往前挤了挤，才最终找到了自己的名字，后面一栏写着"Steve"。

"Steve，Steve……"我默念了几遍，找了一个中间的位置坐下。

● 诺丁汉大学图书馆中的自习区域，是举行"思明纳"的理想场所

过一会儿，前排拥挤的半圆形逐渐散开到座位上，老师们这才鱼贯而入，面向学生站在前面。

老师的出现没有在学生中间产生多大影响，前排的几个学生依旧交头接耳，小声攀谈着。老师们却并不在意，不知是哪位老师充当了主持人的角色，老师队伍中一个磁性的男中音开始介绍起老师的名字来，随即有几位同学站起身，跟随着这位老师去到教室的后面。

"这位是 Steve 老师。他的学生都在哪儿？"

终于听到了我的导师的名字，随着主持人手指的方向，我看见一位中年老师，身材高大又结实，他的脸像个圆柱，面无表情，嘴抿成了一条线，浅棕色的头发梳得规规矩矩，再配上黑边的眼镜，显得特别严肃。我当时站了起来，环顾四周，竟没发现有其他同学，独自一人面对这位"严厉"的导师，心里不免有些慌张，待在原地没动。

这时这位 Steve 老师却快步走到我近前："你好，咱们也到后面去吧。"

他找到了两个教室后方的空位，示意我坐下。

"你好啊，我们本来是有两位同学，但那位同学不知怎么没来，所以就剩你啦。你好，我是 Steve。"他脸上依旧严肃，但伦敦腔却亲切。尽管他语速比较快，但经过一周的适应，我也大概能听懂。

"老师，您好！"

"嗯，好。你是个插班生，之前在哪里上学呀？"别看他表情严肃，却是个"自来熟"。

"哦，老师，我之前在中国上大学，交换过来联合培养的。"

他看到我有些拘谨，自己换了个姿势，原来两只胳膊支在桌子上，这时把整个身子靠着椅背，两手扣在肚子上。

"你别紧张！这个'思明纳'可不是一门课，就是便于老师掌握你的学习情况的，除你之外，我还带了四五位组员，和你一个年级的，不过他们从大一来这儿了。今天中午老师们特意为新生准备了午饭，咱们一起吃，吃完了我带你去见其他组员。"

英式的午餐非常简单，两个简单的三明治、一杯茶，就算是一顿饭。在 Steve 老师的带领下，我穿过教学楼的走廊，走向他的办公室。他的办公室对面有一间小教室，几位同学已经等在那里。最前面的是一个大个子，金色的大背头，还留着金色的络腮胡子，大脸盘透着忠厚，身体看上去非常结实，穿着一身运动服，看到我走进来，他腾地一下站起身，比我还高半头。

"你好！Sam。"说着，他伸出手心。

我微微一愣，才意识到，原来他的名字是 Sam。我赶紧也把手伸过去，跟他握在一起。

"你好，我叫辛木。"说完这几句话，我几乎要咧起嘴来。他的这双大手可是真有劲儿！把我的手紧紧攥住，我的指尖都要变了颜色，被捏到了一起。停了三四秒他才松手，但依旧热情不减。老师站在一旁，也毫不在意，慢条斯理地找个位置坐下，静静地听我们聊。

"你注意到没有，楼下贴了一张电动摩托车大赛的广告，咱们学校每年都参加！我今年特别想去，那个简直太帅了……"

话音还没落，旁边的同学搭了茬。

"你别理他，他这人就这样，经常想入非非！"循声望去，坐在 Sam

旁边的是一位大胡子，个头稍微矮一点儿，黑色的头发和胡子都打着卷，更显出他的白皮肤，一双蓝眼睛往里凹。他穿着一身薄薄的毛线衣，笑眯眯地望着我。

"他就专门跟我唱反调。"Sam 马上回击道，气氛就好像学生间的打闹，慢慢才恢复正常。

这时我发现后面还有一位亚洲人，穿着黑色的风衣、白衬衫、黑西服，背着复古的双肩背包，脚上是带尖的大皮鞋，看上去不像是学生，穿着倒要比这位老师还正式。

"我叫 Josh，来自新加坡，你好！"

"你好！"

和他握完手后，这个"思明纳"才算是进入正题。这时 Steve 老师不慌不忙地拿出一个平板电脑，开口说道：

"大家新学期好啊，今年我们有新同学啦！咱们今年的'思明纳'和去年一样，就是我来检查你们的学习情况。我们两周会在一起开个会，同学们每个人都要汇报一下自己的学习进度。此外，等到考完试，你们每个人都要到我这里，才能拿到自己的成绩单。"

他顿了一下，继续说道："对了，还有——到下学期你们会有一门必修课，是专门锻炼你们的学术表达能力的，每个人都要做个人展示，到时候也会在我们的'思明纳'中间进行。另外，如果有在选课时拿不定主意的，也可以来咨询我。

"咱们新学期开课也一周了，你们讲一讲新学年感受如何呀？"

话音还没落，Sam 就抢先发言："今年课还行，感觉跟去年差不多。不过有一门'自动控制理论'，讲得倒是不难，就是计算起来，又要分解因式，又要约分通分，我算得——反正挺讨厌的，总是算不清楚。"他边说边晃着自己的大脑袋。

"没错，"还没等老师张口，大胡子就跟在一旁附和，"还有一门数学课，讲常微分方程，那系数可难算啦。听说后面偏微分方程更难，唉！"

这时老师往前凑了凑，回答道："说得是啊，这一部分是对你们的数学计算能力有些要求，但是这个计算非常程序化，你们算得多了，也就能找到其中的规律了。继续加油！"说话间，他好像不是位老师，就像是学长给学弟们介绍经验一样。

这时 Josh 才发了言，他不仅穿着正式，发起言来也是一板一眼。他说话前先挺直了腰板："我学习 C++ 有些困难。这个老师讲得颇为复杂，引入了很多概念，但不像之前学习的 C 语言那样，没有什么程序示例，不够实用。"

"嗯，你们之前已经学过 C 语言，所以 C++ 难度就要高些。重点可能是 C++ 和 C 语言的语法区别。现在是谁在给你们上课？"

"是 P 教授。"Sam 和"大胡子"不约而同地回答道。

"哦，是他呀。他这个人很厉害，但讲课风格也很独特，你要听懂他上课说的哪些话是重要的。"

这时 Josh 点了点头。

"辛木——，你怎么样？"

之前问到别人时，我就在默默准备，我根本没想着问什么问题，就想赶紧"应付"完这个形式，于是说道："我刚来，还在适应，我现在还都跟得上，不知道之后会不会难度增加，可能下一次会有更多的问题。"

Steve 老师这时显得非常随和："嗯，好！没问题最好。"

"嘿，Steve，我想问问，咱今年的课代表是谁呀，我知道有 Gina，还有谁呀？"Sam 可能是清楚这个会议快结束了，开始闲聊起来。

Steve 老师也完全不介意，好像他今天的任务就是和我们聊天："没错，是有 Gina，除她之外，还有 S。"

"是吗？"Sam 回头看看"大胡子"，"今年他当课代表啦，我可得好好跟他聊聊去。"

在这样轻松的聊天中，时间又过了十几分钟，我也逐渐加入其中。之后我才发现，几乎所有的"思明纳"都是这样轻松。

## 名校体悟

"思明纳"又叫小组辅导，是指一位导师带领 5～10 人的小组进行讨论、交流的学习形式。在理工科学生本科时，"思明纳"的主要内容是课后习题辅导，或是个人导师了解每个人的学习情况，在大一、大二时相对频繁，大三、大四次数有所减少。我曾经在"思明纳"上对一个实验手册中出现的解释提出质疑，尽管我的"个人导师"并不负责实验，他仍然很认真地看完，并且赞同我的看法，还承诺会向相关的老师反映；而对于人文社科专业的学生而言，"思明纳"的作用更不能小瞧，甚至有的时候比上课本身还重要。这是因为在"思明纳"中，他们往往会根据所学到的理论，讨论一些具体的案例，真正提高解决问题的能力。

在英国大学阶段，每位同学除毕业论文的导师之外，每个人在一入学时就会被分配一位"个人导师"（Personal Tutor），一般是由一位本专业的教师担任，负责指导学生选课、选择详细的专业方向、跟踪了解学生的学习情况、分发成绩单等。"个人导师"均为学生所学专业的正式教师，均拥有博士学位并具备独立的科研能力，一方面可以解决学生在专业学习中遇到的实际问题，分享专业学习过程中的心得体会，这在预防学生的"厌学"情绪上非常有效；另一方面还可以帮助学生认清自身优势、不足和潜力，树立自己独特的发展目标，这对于实现大学教育的多元化颇具意义。

# 留学生们的共同难题
## ——闯过写作关

在学校适应了几周后，我的学习生活也开始步入正轨，除了听完大课，每周还要完成一项与上课内容有关的实验。在英国上学，一提到实验，就伴随着每周一次的实验总结报告。这可是打中了我的"七寸"——之前在国内的时候，我虽然一直认真学英语，雅思也考到了7.0的分数，但是口语和写作一直都是短板。虽然理工科的写作内容相比文科少了一些，但这每周一次的报告，成了我第一学期的"大敌"。

第一次实验，是关于无源滤波器电路对于输入信号的作用的，实验内容并不复杂，可是这实验报告，却让我大伤脑筋。

做完实验，我去学校食堂吃饭，心中忽然想起第一次参加"思明纳"时个人导师说过的话，有学习问题可以找"个人导师"。撰写报告得算是"学习问题"吧？说不定他能帮上忙。吃完午饭，我就向我的

"个人导师"Steve 发去了邮件。

"我是一个国际学生，英语不太好，现在要写实验报告，您能不能帮帮我？"发完还特意补充道，"不知道应不应该找您，请您原谅。"

没想到这位老师很快回复了我，我曾想过，他能给我一些优秀句型或更直接些，他把学生们的报告拿来让我参考。回信的内容虽然热情，但却让我很失望：

"我很能理解你现在的心情，我也非常愿意帮助你，不过我想最好的方法是：你自己先写好，之后发给我，我帮你修改。"

唉！万事开头难，看来这头，还是得自己开！我和他约定好两天之后给他发送我写完的第一稿。

发完邮件，我鼓起劲头，打开一个 word 文档，沉思片刻，随即却又点击了关闭。这两天之内，"报告"二字无数次出现在我的脑中，但又无数次被我刻意地忘记，最终拖到了约定发信日期的晚上。

我硬着头皮坐在电脑前，第一次翻看实验手册对于报告的要求。这一面纸上列出了四五个问题：

"在每个滤波器的截止频率处，信号衰减分别是多少？"

"不同阶数的滤波器，其性质有哪些差异？"

"试比较五阶巴特沃斯滤波器和切比雪夫滤波器的优劣。"

……

一直看到最后，我才恍然大悟："请把这些句子连成段落，作为对实验的总结，不要超过 600 个单词。"其用语瞬时让我想到《新概念英语》里面的短文写作。

尽管有了这些提示，但是写出句子还是困难重重。这些问题的答案都在我脑子里边滚瓜烂熟，但是说出的回答却总是几个单词，难以形成一句话，更不要提短文了。何况作为报告，还要有开头、结尾？如何引入话题，更是从来没人教过我。

我把自己关在房间里，第一句话就写了半小时，这当中，敲击最多的就是"删除"键，最终写出了一个都不算是句子的开头：

"实验目的：为探究不同滤波器对于信号的响应。"

实在是对自己的拖延有些不满，又想到和老师约定的日期，我被迫放下了追求完美的心理——只要能写出字来就行，不是还有老师帮着改吗？下一部分应该写实验步骤：

"我把输入端连接到波形发生器，输出端……"写到这里又停了下来，我突然间想不到测量仪器叫什么名字。这是个测量信号幅度和延迟（相位差）的仪器，可我在"有道词典"上查了两三次也找不到，最终没办法，我自己硬是发明了一个词："振幅延迟仪"。

终于写到结果与讨论的部分，可以简单地回答问题啦。前面半页纸的开头已经让我头昏脑涨，我几乎不像是在写文章，也就把一个个问题和答案写了出来。就这样，一看时间，已是半夜——明天还有课，算了，明天抽空再补上结尾吧。

到了第二天，我草草收尾，把文档用邮件发给 Steve 老师后，便去上课了。等到课间，我就看到了回复："下午三点，请到我办公室，我们来讨论一下。"

下午，我惴惴不安地进了老师的办公室——不是害怕因为写得不好被批评，就是担心返工——这样痛苦的经历，我可不想经历第二次。跟 Steve 老师打过招呼后，他把我带到一张会客的圆桌子旁。未等我坐下就先开口了：

"欢迎你来找我问问题。你有问题想到我就对了！"不料，他的脸色突然由晴转阴，"不过我还是要批评你，你给我的报告，可比咱们说好的时间晚了半天，这可不是个好习惯。如果你这样对待未来的导师，可能你都没有意识到，就把导师得罪了。你倒是应该庆幸，你是在我面前犯下了这个错误……"

听到这里，我不好意思地低下头，眼睛略微往上翻着看他，可他再次话锋一转：

"别紧张，没关系，你写得不错！你的英语比很多国际学生都棒，而且我看得出来，你写得很认真——作业要求是不超过 600 个单词，你大概写了 550 个单词，这是个很合理的篇幅。我们只设定字数上限，是因为对于英国学生来说，他们很容易写出篇幅很长但废话连篇的文章，我们希望他们能不断精练自己的语言……但对于你来说，你应该'瞄准'这个上限去写。"

说着话，他递给我一张纸，我才发现，他把我的报告打印出来了，字里行间，还有密密麻麻红笔修改过的痕迹。

"我完整地看过了，这上面有些批改。你最大的问题是连贯性不够，你看你，整篇文章就是一个一个的问题答案。在写作时，你要学会使用连接词，读者看到你这篇文章，首先就会找连接词，判断逻辑关系，之后才看语句的意思呢。对于我们来说，你连接词用得越多、越恰当，说明你的写作水平越高。"

可算是找到一个关键问题！我一直都觉得连接词就是点缀，把内容写对是最重要的，中学时的外教课上，看到外教不断让我们用连接词填空，我还觉得是在糊弄时间，没想到外国人都这么重视这个问题！

"再有就是一些小问题：比如你的'a''the'用得不对。一般来说，如果你指一类事物时，要用复数或是'a'，只有在大家都明白指的是什么的时候才用'the'呢——但你不用担心，所有非英语母语的学生对这个问题都很头疼！

"我还要表扬一下你，你的句子写得不长，这很好。一些学生为了展示自己的英语，一连用了好几个从句，其实没必要，最好的是用一些准确的短句子来表达，你以后要保持，句子一般不要超过两行。"

没想到这位老师讲得这么具体！我回到宿舍，发现老师已经把如何修改都清楚地标出来，我一一修改后，就这样交了上去。

一周之后，一封邮件告诉我，第一次报告的成绩有 90 分。看来有人指导就是不一样，我心里美滋滋的。不过我没时间庆祝，第二次的实验又来了，任务是观察一个整流器电路的内部波形，并简述其工作原理。这次的报告和上次不太一样，没有了字数限制，而那些提纲式的问题也放在操作步骤中，我要从头到尾看完整个实验手册，才能知道要写哪些内容。我在手册上用笔回答着一个个问题，生怕自己漏掉什么。

答完问题，实验手册上已经是密密麻麻的潦草字迹，终于要"连词成句"了。我想着老师说过的连接词，先看看自己写出的答案，然后再用连接词把它连成一段话，写完一看，自己都想笑出来，通篇就像是一段话复制出来的一样：

"我观察到……现象。这是因为……，导致了……，所以，这样造成的结果是……"用词完全一样。

这下怎么办？哪有那么多连接词可以使用，难怪英语老师们总喜欢推荐副词、连接词网站！我赶忙打开一个收藏的副词、连接词网站，这才完成修改。

尽管已经到了半夜，但我还是坚持当天就把报告发给了 Steve 老师，他在两天之后再次把我叫到办公室。这次，他依旧把报告打印出来，和蔼地说道：

"不错，你这次跟上次相比，进步很大！我这次就想给你提出一个问题，你为什么这么喜欢用定语从句？你的句法应该再多样一些！还有其他的从句可以用嘛，也可以用分词做状语，或者把一句话分成两句话。当然，随着你的写作水平的提高，你就会使用非常准确的名词，就不用像现在似的，用个'something'，然后再去解释啦。"

修改过后，我又交了上去。可是这次的成绩却不太如意，尽管 Steve 老师对我的评价很高，但到评分老师手里，却还不到 80 分。不过这个老师给我写了一条评语："你的打印是黑白的，你的图片中示波器的波形，我看不出颜色，这非常不好！"

给低分居然是这种理由！我心里有些不服气，但却坚定了我写好下一篇报告的决心。这一次的内容是自动控制系统的零点、极点设计，我依旧是"连词成句"，写到一半，算是发现了"端倪"：这个问题是让分析原因，上一个问题好像是让描述现象；下一个是分析另一个同时存在的问题……明白了，前两个问题是因果关系，后两个是并列。

我在问题后面就注明了将要使用的连接词，终于让这次报告一气呵成。我满怀信心地给 Steve 老师发过去，得到的回复却有点失望："我最近比较忙，恐怕要三天之后才能给你反馈。"

第二天，我暗自思量，我自己再读一遍，自己改一改？我打开了报告的文档，自己看起来都觉得十分难懂：这里怎么有两个 a？我回忆了半天，才想明白——原来第一个 a 是"一个"，第二个 a 是个变量的名字。又是一番修改，我又重新给 Steve 老师发去了邮件。

三天之后老师又见到我：

"真不错，看来你已经会自己修改了！你这次的报告读起来非常流利！我看得出来，每一次我给你的批改，你都自己认真研究过，并且每一次都能看出你的提高，做得真好！"

接连的几次报告，我终于稳定在 90 分左右的水平。这一学期也接近尾声，克服了写文章这个拦路虎，我算是完全适应英国的学习了。

英国的冬季阴冷潮湿，可我的心却是热乎乎、亮堂堂的。

## 名校体悟

在英国大学学习，几乎所有的作业、实验等，评价的主要形式都是论文或是报告，所以具有较强的文字表达能力，是学习成功的一个重要前提。要写一篇大篇幅的文章，不少同学都会挠头，但一个比较轻松的方法是：先制订好一个较为详细的计划，每天都写一点儿，积少成多。其实有一定英语基础的中国人，每天写四五百字的英文，是不太困难的；如果能坚持两三周，就可以写出一篇几千字甚至上万字的文章，成效非常可观。这样做比前期拖延，在"截止日期"（deadline）之前赶工要轻松得多。而且，如果拖到最后的时间完成，一些实验结果、课堂知识可能已经遗忘，不少时间要耽误在回忆原来的内容上，效率比较低下。同时，"好文章大多是改出来的"，这句话告诉我们，写作时不要坚持"完美主义"，只要开始动笔，就离成功不远！

写文章时经常与老师沟通，是一个非常好的学习习惯。如果对于写作要求和主题理解不清，同学们应该及时询问老师，有时如果学生提前一两周完成作业，在提交之前向老师寻求个人反馈，不少老师也都愿意帮助。一般来说，经过老师修改的文章都会明显提高一个层次，同时非常具有针对性。如果老师无法提出修改意见，自己提交论文前重读文章并加以修改也是一个好办法。当自己的大脑已经脱离写作这一任务时，便可以用一名普通的读者的心态，重读自己写过的内容，这样可以发现不少语法错误，或是表达上不顺畅的地方。当然，这需要有一定的英语语感。在培养语感方面，除阅读专业书籍和相关专业的学术期刊之外，同学们也可以订阅诸如《经济学人》（*The Economist*）、《国家地理》（*National Geographic*）等英文杂志。我自己就订阅过《经济学人》杂志，其中的很多语言表达都非常雅致、非常地道，不仅提高了语言水平，了解了国际新闻，同时也学习了不少经济学的知识。这也使得我在大学的最后一学期，选修了经济系的宏观经济学课程，还在考试中拿到了高分。

最后提醒同学们，要避免抄袭和其他学术不端的行为。中国留学生来到国外，可能会收到不少论文、作业代写的广告或名片。"代写"种类繁多，但大多打着"合法合规"的幌子，有的是帮助"润色"，有的则是直接帮忙完成作业。对于这种情况，留学生应当坚决说"不"。如果学生本人经过专业学习都难以完成作业，那些没有听过课的"枪手"怎能做好？有些机构会打出"作业均出自G5优秀毕业生"这类的宣传，但那些世界顶级名校的优秀学生，绝大多数都专心于自己的学习与科研工作，很少有从事这类工作的。而像这样经过代写之手产生的"假冒产品"，一般都难以逃脱老师的"法眼"，这样的行为往往会因违反公平竞争的原则被判以很低的分数。在一些重要的作业面前，做这样的事，不但是个人品德的问题，同时也是拿自己的前途命运开玩笑。不过留学生们也不必过度担心，英国大部分网上提交作业的系统会有自动查重这一功能，但只要文章和报告完全是由学生本人一字一句写出，而没有大段复制其他人的内容，查重率肯定远远低于标准线，几乎不可能出现"误判"的情况。

# 英国教育的特色
## ——小组合作

## · 1 ·

我的第一次货真价实的小组合作活动，是在到英国一年之后开始的。活动的要求是这样的：一个5人小组，用一年的时间设计制作一个装置，测量室内温度、湿度，此外它还要像苹果公司的智慧家庭服务那样，能够探测室内是否有人存在。

听到这个题目，我心里并不以为然，反倒有些窃喜——这是我之前在国内上大学时都接触过的内容，"标准答案"是用一个微处理器控制几个传感器。

小组合作也不过如此，明明一个人用几次实验课就可以做完，在这里居然要5个人做一年。我当时暗暗觉得好笑："英国教育'效率'真低！"当时的我并不了解，5个不同国籍、不同文化、不同教育背景的人在一起会出现哪些意想不到的问题——"1+1"真是很可能会小于2的。

● 学生们以小组为单位进行实验

　　看到题目如此简单，我信心倍增，不到一周的时间，就选好了微处理器型号，并且设计好了电路图，兴致勃勃地带着自己的想法参加了第一次的小组讨论会。

　　那是一个秋天的下午，凉风习习，太阳被厚厚的云层遮得严严实实，虽然才下午3点多，天空暗得就像傍晚五六点钟。

　　我们的讨论在指导老师的办公室里如期举行了。显然大家早已适应了这种典型的英国天气，早早地打开了所有的灯光，再配上浅色系简约的室内装修，屋内亮得出奇。

　　我们一共5个组员和指导老师围坐在办公室的圆形会客桌前，简单打过招呼后，讨论便开始了。我的指导老师是电子系的一位助理教授，正值壮年，嘴角的胡子楂却已现白色。他身材高大，微微有点发福，穿着衬衫和笔挺的西裤。他对我们非常热情，简短地自我介绍之后，问道：

　　"大家对这个项目有什么想法吗？"

还好我早有准备！我迫不及待地拿出了纸笔，连珠炮般地说出了自认为的"标准答案"：

"咱们需要一个单片机控制几个测温度、湿度的传感器，定期采集数据存储到计算机里就行了！"

"No，No，No！"

没想到，我的话音未落，一位同学就对我"开火"了，说话时拖着长音。我抬头一看，原来是来自非洲的 P 同学，他留着一头短短的卷发，身上穿着蓝色的连帽夹克，巨大的白色拉锁略显夸张。显然他来到英国时间也不短了，说起话来带着伦敦腔，举起食指在空气中使劲地摇着。

"你这是理想情况，万一用户家里没有电、没有电脑，你该怎么办？"

这都什么年代了，这也能算理由？何况这不就是个"大作业"嘛，按照"标准答案"做呗，肯定不会出错！我心里暗暗想着，满怀期望地把脸转向老师，心想：老师年年指导这个作业，肯定知道答案！要是能得到他的肯定，就好办了。哪知道老师好像没看到我似的，还是稳稳地坐在那里，双手交叉放在桌上，嘴角微微上扬，一直保持着礼貌的微笑，好像他就是个小学生，等着我们来解决一个"难题"。

向老师"求援"无望，我又把头转向"卷发小哥"。之前听说国外强调学生间的交流，那我也再听听大家的想法吧，看他反对得这么坚决，说不定心里早就有数，有什么奇思妙想呢！

"嗯，你说得有道理！"我虽心中不悦，但仍然很诚恳地问道，"你有什么改进措施或是其他好方法呢？"

"呃……我不知道啊。"他说得轻描淡写，但却理直气壮，说话的时候，手里还继续转着他的圆珠笔。

我的心顿时凉了半截。一旁的一位英国本地男生低着头默默不语，只把他那一头金发对着我们，好像发生的这一切都与他无关似的，还是两个来自马来西亚的组员打破僵局，操着一口流利但有些生硬的英语发了言，内容却有些跑题——变成了"是不是所有家庭都有电和计算机"。

这次讨论没有取得任何进展。讨论快结束的时候，"卷发小哥"又把话题回到了我身上，不过这次可是"批评教育"：

"你也太性急了，一上来就开始讲，完全没有给其他组员展示的机会。"

"啊？这还算问题？"我咕哝了一句。

刚刚开始大家都没有思路嘛，我提出个思路，你们不鼓励一下就算了，反而还怪我？难道像你们一样，大家全在这儿浪费时间，什么都不做就好了吗？

他为什么这样在乎谁没发言？真要是有不会的组员正好"抱大腿"啊，何必这么上纲上线，弄得老师都知道了。

自己的"好心"没有"好报"，当时我的心里可真不是滋味。我叹了口气，一语不发，一直到会议结束。大家简单道别，各自离开。

在接下来的四五周时间里，我一直在从不同角度描述着我的设计，终于逐渐得到了大家的认可。首先是两个马来西亚的同学开始认真地听起来，随即频频点起头来。"卷发小哥"见此情形，也耸着肩说道：

"好吧，那就这样啦。"

这时，一直在一旁默默不语的老师也开了"金口"：

"好啦，你们现在应该开始做实验啦。"随即又补充道，"小组讨论也不能讨论个没完，剩下的问题，可以在实验中不断修改完善！"

这时一位马来西亚同学发了言："他的编程和动手能力都很强，"说着用手指向我，"我看实验就主要由他负责吧。"

"哎！我的动手能力和编程能力也不错，可以来帮忙！"一直默默不语的"金发小哥"一反常态，积极参与起来。

"好吧，你们把需要的用品列个表格，我去买。"老师在一旁总结着。这可算是最顺利的一次讨论，我心里流过一丝喜悦，脸上也露出了微笑。

这次讨论的一周之后，我们预订的微处理器、测温度湿度的传感器等陆续到货，我们立刻开始了第一次实验。这时已经到了第一学期末，严冬已至，在一个上午，我踏进了电子系专供小组实验的实验室。

刚一踏进实验室，一股暖气扑面而来——这里的空调一年四季都开着，保持着恒温，几张崭新的长条桌子贯穿其中，两两一组，相对摆放。桌面上一尘不染，一个个 27 英寸高清的显示器整齐地排列着，放眼望去，横看成排，竖看成列。每台电脑旁，一侧摆着示波器，另一侧摆着信号发生器和直流电源。再向前看，尖头的电烙铁插在专用的支架里，旁边还有一个摊开的工具包——各样的小剪子、小钳子、螺丝刀应有尽有，从大到小规规矩矩地摆放在工具包里。

实验室的一侧是储物柜，用于存放同学们未完成的设备，看来各小组也都刚刚开始实验，柜子里的东西星星点点；另一侧的墙壁上，则密密麻麻排满深蓝色的小盒子，分类摆放着各样的电子元器件，供学生随意使用。

和"金发小哥"打过招呼后，我们找了两个并排的座位。我根据所选的微处理器，很快就把所需的软件安装好，之后便可以用计算机对微处理器编程。我先运行了网上搜索到的示例程序，点击运行按钮后，几乎是同时，电脑屏幕上就显示出了正确的结果。

"这一步完成好，后面就简单了。"我心中暗喜道，程序有问题可以上网找答案。这时的我，已经沉浸在实验里，一门心思想着之后的电路设计，都忘了身边还有一个人。

我下一步就是要测试温度与湿度传感器！我想着先使用"面包板"，它像插销一样，通过简单的插拔，就可以连接出不同的电路来，便于测试过程中修改设计；等到测试成功，再把这些元器件焊接在电路板上。我心里想着，口中自言自语：

"应该先在'面包板'上连接电路，测试无误再焊接到电路板上。"说完便起身去找"面包板"。

这时，在一旁默默旁观的"金发小哥"发了言：

"你为什么要这么做？"说着站起了身，拦住了我的去路。

"我们先使用'面包板'，比较方便修改实验的设计。"我回答道。

"所以呢，我们为什么要使用'面包板'？"他一脸迷惑地看着我，好像根本没有听到我前面说的话。

这大概是我一开始就忽视了身边的同学！我平复着自己急躁的心情，赶忙向他仔细讲解：

"我们现在要测试这些传感器，"我放慢了语速，边说边用手指着，"如果直接使用电路板进行焊接，万一连接错误，修改起来非常耽误时间。"看到他脸上的表情自然了起来，我向前走去，他紧随其后。

"所以我们现在采用一个更加简便的方法：使用'面包板'。这样通过插拔接头就可以修改电路。"

"行！"他终于同意。我也赶忙赔礼道："抱歉，抱歉！我只顾自己做了，忘了我们有两个人。"

在我找到"面包板"和专用的导线后，我很快就连接好了电路，并在电脑上编好程序，开始测试。

刚刚写好的程序往往会有各式各样的问题。这不，我刚写完的程序问题就出来了——数据全都挤在一行里面，密密麻麻的，显示在大幅的屏幕上，更让人看得头皮发麻。但程序员往往对自己写出的程序最为敏感——其实数据没错，只是忘了输入空格和回车。

可一旁的英国人则不然，只见他眉头紧锁，站起身来，弯着身子，用手扶着桌面，眼睛紧紧盯着屏幕，一副要把头也扎进去的架势。

我接受之前的教训，还没等他提问，我就主动向他解释起来。

"这是因为我忘记增加回车和空格字符，但是数据都是正确的，你来看。"说着，我调出了原始的程序。

"我这一步是请求建立处理器与计算器的连接，这一步是请求获取数据，这一步是把数据显示到电脑屏幕上。

"你看就是因为我在这里少打了回车和空格，所以数据都挤到一行里了。"

"哦，好的。"他表情和缓，又坐了下来。

这时我一看表，已经过去了一个多小时。这时我意识到一个大问题，我们之前的内容没有记录！坏了，老师好像在开学初说过，所有的实验都要留好记录，期末还要检查呢！我望向"金发小哥"，他不知何时拿出了自己的笔记本，上面写有粗粗两行圆珠笔字。

我抱着最后一次希望，发问道：

"哎呀，真不好意思，我忘记记录了，你怎么样？做没做实验记录呀？"

"没有。"他的语气非常平淡。我本想着他会对自己的袖手旁观而感到不好意思，至少表现出对实验前景的担忧。可他的语气，就好像是上课点名答到那样。

我实在有点压不住火了——你不是自称自己做实验能力很强吗？结果不仅毫无贡献，拖慢我的进度，话还说得这么理直气壮！嫉妒、轻蔑、埋怨，几种情绪组合在一起，让我的喉咙都有些发酸。

"行了，那就这样了。你先走吧！"我没好气地说道。

"金发小哥"毫不客气，背上书包便离开了实验室。

随着他关上实验室房门的声响，我重重地把手里的一支笔摔到桌上。只听得"咔嚓"一声，笔一下就摔坏了。

我一赌气，也离开了实验室。我独自走在回宿舍的路上，低着头，不知什么时候天空飘起了细雨，随着一阵小风吹过来，我打了个寒战，赶紧拉上了风衣的立领。

## 名校体悟

小组合作是西方教育中很重要的一环，对于理工科学生来说尤为重要。在英国大学的老师们看来，理工科学生将来必然会参与大型项目的设计与研制，因此合作的能力是学生的一项基本技能，其重要性不亚于逻辑思维和解题能力，因此小组合作的分数通常分量很重。在小组合作当中，保持组员的团结至关重要，一旦组员之间关系破裂，即使一部分同学最终完成了要求的工作，也会因为违背了团结协作的精神而被打成较低的分数。小组合作的基本形式是小组讨论与动手实验相结合的方式，基本由学生主导，但也会有指导老师在一旁默默观察。老师不会轻易发表意见，但往往会在一旁默默地记录学生们的表现。

不同性格、不同文化背景的同学在一起讨论，难免会有矛盾与冲突发生。一个很典型的文化冲突在于，西方教育除注重个人"埋头苦干"的奋斗精神之外，更强调团队分工，不同人性格不同、职责不同，但没有高下之分。西方的管理类课程普遍认为一个团队需要三种角色：沟通者（负责协调）、完成者（负责完成任务或者提供专业建议）、评价者（负责冷静地观察、分析利弊）。在这样的知识背景下，在团队合作中有些组员会主动地充当"评价者"这一角色，可能会展现出袖手旁观但意见不断的特点。这是双方文化和教育观念的差异所导致的，不应该认为他们只会指手画脚就轻视他们的意见，而应该在适当的场合发挥他们的长处。外国人在与人交流时也不会过分"谦虚"或者"客气"。如果他们说自己擅长某方面，只是他们个人的看法，不代表他们的水平就一定数一数二，而是由于他们坦诚直率的性格导致的，不意味着他们目中无人、固执己见。在与他们的交流中，我们也应该坦诚自信，对于自己的强项或者优势，也应该当仁不让地表达出来。过度的谦虚，反而会让我们失去一些宝贵的机会。

小组合作的项目往往是一些开放的探究性问题。在标准化的考试中，分清"对"与"错"无疑是非常重要的，但是鼓励多元化思维的教育模式强调方法无所谓对错，只要能解决问题就是好方法。即使是对纯粹科学性问题的理解，也应该允许不同的人有不同的维度与视角。中国留学生应将这两种思维方式兼收并蓄，在听课与准备考试时明辨"对错"，在实验与研究中发散思维，针对两种情境灵活转换，才能获得最大的收获。

## ·2·

生气归生气，对于老师的要求我还是不敢马虎。一天之后，我硬着头皮回到了实验室，我尽量不去想之前发生的种种不愉快，独自一人重做了全部实验，记录了重要的步骤和重要的数据。

就这样，我们磕磕绊绊，一个外观略显简陋笨拙的测量装置从无到有，终于在第二年的 4 月正式完工了。

到了万物复苏的季节，我们进行了最后一次小组讨论。这次讨论的目的只有一个，怎样应对篇幅要求 60 页的实验报告。但这时间恰好赶上复活节放假之前，对于学生而言，假期总有很大的吸引力。同样是在那个熟悉的办公室，我们围坐在那张圆桌之前，"卷发小哥"戴着耳机，头还时不时地一前一后晃着，显得节奏感十足。来自英国本地的"金发小哥"还是一声不吭，低着头看着手机。

"这次一共 60 页的报告，咱们 5 个人写，平均分一下，每人大约写十几页，也不算多。"还是一位马来西亚同学率先发言。

"J，"另一位马来西亚同学看着"金发小哥"，上来补充道，"你是英国本地人呢，英文没的说。等我们写完了，你帮我们再改一遍吧。"

这样的分工确实公道，大家都愉快地答应了。"金发小哥"也抬起头来说："没问题。"

之后的讨论进展顺利，从整体篇章结构到具体的论点论据，都是一拍即合。老师也在一旁频频点头。

临散会前，我想起了之前做实验返工的经历，提醒道："咱们最好

● 学生们汇报小组合作的成果

比老师要求的截止日期提前一周写好，这样好有时间放到一起修改。"

"可以啊！"组员纷纷表态，这次讨论就这样在和谐的氛围中结束了。

放假之后，我暗自高兴道，这个任务也不太难嘛！一年的学习，我已经有了写这类作业的经验，每天有规律地写两三页，三天就完成了自己的那部分。风水轮流转啊，跟外国人合作，做实验要靠自己，但写东西往往不用担心，他们最善于把简单的东西吹得天花乱坠，这是我过去一贯的印象。我长舒了一口气，也开始有条不紊地安排着剩余的假期。

假期总是转瞬即逝，一转眼就到了我们约定的日期，我害怕自己在写作上拖后腿，早早就把自己的部分上传到共享的网盘上。不久之后，其他组员也陆续上传自己的内容。唯有"金发小哥"迟迟没有动静。

英国人写英语还困难吗？我怀着疑虑，向他发去了短信："哥们，你报告写得怎么样啦？"写完又忙补充道："到了咱们商量的日期了。"

两天后，我才收到了他的回信："我正在写，但很可能今天交不了。"

又过了一天，马上就到老师规定的截止日期，我们终于看到"金发小哥"的文件图标，组员们又聚在了一间教室，准备做最后的修改。

打开"金发小哥"的内容，我的目光一行一行地扫着。

"我们准备设计一个电子系统，这个系统……"

科技文章不都是大部分用被动语态的吗？他这个是——也许——这才是"地道"的英语吧？

第一段读到一半，我遇到了一个句子，介词、副词、从句堆积了几层。我盯着看了半分钟，才大致读懂。哦，原来是这个意思啊，看来我英语还得提高，不过我还有一丝疑虑："我也看过不少论文范文，也没见过有人这样写？"

再往下读，"我首先选择了一个×××型处理器"，紧接着出现了几处语法错误。

我有点儿不敢相信，这哪里像一个大学生写出的文章？难道，这是另一种写法？我之前没见过？我看到身边的几个组员也是眉头紧皱，"卷发小哥"噼里啪啦敲打着键盘，已经开始修改。

我实在憋不住，说道："你这个写得不太行啊。"

哪知"金发小哥"的反应也是出人意料，他一脸惊讶："这哪儿不行？我写出来的报告，每一次都能及格。"

我当时怔住，难怪！每个人对成绩的要求标准不同，也没有办法强求。

"卷发小哥"也不甘心，接过话头：

"你这一部分不能这么写，像'我''我们'这些词，不能大量出现在学术写作里面。"

"呃，是啊……""金发小哥"心不在焉地应和着。

到了晚上，教室即将封闭，我们只得转移至一间 24 小时开放的电脑教室。这个教室尤其明亮，橘黄色和白色的灯光呼应着，光线充满了每一处角落。偌大的房间非常安静，零零星星有几块屏幕亮着。我们找到了几个挨着的电脑，开始相互修改组员们写的内容。

明天就是截止日期，今天晚上肯定得加班了。我心里暗想，要不是要求大家提前完成，最后一天就是不吃不睡也弄不完啊！我不敢耽搁，逐字逐句地默读着。

不知过去了多久，一旁的动静转移了我的注意。"金发小哥"站了起来，轻声说道："10点了，我要回去休息了。"

未等有人回答，他已经开始收拾书包。

"大家再见！"

这时我一门心思想着手头的工作，向他抬了抬手，便又埋头干起来。

时间不知道过去了多久，周围陆续有人离开。这时已经快到凌晨1点，身边更是静得出奇。"卷发小哥"过来拍拍我的肩："J的部分我已经改完啦，我家离得不近，得先走。辛苦你们了。"

说着他就开始收拾摊在桌上的纸笔。

"非常高兴能认识你们，这一年里我学到了很多。"

这时我抬起头来，活动活动僵硬的肩膀。这才发现，教室里空空荡荡，只剩下我们三个人。

看来漂亮的分数还是对于亚洲人最有吸引力，剩下的3个人坐在一起开始了轻声的讨论。这时语言已经自动转成了中文。

"这一段儿写得不太行啊，得在前面加一个引言。"

"好的，你来写吧。"

"你这一段儿重点不是很突出，我先帮你改改，完了你看。"

"那我就先整理参考文献。"

当我们全部完成之后，时间已经是第二天早晨6点，电脑教室的灯依旧亮着。我们并排走出教学楼，新一天的太阳已经升起，和教室的灯光相比，泛红的阳光还是有些刺眼。

两个同伴的眼中已现点点血丝。我们拖着疲惫的身躯穿过学校。相互告别时，我用力地拍了拍两个同学的肩头：

"辛苦了！"

终于，一个月后成绩公布。我获得了86分，这在英国大学已经算是很高的分数了，也算是"天道酬勤"吧。

名校体悟

英国大学中的"动手课程"与"大作业"，考查方式都是以实验报告为主，而不是单纯根据实验的最终成果。报告一般会占总分数的80％左右，而实验成果展示一般都不会超过20％。因此中国留学生必须努力提高自己的语言表达能力，才能在合作项目中取得好成绩。不过从另一个角度看，这样训练出来的学生，也容易使学生养成"说得多、做得少"的习惯，而有些能力很强的同学，本来实验做得又快又好，但因为报告出现了小错误，反而成绩不佳。我想，如果二者分配得更加平均一些，学生的能力就会有更加全面的提高。

学生时代的小组合作，很多分歧都是来源于不同人对成绩的期望与对自身严格要求程度不同。特别是一些国家采取的保护政策，对于本科毕业生的就业要求较低，导致一部分学生进取心不强。留学生们对于这一点要在合作之初就做好心理准备，遇到这样的同学尽量理解；同时必须要有主见，不要降低自己的标准。小组合作中，不仅要练就"不怕苦、不怕累"的作风，还要充分照顾所有同学的感受，在将一些比较复杂和重要的工作分配给那些能力较强的同学的同时，也要为能力和进取心稍差的同学安排他们力所能及的工作。

中国学生在参加这些小组活动时，在思想上要处理好个人的公平与集体效率这一对辩证关系。我之前在国内上学，无论是标准化的考试、实验课，甚至面试中都可以感受到教育公平的原则，但提到"集体"时，往往则是笼而统之地强调要团结，而对于集体的效率，特别是如何实现1＋1＞2，往往提得较少。参与小组合作项目时，我们不仅要学会合理划分工作量，更应该重视知识与智慧层面的合作，比如对于同一个问题相互提醒、相互启发，从而产生一个人无法想到的新点子、新思路。我想，以我国巨大的人口数量，如果能产生这样一批高质量的合作者，实现智慧上的1＋1＞2，那么一定会产生惊人的创造力。

# 英国考试究竟难不难
## ——我怎么考砸了

不知不觉到了第一学期期末，考试的压力开始袭来。说实话，英国的考试，对学生"友好"很多：往年的试题和答案都已经上传到网站上，并且在课堂期间，各科的老师们也都讲解过一两道考试例题。

诺丁汉大学的考试，都是定在第一学期结束、第二学期开始前，所以学生们有整个假期可以复习考试。看着往年的试卷，发现这里考试的题目问法直白，计算简单，更没有什么"陷阱"，而且过去几年，题型变化不算很大，我心里稍稍有了底。

我的第一门考试是数学：微分方程。考试定在上午9点钟进行，我提前15分钟就赶到考场。走到门口，我发现挤着不少同学，有的还拿出书本来，摇头晃脑地默读着。这样的场景与国内参加的考试倒是大同小异，我也颇有似曾相识之感。

英国的开考没有铃声。相反地，一位老师站在前面，我并没有抬头，只听见这位老师憋粗了嗓子说道："女士们、先生们——你们现在可以开始答题了！"开考的指令配上一个如此正式的开场白，显得有些滑稽。

我迫不及待地打开试卷，题型看着有些熟悉，五道大题，每道大题又有相互紧密相连的几个小问组成，用a、b、c、d……来编号。做起题目来，不仅要认真仔细，还要考虑如何遣词造句，不犯语法错误。

考试结束的时间到了，同样没有铃声，只有那位监考老师故意憋粗的声音：

"女士们、先生们，现在请停止答题！"

这时我发现坐在前后左右的同学们，都不约而同地干着一件奇怪的事，用嘴去舔答题纸封面的右上角。这是什么意思？再看我右侧的这位同学，把舔过的小角沿着小方块对折下来，又用力按了按，我才意识到这原来是"密封线"！

我也有样学样，把试卷右上角放到唇边。舔上去才发现，居然甜丝丝的，舔完后再折过去，还没有完全对齐，就已经粘得非常牢靠，想撕都撕不开。

老师收齐了试卷，清点过后便示意我们走出考场。这时一位长期在英国上学的华人同学才告诉我们："密封试卷，必须用唾沫，贴得可牢了。你要是用手蘸着水往上抹，那就一点儿用也没有。"这倒是让我想起一些电视剧中，用唾沫、米糊制作临时封条的场景。

这学期我有四门闭卷考试，一共考了不到两周，两门考试之间，大约能有两三天的空隙，所以我的复习工作比较从容，时不时还为之前考试中 to、for、as 等介词用法不当而感到懊恼。

过了半个月，考试成绩公布了，令我意想不到的是：自己竟然获得了全系第一名的好成绩！我的自信心大增。在"个人导师"Steve 老师的办公室内取到成绩单后，我草草和他道别。走出他的办公室，我仍难以掩饰自己心中的得意，蹦跳着向宿舍走去——我感到一条光明的留学之路，正在我的脚下缓缓向前延伸。

我当然懂得"骄兵必败"的道理，尽力克制着自己，不要喜形于色，但这样的感情依旧难以掩饰。想到出国前在网上看过的文章："对于那些在国内认真学习、基础扎实的同学来说，到英国留学就像是度假一般。"现在更是无比地同意——没错儿，我这个国内"985"大学的优等生，来到这儿还怕什么呢。

当天晚上，我就忙不迭地安排起了新学期的生活（第一学期的期末考试安排在新学期的开学前，考试结束后立马开始新学期）。我报名参加了话剧社团，参加了中国学生学者联合会。周末的时光，大部分用在参观博物馆或是外出旅游上。刚开始这样的生活方式，我心里还是有些小小的不安。可是很快就自我安慰道：自己已经是第一名了，一两天不看书怕什么？来到国外，不光是要读书，旅游参观也不可少，有道是"读万卷书，行万里路"嘛。

新学期的课堂上，我努力地放下自己第一名的"架子"，但偏巧新学期的课程又异常容易，比如这门公认较难的数值计算课程，上过两个星期的课程，讲的仍旧是泰勒级数的表达式。这难道不是在国内大一时就学得滚瓜烂熟的知识吗？可面前这位老师依旧讲得很投入：

"我们把这个函数展开到 x 的平方项，再把自变量数据的边界值代入，就可以估计出它的边界——一加上一，再加上一的平方除以二……"

我的思想早就溜号了："这不就是泰勒级数吗？之前我在国内大学的理科实验班，学的可都是数学系的数学分析！泰勒级数一共有三种余项表达形式：皮阿诺余项、拉格朗日余项和积分余项。对于这个问题，我一眼就能看出来，要想证明这个边界条件，使用拉格朗日余项才能严格证明，这位老师为什么都不讲？"

看着老师慢慢悠悠地列着算式，而身边的同学们个个瞪大了眼睛，前排还有一位同学晃着脑袋，我不由得轻轻感叹道：

"这讲课的质量跟国内都没法比。"

快下课时，老师布置了作业：

"从本周开始，每周还带有两小时的编程练习课。"

这门编程练习课，更让我大跌眼镜——学校的机房只安装了 Code-Block 程序。完成这个作业勉强还行吧，但功能肯定不够强大。我可是优等生，当然得用高级的！多亏我带了自己的笔记本电脑，装有专业的 Visual Studio。我拔下计算机的电源线，连上了自己的笔记本电脑。

意外的是，坐在我旁边的一位英国同学凑了过来，这是位典型的英国男生，文质彬彬，戴着蓝边的眼镜，小脸盘上稚气未脱。他不由分说，拔掉了我的电源，插上了原来计算机的电源，指着主机上的电源键，对我说道：

"你按这个按钮，就能开机了，没必要拔后面的电源线。"

我一时哭笑不得，心里说："这老外，还当我不会开机呢！你还不知道我是上学期的第一名吗？"我憋着一股劲儿，"你瞧不起我，我让你看看。"

我三下五除二便完成了要求，在几步计算上，我还自鸣得意地采用了递归函数。做完这些，我高高地举起了手，还偷偷看了看旁边的男同学——他正紧盯着屏幕，眉头紧锁。

偏巧当天检查作业的是一位华人助教，我先演示了程序的运行，当屏幕输出了正确的结果后，我就开始得意起来。还没等助教发言，就主动向助教"显摆"起来："我对程序做了优化，采用了递归算法。这就体现'分而治之'的编程思想。"我还特意卖弄了一句中文术语。

我的"戾气"，不久后就被老师们感受了出来。有一次下课后，正当我和上课老师为一个误码率的计算公式而争执得面红耳赤时，后一门课的老师推门走了进来。

"对不起，我的学生正在帮我纠正课件的错误呢！"

"哦，是他呀。要我看，学校明年真应该聘请他当老师。"

可我当时却没听出这其中的弦外之音，还觉得这是老师的夸奖，心里美滋滋的："嘿，我都能当老师了。"

英国的学期真是短，转眼又到了期末考试。我翻着这学期的笔记——每节课几乎就是两三行，这态度是不是有点浮躁？当我仔细看内容的时候，又得意起来："这是'言简意赅'，抓住核心。课讲得这么简单，我还要怎么记？"

可是考试的结果却不尽如人意，我退步了，只取得了第四名。

当我再次走进 Steve 老师的办公室时，他依然是满脸笑容："辛木，你这学期非常不错，我都想不到还有什么是需要提醒你的。"

我拿着自己的成绩单，一言不发地坐下来。

"依我看，你只要继续坚持下去，肯定能拿到一等学位，毕业后找个好工作。"Steve 教授没等我回应，就接着说道。

"呵呵，笑话！我的目标是毕业后去世界一流大学读研读博的，还能想着就拿个 70 分毕业走人？"这样的鼓励，让我心里感觉反而是一种讽刺。

"您放心——我肯定好好学。"我回答道，每一个单词都像是咬着牙说出来的。

老师可能也注意到我有点儿不对劲，赶忙劝道："好的，好的，这个我当然相信。你可以去争取 80 分、90 分的高分，但我的意思是，你不要有压力，你知道无论如何，你都能得到一等学位。"

直到谈话结束，我也没弄明白，为什么他对 70 分和一等学位有这等执念。

一个暑假过后，到了留学的第二个年头，经历了头一年的一起一落，我心里压着一块大石头，又从国内来到了英国。

开学前的一晚，我躺在床上，第一次失眠了。

我能东山再起吗，还是从此一蹶不振？

学过的知识我明明都会呀！遇到的题目也都似曾相识。去年的问题出在哪里呢？

如果说有错误，那就是忽略了课堂。那好，这学期我就好好"听话"，把自己当成是一位刚入学的新生——如果再学不好，我也就"没治了"。

新学年的一门课叫作固态器件，一个中等规模阶梯教室的讲台上，站着一位年长的老教授，满头银发、又圆又大的眼镜片，显得非常博学。这门课可是一门公认的硬骨头，学生们分散地坐在教室里，每人面前都摆着打印出来的讲义，如临"大敌"。

这位老师先从晶体的折射率引入，随即提到了二氧化硅的吸收光谱。

"从这张图上可以看出，吸收光谱有三个极小值。而二氧化硅是制造光纤的基本材料，这就告诉我们，光纤通信有三大主要的波段。"

这个我好像也学过，850 纳米、1310 纳米、1550 纳米。我想想是谁教的——又开始走神了。我刚一低头，看到了自己摊开的笔记本。对了，我昨天已经下定了决心，要重视课堂的！我收拢目光，集中精神，留心听着老师的言语。看来我已经错过了两句话，这时老师又提问了："可是现在最为通用的波长是 1550 纳米，这是什么原因？"

我犹豫了一下，心里嘀咕道："这我记不清了，大概是因为 1550 纳米，带宽最宽，损耗也最小吧？"

老师自问自答道："你们会注意到对于 1310 纳米的光而言，色散是零，但是它给出的只是一阶色散。"

我这才注意到，原来的光谱上方，竟还有一条细细的斜线。

这时大屏幕上放出了一阶色散的计算公式。

"你们看，所谓一阶色散，是指只考虑了光在介质中传播速度随光波长变化的一阶导数。也就是说，如果使用 1310 纳米的光波，仍然会有色散，只不过是更高阶的色散而已。因此，人们才选择了损耗更低的 1550 纳米，而不去关注 1310 纳米的情况了。"

我赶紧记下这几句话，虽没有获得新知的喜悦，心里却是一惊，差一点儿又错过了一个知识点。上学期经常走神，不知道像这样错过了多少知识！

讲着讲着，老师又提到了在晶体中，电子能量－动量的色散关系，老师刚刚展示出来一个图例，就听得一位同学议论道："不，不，我认为不是这样的，在量子物理中，能量不应该是一份一份的吗？"

这声音不大也不小，我在一旁听得真切，心里暗暗好笑："嘁——你懂得什么！'能量子'的概念，只是普朗克在解释黑体辐射的时候提出的，只能算是'半经典'的描述，必须求解薛定谔方程，根据边界条件才能真正算出能量。"我竖起了耳朵，期待着老师一定要给出和我想法相同的解释，"杀一杀"这位学生的"威风"。

可是这位老师却仿佛没有听见，我却把这个问题悄悄地记了下来。课后当我向老师提问时，老师也不置可否，只留下一句"可能是需要考虑'不确定关系'（泡利不确定关系，即'测不准原理'，即量子力学中粒子的动量与位置不能同时确定）"，随即便匆匆离开。

不确定关系？只有位置和动量才有不确定性，动量和能量可以同时确定呀。我更糊涂了。我愣在原地能有一两分钟，依旧毫无头绪。这才回去收拾书包，准备离开。

合上老师的讲义，我这才注意到，课件第一页，列有几本参考书目。对呀，来到英国后，虽然每门课老师也列出几本书籍，但老师们对此往往不说明，我一直都以为，这只是西方人为了追求学术严谨而列出的"参考文献"。之前在国内大学读书时，每门课都有课件和推荐参考书，我何不把这些推荐书目当作参考书目，好好读一读呢？

当天的课程结束后，我在图书馆里查找参考书籍，浏览目录才发现，外文的参考书尽管种类繁多，仅仅一门固体物理课，就有七本参考书籍，但内容却都是大同小异。我找到老师列举的第一本书，经过一小时的研读，终于读到这样的话：

"能量－动量图实际上是基于电子在固体中的运动仅次于不受力的自由粒子这一假设，每一条'能带'上，也只排列着有限个粒子。"

原来这个图只是表明两个量的关系，"能级"依然存在，不过不在这里体现出来。我终于恍然大悟。

当我认真起来，时间过得更快了。新的学期一晃就又结束了，在新学期的考试中，我终于又夺回了第一名的成绩。我再次走进 Steve 老师的办公室里，他告诉我一件逸事——那位满脸严肃的固体物理器件的老教授，在判完卷子后主动告诉他：你的这位学生，这次考试考得特别好！

更令我没有想到的是，我在参考书上看到的能量－动量图、坐标空间、动量空间等概念，竟成为我未来研究方向的"敲门砖"。

名校体悟

英国大学的考试通常不会给学生很大的压力。因为它只强调对知识点的考查，而并不是特别注重解题技巧，老师也不会故意设计陷阱"刁难"学生，这里考试的评分标准非常重视过程，只要解题思路正确，即使一时马虎写错一两个得数，也不太影响最终成绩。学生们还会提前收到往年的试题、答案等作为参考。所以只要是平时一直认真刻苦的同学，即使天资不够出众，往往也可以取得很好的成绩。针对这样的考试特点，在复习考试的过程中，不应该只是一味地"刷题"，而要力求全面、细致地掌握课程的全部知识点。

英国的考试风格常常会被质疑是对学生"放水"，但一段时间后，我发现这背后可能另有考虑：一方面，对于出题老师而言，考试的根本目的在于"检验"而非"选拔"，所以没有必要故意为难学生；另一方面，对于那些真正学有余力、有学习主动性的学生，不必把全部精力放在应付考试上，而是可以根据自己的需要和兴趣，自主学习一些更加高深、前沿的专业知识。反之，即使题目出得再深、再难，一张试卷所能考查的知识和能力也是有限的，这样一来，即使是很优秀的学生，为取得好成绩，也不得不把大量的时间放在总结题型、练习解题技巧上，而对于一些同样重要但难以编成考试试题的知识，往往无暇顾及，即使他们在考试中表现出众，也只是练就了一身解题能力。所以说，如果尊重学生在高等教育中的主体地位，适当地给学生一些学习上的自由，给他们自主深化学习的空间，反而更能让他们全面发展，取得更好的培养效果。

尽管英国考试难度相对较小，但考试成绩却十分重要，总成绩不仅会显示在毕业证上，更是升学、申请研究生的主要考查因素。因为在不少英国导师看来，本科期间发表出优秀的论文或科研成果，更多展现的是导师和所在课题组的水平，只有成绩才是实实在在地展现学生个人对知识的掌握程度。有意思的是，英国为保证同一专业在不同大学中试题难度的可比性，还会采用"同行互评"的方法。也就是说，一位老师在出完考题后，需要把试卷发送给几个其他学校相关专业的老师，他们审核通过后，才算作定稿。

英国的本科课程很重视知识的连贯性，对于一些经典的知识和例题，可能会在课堂上反复出现，但往往是"旧瓶装新酒"，利用学生熟悉的情境引入全新的知识，因此留学生们万不可似是而非、不求甚解，想当然地以为这是旧知识的简单重复。在科研领域，很多西方教授也会从简单的例子出发，进行深入思考，然后再把相关的结论加以推广。所以说，无论是教学还是科研，对于那些数学处理上简单但涉及较多基础概念的例题或场景，我们都应该特别重视，做到学通、吃透。

# 本科生活的句号
## ——特殊的毕业典礼

我在诺丁汉大学一共度过了三年，时间到了最后一个学期。参加完最后一次考试，我就要从这里毕业了。我的母亲在国内也非常期待，盼望着来参加我的毕业典礼，顺便在英国游览一番。她早在一个多月前就已经办好英国的旅游签证，每周在视频通话时，也不断跟我聊着去英国旅游的行程。

这时的我在复习准备最后一次考试，在英国这么长时间，一切都已经轻车熟路，而且这最后一次考试的科目，比以往还要少一些，复习起来更显得轻松。

这一天，我正在宿舍时，收到了一条妈妈发来的微信：

"姥爷查出膀胱癌，马上要做手术。"

这个消息太突然，看到这条信息，我当时就把手机扔在床上，坐在课桌前，不停地晃着头。说真的，"癌症""手术"这些词，对我而言一直都只是字典上的词条，从来没有想过会发生在我的亲人身上。

特别是我的姥爷，他虽然是我们一家年龄最大的老人，现在已经88岁了，但在我眼中，倒一直都像是我的"小哥哥"。总是忘不了，他70多岁的时候，一直都坚持早上6点钟起床，先要去公园里转几圈，再回家给全家人准备早餐。我当时还没上小学，总有使不完的劲儿，经常嚷嚷着跟他一起去晨练，他也很愿意带上我，不过每一次都是我走得筋疲力尽，央求着他少走几圈。

等到我上了小学，和他在一起的时间少了。一有空，他就爱给我讲他在电视、广播、报纸上看到的故事和笑话，有时还跟我玩猜灯谜和脑筋急转弯。不少内容我都记忆犹新，比如："切西瓜怎么一刀就切成五大块十小块？原来是这个人切歪了，一块大一块小，小块还掉在地上，他只好'捂'着大块去'拾'他的小块。"每一次都把我逗得前仰后合。

再到后来，我在学校淘气，拿铅笔在课桌上画画，还在上面打草稿写算式，气得老师请家长过来擦桌子。又是我的姥爷出马了，一个弯腰驼背的70多岁老人，被年龄比他小一半的老师训斥，他也不在意，时不时点着头，好像他就是那个做错事的孩子，等到他擦完桌子，在回家的路上，还不停叮嘱我："这件事儿完就完了，别跟你爸妈说，这可是咱们的'小秘密'。"

1949年以前，姥爷就是高级电工；1949年以后，他又读了大学。他的手很巧，家里的插座、接线板、开关等等，大都是他用废旧的小瓶小罐自己动手做出来的，质量甚至比市面上买到的还好。他一直特别愿意给我讲解其中的原理，在我读小学三年级时，就教给我怎样用小灯泡和电线，测试电池的"电量"，还给我讲解干电池的原理。我在物理和电路知识方面的第一位科普引路人，就是我的姥爷。

即使年龄已经到85岁时，他仍然不服老，争着要择菜、做饭、烧水，家里人想雇个保姆，他一直回绝："雇的人干起活来还不如我利索，看着心里就着急！"我一直都想当然地以为，这样一位矍铄慈祥的老人，就应该永远健康地活下去。

两周之后，我再次和家人视频聊天。这一次妈妈是在医院里，四面的背景是一片白，让人看着扎眼，我的姥爷做完了手术，躺在床上，两眼紧闭，整个脑袋陷在白色的枕头里，手上还打着点滴。这次手术后，姥爷的膀胱被切掉，使用外接的尿管和尿袋，维持着排尿。之前的那一段微信还没有那么强的冲击力，这一次，苍白的病房，床上一动不动的姥爷，让我受到了很深的触动。

和父母聊天时，我才得知姥爷在医院里依旧乐观坚强。因为年纪太大，术后被送进重症监护病房，他有好几次清醒之后挣扎着想坐起来，但身体太过虚弱，每一次都是起到一半，两只眼睛就往上翻，再次昏厥过去。就这样一次又一次，他战胜了病魔，创造了一个生命奇迹。在此期间，一直是妈妈作为主力照顾他，看得出妈妈明显憔悴了许多。这次谈话中，她眼圈儿有些红肿，说起话来也总是遮遮掩掩。

和妈妈视频过后，爸爸打来电话：

"告诉你一件事——本来你妈不让说的——这次你毕业典礼，可能我们都没法出席了，但你妈为此特别自责，她还没决定……"

说到这里，两周以来郁结于心中的憋闷涌了上来，我顿感鼻子有些酸。老妈也是一辈子为我操劳，我小时候淘气，她没少因为我闯祸而被学校老师批评，到后来我渐渐懂事，学习和各方面表现都像样子了，那些"露脸"的家长会，她却因为工作忙，大都没有参加过。这次我在英国努力了三年，总算有机会请她一起分享一下胜利的喜悦，哪知道又出了这样的事……

说实话，真正该说对不起的是我。

到了周三，我才拨通了妈妈的电话，这次，还是我主动开口：

"妈，你安心照顾姥爷吧！干脆，毕业典礼别来了。正好——正好我最近特别忙，你不来，我还不用订酒店、订车票……我一个人毕了业就回去，省了不少事……"

"啊，那你……"

"你不是原来说过，你被老师训得最怕去学校吗？正好让你再少去一次学校，多好！"说完，我和妈妈都不约而同地苦笑了一下，有些话没必要讲得太明白。

出了这样让人揪心的变故，尽管我努力平复着情绪，我的复习进度也只有预想的一半，但好在平时我在学习上就比较抓紧，几门考试通过得倒也顺利。

我提前订好机票，一完成学习任务，就赶忙回到国内的家中。我的姥爷依旧住在医院，照顾姥爷已经几乎占据了父母工作之外的全部精力。于是我就担负起照顾80多岁姥姥的责任。我之前在英国也是独立生活，但那些从超市买来的食材大都是半成品，而现在假期每天买菜、做饭、收拾屋子，甚至让我产生了错觉，自己好像是个"家庭妇男"。留学生活，恍如隔世。

在此期间，一位我认识的在诺丁汉大学工作的中国老师通过手机发来祝贺的消息，才让我重新感知到自己留学生的身份：

"这几年算下来，你的总成绩是全系的第一名！好多年啦，终于有中国学生拿了第一！"

时间到了7月中旬，毕业典礼快到了，我又一次踏上了奔赴英国的旅程。航站楼、海关都已经熟悉，我依旧能回忆起自己第一次来到这里时的那份紧张与兴奋。可这一次对我来说却平添了几分落寞与沉重。于我而言，毕业典礼已经无所谓什么仪式感，相反我倒觉得，这样烦琐的仪式反而是个负担。

走到海关处，询问我的是一位圆脸的中年男人：

"你来英国干什么？"

"我来留学，在诺丁汉大学。"我敷衍着答道，眼皮都没有抬起来。只是来到英国三年了，英语比刚来时流利很多。

"可是学期不是已经结束了吗？"他依旧充满疑虑。

"哦，我毕业了，是来参加毕业典礼的。"

这位工作人员并没看出我的心事，他更有兴趣了："太好了，祝贺你！只是这么重要的场合，你的父母怎么不来？"

这句话就像一把锐利的小刀，插在我原本即将愈合的伤口上。作为一个神经大条的"理工男"，那一刻差点儿没控制住自己的情绪，我当时眼圈儿一红，视线有点模糊了。我抬起头，眨眨眼，说不出话来，冲着这位工作人员摇摇头。他示意我录入指纹，就放我过了海关。

我这一次来到英国只住一周，但我的学生公寓已经退租，我借住在一位熟识的学长家中，他刚刚结婚，夫妻俩都是大学的博士生。等我到达诺丁汉市，已是晚上 10 点多，他们对我却依旧很热情，这位学姐戴着一副挺大的黑框眼镜，一看就知道是位女博士：

"欢迎你过来住呀！你看看，知道你要毕业，我们今天专门为你换了红色的床单、被单，沾点喜气！你这次西服领带都带了吗？……老公啊，你赶紧，把你之前的领带找出来，红的那条啊！"

"好嘞，我等会儿去拿！你晚上吃饭没有？我们给你留了点儿饭，你先吃点儿！"

吃完饭，我上到二楼，看到一个打扫干净的空房，上面崭新的红被单和红枕套，顿时感觉到了一种家的温暖。可我一闪念，又想到了姥爷所在的那个苍白的病房。

我的毕业典礼是在学校体育馆内举办的，每场毕业典礼只容纳一两个系的学生和他们的"亲友团"——大部分是父母二人，还有的更是全家老少齐动员，所以每次毕业季，总会有几十场这样的毕业典礼。毕业典礼那天，我的那位博士学长主动请了假，自愿充当了我的"亲友"，以免我显得孤单。

进入由体育馆改成的大礼堂，光线一下子暗了下来，最前面是个临时搭成的台子，上面一块大屏幕上写着"祝贺"（Congratulations）、"2019 学年毕业典礼"等字样，台下一排一排的座位都写好了毕业生的姓名，给人感觉像是进了电影院。唯一的区别是，台上有三排椅子，上面坐着我们专业的老师，这里面有不少熟面孔，但是他们今天也都穿上了正式的袍子，不过颜色、式样各不相同，一眼望去倒是颇为有趣。

这里的毕业典礼程序并不复杂，校长念过一段简短的开场白后，就是一位老师挨个念毕业生的名字，这时毕业生都要身穿学士服，一脸严肃地走上舞台与校长握手，领取自己的毕业证书。此后，在离开舞台的聚光灯前，还有一段自由表演的环节。刚走过的这位同学，就给台下一个飞吻；而上一位同学，在台上吹了好几声口哨。台下的学生家长此时往往发出欢呼，这不像是个毕业典礼，倒像是运动会的领奖台。

我们电气电子工程系是诺丁汉大学比较大的系，所以这个环节总共持续了两个多小时，这个典礼着实有些过长了，不少家长都开始打起了哈欠。我在等待期间，打开了座位上放着的小册子，这上面每一页写的都是毕业生的名字，我翻到了小本子的一半，才找到了自己的名字，只是我的名字后面，还打了两个星号。我问问周围的同学才得知，一颗星是代表所在院系的优秀学生，另一颗星则是代表全校的优秀学生，专为每个系的第一名而设立。

终于轮到了我。我们在一排坐着的同学排着队，站在了舞台的右侧，随着一个个同学被叫到，我到达了队伍的最前面，这才看清那位介绍学生姓名的老师，正是那位教过我电力电子课程、对我颇为欣赏的老师，他此时已升任系主任：

"辛木先生——全校优秀毕业生，全校唯一一位'全英工程技术学会优秀毕业生奖'得主！"

我走上舞台，向台下微笑致意，然后又走到校长面前。这位优雅的中年女性，跟我身高相仿，一袭黑色长袍上带有不少黄色的条纹，像是电视中"法老"的打扮。她总是笑眯眯地看着学生们，见到我之后，她的嘴角更是向上扬起来：

"祝贺你，干得漂亮！"

"谢谢您!"

我拿过自己的毕业证书,微微向自己父母缺席的台下鞠了个躬,此时的台下颇为安静,但想到毕业生名册上,自己名字后面的两颗星,又听到了校长和系主任这样的鼓励,我依旧倍感欣慰——取得优异的成绩,这不就是对万里之外的家人最好的回报吗?

## 名校体悟

这次毕业典礼是我留学生活的一个特殊经历。但实际上,留学生在留学期间,遭遇家庭变故的不在少数,并非个例。我身边就有几位同学,都是在留学期间得知家人患癌症、抑郁症,或是父母双方离婚的。这种现象也不难理解:目前出国求学的留学生,大多是独生子女,孩子占据父母生活的大部分,当学生身赴异国他乡,对于学生本人和整个家庭来说,都进入了一个全新的阶段,都需要适应。但是父母和亲人渐渐老去,承受能力和适应能力比学生本人更差。所以说,留学生出国,特别是选择长期留学的话,学生和家长都要做好适应家庭变化的心理准备。另一方面,建议同学们在留学期间也经常与父母沟通,这样对于家人的情绪也是一种慰藉和疏导,有时也可以避免负面情绪的积累。

遭遇变故,每个人一时心情都会很糟糕,但同学们远在异国他乡,能做的主要的事情就是自己坚强起来,管理好自己的生活与学习,不要让父母再为我们操心。作为留学生,求学是我们的主要目的,取得优异的成绩,就是对家人最好的报答。如果一个人难以调整情绪,在英国有很多地方可以寻求帮助。英国绝大部分大学的学生中心,都有相应的心理咨询部门,还设有"夜线"(Night Line)和心理与信仰问题咨询(Chaplaincy)部门可以寻求帮助。如果问题严重的,他们还会联系专业的心理医生。此外,在国外遇到问题时,也可向要好的同学、亲友寻求帮助。

英国大学一般都是在毕业典礼上颁发毕业证书,毕业证书上都会写有"某某学位(with)Honours"(荣誉毕业)字样,但这并非我们通常理解的"荣誉学位"。事实上,英国所有的毕业均为"荣誉毕业",非荣誉的"普通毕业"(Ordinary Degree),更像是我们通常理解的"肄业"。但英国也有激励学生的方法:英国的本科、研究生学位都根据学生的平均成绩分为几个等级,会写在毕业证上。本科生的及格成绩为40分,学位分为一等(First

Class，70分及以上），二等上（Second Class Upper，60～69分），二等下（Second Class Lower，50～59分），三等（Third Class，40～49分）。事实上，只要态度端正，绝大部分学生都可以获得一等或二等学位，三等学位基本属于一个心理安慰性的学位。如果想要继续深造，大部分学校要求一等或二等以上的学位。研究生的及格成绩大多为50分，学位分为卓越（Distinction，70分及以上），良好（Merit，60～69分），通过（Pass，50～59分）三个等级。

# 临别纪念
## ——诺丁汉校园漫步

离开诺丁汉大学之前，我最后一次游览了校园。这个生活了近三年的地方，着实有不少动人之处。

英国很少见到有围墙的大学，大部分学校都是散布在城市中间，或只是城市的一个街区，以至于游客经常意识不到，自己已进入一座高等学府。诺丁汉大学则不然，大学的主校区被围墙环绕着，西、南、北三个校门，一走进去就可以明显感觉到一片新天地：远离了城市的车水马龙，进入了一个知识的殿堂。

整个大学的主校区围绕着一座小山包修建而成。沿着山坡建有学生中心和行政楼，山坡顶上是一片空地，放眼四望，城镇的美景尽收眼底。山脚下鳞次栉比的房屋整齐地排列着，有时天空中再蒙上一层轻纱般的薄雾，这样的风景，无须修饰，就是一张印象派的佳作！

学校的西侧是宿舍区，东侧是教学区。南侧的山脚下是一个公园，一汪宁静清澈的湖水环绕着依山而建的学校行政楼，洁白的大理石墙壁、碧绿的青草地、倒映着蓝天的湖水，这就是诺丁汉大学的地标性景致。

诺丁汉大学的美景可不少，也是全英国最美的大学校园之一。我探访多所大学后，仍对诺丁汉的几处景致印象很深，不仅是因为景色优美、氛围祥和，也因为充满不少历史故事。

## 乔治·格林图书馆

诺丁汉大学共有 8 座图书馆，最有说道的地方，便是乔治·格林图书馆。它就在我们的教学楼外，是专门收纳理科、工科类书籍的图书馆。它的设施非常先进，在 2016 年才正式完工。这个图书馆整体是个三叶草的形状，由银白色的外墙和深绿色的玻璃交替组成，它共有五层，除了丰富的藏书之外，第三、四、五这三层都设有自习室，我大部分课程的预习、复习都是在这里完成的。特别是它的楼下还有咖啡店，中午去买个三明治面包，再加上一杯咖啡作为午餐，真的可以让人一整天都舒适地窝在这里了。

最令我印象深刻的是一楼的几台特制的电脑，可供同学们临时使用。它们的主机壳完全是透明的，还有红、绿、蓝三种颜色的氛围灯照着。只要站在它面前，里面的主板、显卡、内存条等，一目了然。CPU 的散热器是一个小电扇，只要电脑一从休眠状态被唤醒，小电扇就开始转起来，带有十足的理工气息。

这座设施现代的图书馆的名字更值得说道：是为纪念一位出生和成长在诺丁汉市的著名物理学家乔治·格林。

乔治·格林（George Green，1793—1841）是电磁学领域的开拓者和奠基人之一，是世界上用数学方法去研究电磁学问题的第一人。可以说，之后几乎所有的电磁学定理公式，都是建立在他创造性工作的基础上。在他去世后，威斯敏斯特大教堂把他的墓碑同牛顿、开尔文并列（这二者分别为经典力学和热力学的奠基人），可见他的学术地位之高。

他人生经历的传奇性，更在于他完全是个自学而成的天才。他的父亲是一位面包师，他也只上了一年小学就辍学回家，帮助父亲磨面粉。但他的聪明才智在此期间就显露出来，他曾设计制作了一个风车，从而使用风力驱动磨盘。其设计的精美，在当时属于一项了不起的发明，只是它的结构太过复杂，几乎需要不间断地维修。此后，维修他所制造的这个大磨盘，几乎成了格林半辈子的"主业"。时至今日，"诺丁汉的风力磨盘"（Windmill in Nottingham），仍然是乔治·格林的象征。

格林一生对于数学最感兴趣，长期坚持自学，而他全部的学习资源，就是当时诺丁汉市一家私人图书馆（现名为 Bromley House Library）。在 1828 年，就是在这个私人图书馆中，他发表了一生中最重要的论文：《论数学分析在电磁理论上的应用》。这篇文章的题目就大有来头，当时在整个英国，几乎没有人会使用"数学分析"（Mathematical Analysis）这样一个高度专业的词语，绝大部分人只知道牛顿创立的"微积分"（Calculus）。而当时在欧洲大陆上，由莱布尼茨、拉格朗日、拉普拉斯、黎曼、泊松这些著名科学家将微积分概念和定理严格化的最新成果，在整个英国都没什么人懂。而这位单纯靠自学的年轻人，不仅全部掌握了这些当时人们看来非常高深的学问，并且在很多地方把这些理论加以深化。在他的论文中，他提出了格林函数法和电势的概念，而格林函数法可谓是格林一生成就的巅峰。

尽管他的成绩对后世影响深远，但在当时，不要说整个社会，就是他自己都对自己缺乏信心：一个从未受过任何正规教育的人，怎么可能写出一篇极具价值的学术大作来！所以他的论文只是用他的私人存款在诺丁汉私人图书馆出版。不过幸运的是，另外一位私人图书馆的会员，一位当时有些名气的数学家爱德华·布朗德爵士（Sir Edward Bromhead）非常赏识他（时至今日，布朗德爵士最为人称道的成就就是发现了乔治·格林这位天才），并且强烈推荐他前往剑桥大学深造，于是他以 40 岁的年纪成为一名剑桥大学的本科生。

刚到剑桥时，格林有些自卑，但是他极强的学习能力再一次展现出来：他在剑桥大学以优异的成绩毕业，特别是在数学考试中获得第一名。只可惜剑桥大学毕业生的身份并没有让他的科研成就被更多人理解。尽管他在剑桥期间发表了几篇论文，并且得到了剑桥同学的赏识，但当时依旧没有被更多的人接受。离开剑桥一年之后，他就郁郁而终，年仅 48 岁，也是天妒英才吧。

而在他去世后四年，后来的一位科学巨匠——20 多岁的威廉·汤姆森（William Thomson，热力学的主要奠基人）到剑桥大学念书。他对于乔治·格林的成果大为赞赏，还把他的论文用德文在欧洲大陆发表，受到了当时欧洲的广泛关注。当时著名的数学家黎曼亲自将他文章中所提到的方法定名为"格林函数法"，这才开启了电磁学大发展的时代。对于他的成绩，爱因斯坦曾如此评价："跟他所在的时代相比，格林早生了 20 年！"

乔治·格林的成长经历，对于当时同样即将离开诺丁汉、前往剑桥大学求学的我而言，始终有着很强的激励作用，直到今日。

## 南丁格尔学堂

在诺丁汉大学的宿舍区，最豪华的宿舍楼要数南丁格尔学堂。它离我们举办毕业典礼的体育馆不远，外面有一圈围墙，正门前一条甬路通向它的正门。绿树掩映之下，你就可以看到那棕色方砖盖成的 5 层大楼，像个巨大的翻开的书本，在近旁猛地一看，更像是一个贵族的庄园。

走进宿舍楼会发现内部装饰同样值得称赞。宽阔的走廊上古典的吊灯，在晚上发出柔和的橘色光芒，连电梯里都是老式的木质结构，再配上一面大镜子，真让人感觉穿越回了 20 世纪。

宿舍楼外，大门口处的围墙上，一块方形大理石石碑上，镌刻着一行字：Nightingale。这个 "Nightingale"，指的就是英国护理学的先驱：弗洛伦斯·南丁格尔（Florence Nightingale，1820—1910）。她在她父母旅行期间出生于意大利的佛罗伦萨，便以出生地作为自己的名字，她的童年在诺丁汉市旁边德比郡的一处庄园里度过。尽管没有什么资料显示南丁格尔与诺丁汉大学有联系，但南丁格尔家族是诺丁汉地区的名门望族，而弗洛伦斯·南丁格尔在英国地位极高，诺丁汉大学就把一个宿舍楼以此来命名，并一直坚称诺丁汉是南丁格尔的故乡。

南丁格尔童年时期家境优渥，但从小就展现出了与当时其他上流社会的同龄人不同的一面，比如她从小显得早熟且不合群，不太注重自己的外表，不喜欢参加贵妇人的聚会，却喜欢和男性知识分子接触等。此外，她对于受伤的小动物则是关怀备至，为它们包扎伤口，甚至当小动物死后，还曾为它们写墓志铭。她很早就产生了从事护理行业的意愿，并因为事业终身未婚。但她的想法却完全无法被家庭和社会所认可。这也难怪，在当时，整个社会对于护士的印象跟现在相去甚远——在那个时代，护士都是一群肮脏不堪的老太婆，她们大多是文盲，不讲卫生、不服管束、抽烟、酗酒……她们没受过任何教育，当然更不可能掌握任何医疗技能，她们就好比是医院当中供人役使的 "下人"，地位甚至连保姆都不如。在这样护士的 "照料" 下，整个医院也是肮脏不堪。整个病房就是一个 "大通铺"，一个个床板紧密相连，墙壁上尽是血污，垃圾、污水随意处置，臭气难闻，地板上老鼠四处乱窜……

这样的情况在克里米亚战争（Crimean War，1853—1856，英、法、奥斯曼帝国共同对抗俄国）中更是达到了极致，以至于当时英国士兵的死亡率高达42%，绝大多数并非战死，而是在医院救治过程中感染疟疾、霍乱等传染病而死亡。这一报道引起了南丁格尔的关注，她随即带领她自己培训的38位护士主动请缨，来到了克里米亚战争的前线，她大力改善医院的卫生情况，实行洗手、通风、食物消毒、限制医院人数等措施，使得死亡率降至2.2%。她每天晚上都坚持手提风灯，在战地医院内巡视，很多伤员都尊称她为"提灯女神"（The Lady with Lamp）。

南丁格尔在回国后把主要精力放在培养护士和提升公共卫生习惯上，她非常重视护理和公共卫生措施在面对疾病时的作用，而非简单依靠医生的力量。她建立了现代护理学理论和一系列医疗系统的规范。此外，在克里米亚战争期间，她利用有限的医疗资源，帮助搭建了临时的、具有良好卫生条件的战地医院。她在克里米亚战争之后便享誉世界，被认为是全世界医疗护理的权威。她建立了世界上第一所现代护士学校，先后直接或间接地参与了普法战争、美国南北战争的伤员救治和国际红十字会的建立。在今天看来，这对于人类面对新型冠状病毒肺炎疫情多么具有借鉴意义！英国在疫情期间共建立了6个方舱医院，均以南丁格尔的名字命名，反映出这位护理学先驱在英国人心中的崇高地位。


**曼斯菲尔德成像中心**

在我们教学区前的一个小山包上，坐落着一座一层半的小楼，鹅黄色的砖墙、褐色的屋顶，一派英国乡村庄舍的风光。我刚到诺丁汉大学时，很长一段时间，都觉得这样优美的景色最适合作为休息室或是学生心理咨询中心。半年后，我才了解到，这里是诺丁汉大学的核磁共振研究中心。核磁共振成像的机理和技术，便是诺丁汉大学物理系教授彼得·曼斯菲尔德爵士（Sir Peter Mansfield，1933—2017）提出的。

曼斯菲尔德是核磁共振成像技术的发明人，特别要加上成像二字，是因为"核磁共振"本身在当时已经不是一个新概念：原子核具有一定大小的自旋角动量，这就好像一个"小磁针"，指向的方向就是粒子自转轴的方向。不难理解，如果对于这些"小磁针"施加一个恒定的磁场，所有的小磁针都会指向外加的磁场方向，此时，如果在恒定磁场的基础上，再施加一个随时间周期变化的磁场，所有的小磁针将会发生一定角度的偏转。当这一外加变化的磁场撤掉之后，这些小磁针又会恢复原状，重新指向外加恒定磁场的方向，这一过程称为弛豫，在这一过程中，原子核会失去能量，辐射出一定的电磁波。而原子核弛豫过程所需的时间，不仅与本身的性质有关，也与原子核所受其他粒子的相互作用有关，最终反映到电子辐射出的电磁波频率上。所以通过分析弛豫过程中原子核辐射出的电磁波频率，就可以分析出物质的化学组成。

曼斯菲尔德首先把这项新技术用于生物成像，他提出了如何将电磁信号生成图像的方法，并且发明了平面回波成像（Echo Planar Imaging）技术，大大缩短了成像所需的时间，这才使得核磁共振成像技术的实用化成为可能。他的第一张人体图像，是他的一位博士生的手指，这比传统的 CT 扫描精度高得多，骨骼、神经、血管等一目了然，此后，核磁共振成像技术发展迅猛，很快就成为一项重要的医学检查设备。他因此获得了 2003 年的诺贝尔生理学或医学奖，也奠定了诺丁汉大学在核磁共振领域的重要学术地位。诺丁汉医学成像实验室目前仍属于诺丁汉大学物理系，主要研究核磁共振在生物医学领域的应用，他们制造了英国第一个 7 特斯拉超强磁场的核磁共振仪（曼斯菲尔德认为，提高磁场强度是增加成像精度的关键），同时将核磁共振成像用于多项世界难题的研究，诸如阿尔茨海默病的治疗等。

有意思的是，除了原子核之外，电子也具有自旋属性，如果将核磁共振中的原子核改为电子，对应着另一项技术——电子自旋共振，这是研究电子自旋态的重要工具，也是我在博士期间使用的主要工具之一。

名校体悟

乔治·格林是一位近代物理学史上非常重要的人物，但是其地位却经常被低估。在国内，尽管大部分相关专业的学生学习过格林定理、格林公式和格林函数法，但对于乔治·格林本人及其理论对后续学科发展的作用，了解并不多。相比较而言，在英国的电动力学课堂上和一些经典参考书中，都会出现乔治·格林生平和主要贡献的介绍，我对于格林本人的认识，也主要来源于此。我想，除了一般知识点的学习之外，对于科学知识产生过程的了解，往往是启发科研创新思维、完整把握科学脉络的重要一环，对于将来准备从事研究工作的学生尤其重要。如果在研究型大学中只介绍知识点，这就好比在军事学院中介绍一场威武雄壮的经典战例时，只告诉学员最终胜败结果、消灭了多少敌人、缴获了多少战利品，至于双方如何发动进攻、如何争夺高地、攻守态势怎样演化等过程都避而不谈。这样的案例，恐怕讲得再多，学员也难以掌握这其中战法的精髓，也就谈不到自己今后如何更好地指挥战斗了。

南丁格尔对人类的贡献远不仅限于开创近现代护理学科这一点。她一直坚持：高尚的道德品质和奉献精神，是开创一番新事业并为人类造福的必备条件。这对于各行各业都具有借鉴意义。她制定的护士学校学员的录取标准中，除具备一定的知识、心灵手巧、做事敏捷果断之外，还要求学员必须品德优良、有献身精神和高尚的情操，否则不可能成为一名好护士。她更是以身作则：为开创护理事业，她不仅离开了家庭，还舍弃了爱情，终身未婚。她说过："婚姻并不是唯一的。一个人完全可以从她的事业中，使自己感到充实和满足，找到更大的乐趣。"此外，她在统计学上也有建树，她曾仔细探访医院中死亡病人的死因，并把统计结果用一种独创的饼形图直观地表现出来，以此为依据在国会发表演说，这才激起了社会对于医院卫生状况的关注，她也因此成为英国皇家统计学会的第一位女成员，她所创造的饼形图，也因此被称为"南丁格尔玫瑰图"。

# △遇见这样的剑桥
## ——我的硕士生活

说起我与剑桥大学结缘的故事，还要从小学时被父母"强迫"着参加"剑桥少儿英语"的课外班讲起。

# 喜从天降
## ——我被剑桥录取了

说起我与剑桥大学结缘的故事，还要从小学时被父母"强迫"着参加"剑桥少儿英语"的课外班讲起。记得一次上课前，我坐在妈妈自行车的后座上嘀咕着：

"这是个什么破东西，每次上课三小时，时间又长又难学，就连名字都这么难听！"

我的妈妈边骑车边哄我："你可别嫌弃它，这个名字源于英国的剑桥大学，这可是全世界最好的大学之一，你将来要能去那里上学，我就算没白为你操心。"

我当时没说什么，但从那以后，"剑桥大学"在我心里就成了"世界最好学校"的代名词。

所以当我在诺丁汉大学即将毕业之际，自然而然地也就想到，要向这所世界顶级学府发起冲击。

由于我在诺丁汉大学的毕业成绩不错，硕士的申请过程相对顺利，打开剑桥大学官网上的申请表，涉及的问题大都是一些个人基本信息，对于研究计划这类的内容，则是可有可无。

申请表的最后，我看到有一栏"学院"的选项。我之前可是没少阅读各种关于剑桥大学的介绍，虽然还不甚了解"学院"二字的含义，但就认准一条：剑桥大学最好的学院是圣三一学院，所以我毫不犹豫地就把圣三一学院作为了第一志愿。

三个月后，我接到了面试的通知，面试是通过 Skype 软件在网上进行的。虽然自己之前做过准备，但是当我与这所大学的老师面对面交流时，心跳还是不由自主地加快了。面试官上来就开门见山地问我，在诺丁汉大学期间所作毕业设计内容，我答道"是基于光学器件实现机器学习"。面试官先是问我一些机器学习的原理和我毕业设计中具体的细节，这些我都一一做了回答，之后他话题一转：

"那你评价一下，你现在项目的技术方法有什么优劣？"

这个问题有点出乎意料，优点早在我指导老师的项目介绍中就有提及，我张口就背了出来："光学器件速度快、功耗低，至于缺点——"。

我有些卡壳，谁会这么直白地讲出自己的缺点呢？我思考良久，才答道："我想，光路在设计好之后难以改变，现在模型中能改变的参数只有几个，所以跟一般的机器学习模型相比，适应性会差一些，也就是说不那么'智能'。"

尽管隔着屏幕，但我能隐约听到电脑中传来一声悠扬的"嗯"，我意识到，这应该是他心目中的答案。在面试结束时，我就得到了面试官肯定的答复：

"你的问题回答得不错，我会向我们大学推荐你来读书。"

收到这样的答复，我也像吃了一颗定心丸，可也有不解："推荐"二字是什么意思？

在半月之后的一个中午，我和往常一样坐在诺丁汉大学学生中心的食堂里吃着快餐，邮件的提示在手机上响起。我打开手机，发现是两封邮件——一封邮件是剑桥大学的录取通知书，另一封邮件则是后续手续的介绍。

下午放学后，我回到家，按照第二封邮件的指导，在网站上查找到我的申请状态，看到自己的"录取条件"：学习方面——获得一等学位，经济方面——填写支付学费声明，额外要求——获得 ATAS 批准，最终还有"学院"一栏——寻找中。

这时，我才猛地回想起——对呀，自己还申请了剑桥大学最负盛名的圣三一学院！一颗本已放下的心又"悬"了起来——如果说剑桥大学的申请本就不易，那对于圣三一学院这样的"金字塔顶"，申请更是难上加难！

有盼望的等待，比无目的的等待更令人心焦。我无数次打开那个标注录取条件的网站，又无数次扫兴地关闭页面。此后，我往往会下意识地打开自己提交的简历——这是学院能看到的我的唯一资料了。圣三一学院培养出了牛顿、开尔文、麦克斯韦等数学家和物理学家，他们一定喜欢数学和物理学得好的学生吧？幸好我已经在简历中充分表现出了我的数学、物理学得比较扎实——可是，学院能注意到吗？

在这期间，我经历了又一次诺丁汉大学的期末考试，我再次获得了第一名。与之前一样，我走到 Steve 老师那里领取成绩单，也告诉了 Steve 老师我被剑桥大学录取这一喜讯。

"恭喜你'双喜临门'！剑桥大学是个适合你的好地方，你一定会在那里学到更多知识的！"

"谢谢您的鼓励……"我随声附和着，心里还在暗想，如果圣三一学院能知道我取得第一名的消息该有多好。

这样的等待又持续了一个多月。其间，不知是通过什么渠道，一位平时性格孤僻高傲的老教授竟也听说了我被剑桥录取的消息，他还专门找到了我：

"祝贺你呀，要去剑桥念书了。你喜欢的专业方向与剑桥大学的优势正好对口——不过，我得提醒你，别患上'牛津剑桥综合征'，有些学生被录取以后就开始骄傲起来——你记住，你不是去了剑桥就高人一等，你要去那多学些一般人学不会的知识！"说话间，他往窗外望了望，便又开始"回忆往事"：

"当年，我在'斯坦福'……"

直到拿到剑桥录取通知书的两个月后，我收到了一封电子邮件，收件人一栏的"圣三一学院"格外醒目，上面写着："恭喜你，你已经被圣三一学院录取。"收到这个意外之喜——不仅被我心中最优秀的大学还被这所大学中最优秀的学院录取，我甚至有点不敢相信，我拿着那封录取信，用指甲使劲儿地掐了一下自己的手指，才相信梦想已经成真。

不久之后，我所在宿舍的信箱里，多了一封纸质信件，信封上赫然印着圣三一学院的院标——我不知已经多少次打开学院的网站，对那藏蓝色的院标已经极为熟悉，圣三一学院寄给我了纸质版的录取信件。宿舍里其他人并未察觉，只有我一人对着这封信件几乎笑出声来。我忆起几年前看到的讲述撒切尔夫人的传记电影《铁娘子：坚固柔情》，电影开头便是少女时期的撒切尔夫人拿着一张白信封，用稚嫩的声音对家人报喜:"我被牛津录取了。"我没想到,有一天自己竟也收获了这张"白信封"。

这时,我意识到即将和诺丁汉大学道别。面对熟悉的诺丁汉,陌生的剑桥大学就好像是哈利·波特的"魔法学校",我甚至不敢揣测在那里学到的知识,只觉得自己的生活从此刻就被改变了——也许那一座座庄严宏伟的建筑深处,隐藏着别人无从知晓的"魔法"吧?

3月的天气,万物复苏,诺丁汉校园的梨花、桃花也竞相开放,想必北京也已春暖花开了吧?由于家人不在身边,我便把校园里的梨树、桃树当成了"亲人",站在树下,默默念道:

"我被剑桥录取了。"

## 名校体悟

英国的硕士学制只有一年,读硕士的时间成本并不高。从受教育的角度来看,本科生受教育的时间一般只有四年。这样短的时间,很难做到课程与课余活动兼顾,使学生既具备很强的专业能力,同时又具有很强的人际交往能力。而硕士学生仍然是处在"接受教育"的阶段,留学生可以适当总结自己在本科期间在上述两个方面的得与失,可以在硕士期间加以补充;而博士更多的是一种"工作"的性质,学生的交流更多局限在课题组中,是很难在人的性格养成方面做更多贡献的。特别是在类似剑桥大学这样的世界一流名校,在硕士阶段,更能体会到这所学校给你的无形财富。即使是那些本科毕业后就决定攻读博士学位的同学,也可以考虑先在英国攻读一个新的硕士学位再读博士。在硕士期间,便可了解目标学校的课题组和指导老师,这样比直接盲目申请博士研究生更加稳妥。

在英国,硕士生与博士生的申请略有区别,个人认为博士生的申请难度略大。硕士生的录取主要是根据成绩而定,面试环节,更多的也是以学生的背景为主,面试官会主要提问学生所学过的知识,甚至有些学校都没有面试环节;而博士不仅考查学生个人的资质,更要考查导师研究方向的契合度,毕竟所有的导师都不愿招收一个对他研究方向不感兴趣的学生,所以在博士生的申请面试中,导师往往会根据自己的专业背景来向学生提问,这就要求学生对于导师的专业背景和未来要做的课题提前熟悉。

# 初识剑桥
## ——忙碌的一周

到了 9 月下旬，我拖着大大小小三件行李，到达了剑桥火车站——我曾经以游客的身份到过这里，从今天起，我就是这里的"主人"了。

刚到剑桥的第一周，剑桥就给了我一个"下马威"，让我体会到了特别紧凑的时间安排。

尽管学校正式报到的日期是 10 月 7 日，但是我就读的硕士课程从 9 月 30 日就正式开始。我通过一周前收到的邮件得知，第一周是新生适应周，主要活动地点是在电子工程专业主要的研究所——剑桥大学先进光电子研究中心的主会议室里。

虽然我对于新生周活动设在研究所里略感意外，但是对于整个活动还是没太重视。本科的时候，这样的新生活动每年都会有，无非是介绍师资力量、实验室资源，以及本学年的毕业要求等，可参加也可不参加。

● 剑桥大学的新生课

抱着这样的想法，我找到了研究所的会议室。一走进去，就感觉到气氛和自己原来参加过的新生周活动不同。这个会议室不大，布置也非常简约，几个长条桌子被搬到墙边，而座椅已经被整齐地摆成几排，几个同学零零星星地坐在其间，有些拘谨，谁也不说话，整个房间安安静静的。会议室的灯大部分已经打开，只有最前面一排的灯关着，显得有些昏暗。

最前面是一幅大屏幕和一个小讲桌。讲桌后面，一个中年老师站在阴影里，高高的个子，一脸络腮胡子槎，透出一点儿青色。讲桌上放着一大摞讲义，以供每位学生领取一份，我走上前去才发现，一份讲义就是一大厚本。到英国三年了，我还从没见过这么厚的讲义，简直就像是一本大书。讲义上每页印有两幅PPT，总共有好几百张，看着像是光纤通信的课件。

过了不多时，会议室几乎坐满，这位老师开了口。他先是简单说了几句，欢迎同学们学习这个专业，希望同学们愉快度过一年，这类鼓励的话，随即话锋一转，提到这一大摞PPT，此时，大屏幕上也投影出了第一页的内容。

"我先来讲讲光纤通信，这是咱们领域的一个重要方向。光纤的发现可谓是一个开创性的里程碑，光在光纤中传播一公里，损耗大约是0.2 dB。这个损耗可比光穿过一层擦得锃亮的玻璃还要小！

"现代光学的各种应用，都是从光纤传输开始的……"

这位老师大概是来了兴致，他说话的语速明显变快了，就像按下了快进键播放一样。

"电磁波在光纤中传播，都有其相应的模式。通过求解麦克斯韦方程组，加上相应的边界条件，可以计算出 TE 模和 TM 模，具体来说……"

他把一本光通信的教材全都讲了一遍，他每张PPT几乎就用两三句话就带过，在座的同学们都非常安静，只有纸张翻动的声音不断地响起。我前排的一位同学甚至都来不及细读，刚刚翻到一页，大屏幕就已经跳到下一页上。

讲到最后，老师又说道：

"你们看，这是几道计算光路损耗的习题，有兴趣选修光通信课程的同学们，你们可以做一做，提前熟悉一下这门课的计算。"

新生适应周居然还留有习题，这样的事情我还是第一次遇到。

上午的时间就这样过去了，我们在研究所的食堂吃了几块三明治，同学们相互打了招呼，问候了几句，就又迎来了下午的活动。

下午又是一位老师过来讲话。他年纪稍长，头发已经全白，脸上的皱纹使得他的眼睛眯成了一条缝，看起来倒显得和蔼可亲。他上身穿着条纹衬衫，下身穿着背带裤，俨然一位古朴的老绅士。这显然是位老教授了，他经验丰富，既没有用 PPT，也没有准备什么讲稿，径直走到会议室前的一块小白板前。

"同学们，你们好！非常欢迎你们参加这项硕士课程。我是课程的负责人，欢迎你们的加入。

"我今天不准备给你们讲太多。我第一件事，是要给你们讲清楚'分贝'这个概念。我发现，现在有好些博士生连这个都分不清楚！"他的语速倒是适中，说到"博士生"时，还特意顿了顿。

"分贝（dB）最早是从声学中'响度'的概念发展出来的，它的定义是两个信号功率的比值。"

他边说边拿起笔，写下了分贝的定义式，写完后，又在上面画了个大大的圈。

"你们记住，必须是功率的比值。除此之外，没有第二种定义方法。

"当然，在放大电路中，因为功率正比于振幅的平方，你可以用信号振幅的增益来计算出一个 dB 的数值……

"好，接下来，请允许我介绍专业的课程设置……"

这样的"课堂"又持续了两天，直到周四，我才有时间去办理留学生进入英国的手续——领取 BRP 卡（临时身份证）、警察局注册、医疗系统注册等。不过在剑桥，可没有什么"一条龙"服务，每项手续都要去单独的地方办理。好在我已经有些经验，根据地图按图索骥地找到了地方。用了大半天的时间，不仅办理完自己的手续，另外还帮助两个同专业初来英国的中国同学办好了手续，并从此交上了新朋友。

新的一周，到了正式开学的日子。剑桥大学是一个"学院制"的大学，学生所在的院系负责学生的学习与科研，各个学院负责学生的日常生活。所以我的入学手续，需要在圣三一学院和工程系同时进行。

周一清早，圣三一学院便在大礼堂召集了本学院新入学的所有研究生开会。这个礼堂外观现代，位于众多灰黄色古建筑的环抱之中，内部装潢也很讲究，还有一排排宽大的折叠椅。

一位老师早已站在讲台上，他的头发是棕色的自来卷，一身黑西服，也不失英俊潇洒。

"同学们好，首先欢迎你们来到著名的圣三一学院，我是你们的生活导师，你们有什么生活上的问题，都可以来找我。我们今年一共收到了超过 1000 份世界各地优秀学生的申请，我们只录取了 75 人，也就是你们在座的各位。所以，你们首先应该为自己感到自豪！同时我希望你们能享受在学院里的时光。

"不过我也提醒你们，圣三一学院是个很古老的学院了，办事效率嘛……可能有待提高。你们要这个有耐心。几个月前，学院酒吧的灯坏了，我们前几天才刚给修好……"

这个会议持续的时间不长，刚一结束，我又穿过整个剑桥市区，赶往剑桥大学工程系的大报告厅。这是这里最大的一间阶梯教室，从上到下一共跨越了两层楼，最前方的讲台有着不少现代化的投影设备，可是座椅却还是深褐色的木质结构。窄窄的桌子台，也就将就能放下一张 A4 纸，我赶进去后，发现讲话刚刚开始。

前面站着一位女老师，但距离太远看不真切。

"剑桥大学工程系，是全英国最大的工程系，我们设有六个分部——能源电子、土木、材料信息技术等。你们每个人都是同龄人中的佼佼者，才能有幸坐在这里……"

我这才松了口气，这才是真正的适应周嘛。同学中间也时不时传来了几声小声的议论。

　　……

"你们进入实验室之前首先要先填写安全隐患调查表，交给导师签字后，再在实验室的网站上预约训练时间，经过训练合格之后才能进入实验室工作。下面我来介绍工程系大楼的消防和急救的设施……

"听完之后，请你们去到二层，在电脑系统上注册你们的信息，之后就可以使用工程系的内部网络、图书馆和 Wi-Fi 设施了。"

弄完这些已经到了中午，我简单吃过午饭，又要赶回学院办一件重要的事情，去图书馆签字。我开始都不懂这是一个什么活动，问过一位老生，我才得知，这原来是一项很富有仪式感的活动。一些颇为传统的老学院会让所有入学的新生在一张羊皮纸做的书上签名，表明自己永远属于这个学院。

圣三一学院的这个环节，就设在它最为著名的 Wren library 中。这是个颇具特色的建筑，坐落在剑河旁，一层是一条宽大的走廊，二层才是图书馆，远远看去古朴大气、气势恢宏，顶端四个雕塑的人物，虽然叫不出名字，但足以使人生发出一种敬畏。

走进图书馆，拾级而上进入二层，更是令我屏住了呼吸。整个图书馆虽然只有一层，但足足有四层楼的高度。在一半的高度上分为深浅两色——上方是白色的天花板和一面面大窗户；下方是深褐色的墙壁和书架，每一个书架都有大约一层楼高，整齐地排列在两侧，留出中间一条铺着红毯的宽敞过道。书架间围成一个个隔间，也有学院的工作人员在其中办公。

我询问工作人员，他示意我说，走到图书馆尽头就是注册的地方。我往前看去，一位登记的人员已经向我招手了。她面前果然是一部厚重的书，几乎摊满了整个桌子，上面轻轻地画着一条条的横线，一排一排已经签下了几个名字。她递给我一只比手指头还要粗的钢笔，我在上面签下了自己的名字。这感觉，真像是签署一份带有历史意义的文件！

签完之后，这位工作人员冲我神秘一笑：

"你看，那个小本，这是我们上一个用完的本。"

我看过去，发现旁边的小本摊开着。

这位工作人员又开了口："牛顿当年就是在这个本上签的名。"

果然，我看到这页已经有些发黄的纸上，工整地写着几个花体字"艾萨克·牛顿"。

经过这一周多忙碌的活动，我终于正式成为大科学家牛顿的校友。

## 名校体悟

剑桥大学给我的第一印象，就是学术上一丝不苟、丝毫不留情面。说它"一丝不苟"，主要体现在对"道理"和逻辑思维的重视。我还未到剑桥之前，一位学长就跟我提过："在剑桥，你干的一切事情，都得能说出个'为什么'来。"一位教授也曾经跟我讲过："我从来不怕学生犯错误，只要你能讲出你是怎么得出的这个结论。只要你思路清楚，只需要老师稍加指点，纠正你一些知识上的错误，你就很快能得出正确的结论，我们喜欢这样的学生！"说剑桥"不留情面"，是指它绝对不会碍于人情、面子，而去降低对学生的要求或是对正误的判断。我身边就有同学，在向导师做汇报时，导师当着其他同学的面，直接打断他，指出他汇报中一些不准确的地方；我也曾多次听说有学生被老师当场批评到哭鼻子的事情。但时间一长，我也发现这些老师大多"对事不对人"，如果你积极进取，经过努力完成了老师布置的工作，无论是怎样大牌的教授，也绝不会吝惜他们发自内心的赞美。

高等教育的教学风格背后，映射着两大高等教育体系的不同特征：纽曼教育体系和洪堡教育体系。

纽曼体系是原牛津大主教约翰·亨利·纽曼（John Henry Newman，1801—1890）在工业革命期间提出的，是当时英国、特别是牛津大学和剑桥大学教育理念的高度总结：大学是为社会培养人格健全的公民。他提倡全人教育，指出大学生不仅要学习知识，更要陶冶情操、增强人际交往能力，而大学不仅要让学生从老师身上学到东西，并且要让学生之间相互学习，强调学生活动、课外活动的重要性。

洪堡体系是德国教育家威廉·冯·洪堡（Wilhelm von Humboldt，1767—1835）在德意志尚未统一时提出的，目的是使德国快速适应工业革命的进程，从而一跃而成为欧洲大陆第一强国。他强调，高等教育除教书育人之外，还应承担起科研任务，而高等院校是培养专业人才的，强调老师的主导作用。

苏联的教育模式本质上是洪堡教育模式，但由于多种原因，理解和执行起来有些片面，过于追求学科的精细划分；而我国的高等教育也曾受到苏联影响，因而"洪堡模式"的意味更强一些。有无可能把两种体系有机结合，为社会培养出既具有健全人格、高尚情操、深厚人文主义积淀，同时又具有扎实专业知识体系和较强专业技能的栋梁之材呢？这个问题是高等教育的一项重大难题，因为这二者侧重点明显不同，在具体方法上甚至有矛盾之处——比如，如果要培养健全人格，往往就意味着开展大量的学生活动，鼓励学生间的交往，而这就使得学生难以静下心来深入钻研枯燥艰深的专业问题。洪堡体系在理工科领域较为成功，如何吸收纽曼体系的合理因素，培养学生"收放自如"的能力，我认为这是目前全世界高等教育变革与发展应思考的主要方向。

# 丰富的课外讲座
## ——诺贝尔奖得主什么样

剑桥大学是世界上著名的学术中心，这不仅体现在日常的教学和科研中，还体现在这里承办大量的高水平学术讲座上。任何一位有兴趣的学生或学者，很容易便可以和世界顶级的大师进行思维的碰撞。我刚到剑桥不久，就有幸听到了 2019 年诺贝尔物理学奖得主迪迪埃·奎洛兹（Didier Queloz）教授的讲座。

记得那是一个傍晚，天色已经暗了下来，空中小雨被秋风裹挟着，打在人脸上稍稍有些疼，也就是报告厅发出的灯光还给人一丝暖意。这个可容纳两三百人的报告厅已经座无虚席，不少人或是坐在台阶上，或是站在后排，身上还带着水珠。

好在有同学提前占座，我坐在了一个靠后排的位置。报告厅后排的灯全都关着，只有前方的讲台有一个亮点，大屏幕也显得格外清楚，上面是诺贝尔奖得主的人物速写画像。台上站着一个人，但因为距离远，看不真切。

这场报告很快就开始了，开始讲话的是主持人，他说了几句欢迎大家来听报告的话，就走下讲台。在一阵热烈的掌声下，奎洛兹教授登上了报告台。

我一直以为诺贝尔奖得主大都是老爷爷，但没想到这位奎洛兹教授岁数并不大，高高瘦瘦，黑框眼镜显得特别显眼，他一身浅蓝色休闲衬衫，说起话来声音洪亮，穿透力极强，就是语速略快。

"非常荣幸今天应邀前来分享。一般问诺贝尔奖得主的常见问题就两个：第一个，接到诺贝尔奖组委会打来的电话，他们是怎么跟你说的？对这个问题我的答案非常无聊……"他边说边摇头晃脑，手也在空中不停地比画着。

"因为他们把我的电话号码搞错了，我根本就没接到这个电话！"说完台下就是一片哄笑声，"还是后来剑桥大学通知的我，我才知道自己得了诺贝尔奖。"

"第二个问题是，诺贝尔奖的奖金打算怎么花？我告诉你们，接到通知的那天我过得真是太糟糕了——我的自行车彻底坏了。所以当我得知自己得奖之后，我第一个想法是：这回有钱了，我一定要买辆好的自行车去！"

在剑桥，自行车可谓是人人必备，听到这里，台下发出一阵共鸣的笑声。

之后他才开始进入正题，奎洛兹教授获得诺贝尔奖的主要贡献是发现了世界上第一个类太阳系的星系，尤其是首次观测到这个星系中最大的行星飞马座51b行星（51 Pegasi b），他首先讲解的便是他找到这颗行星的方法：径向速度法。

就看到这页PPT上放出一个动画，一个大球和一个小球，绕着一个圆心不停地转动。

"大家都知道，在星系当中，恒星会受到质量较大行星万有引力的影响，会绕恒星与行星连线上的某一点做圆周运动。如果你向这束恒星发送一束电磁波，由于恒星对你有相对速度，所以反射波会产生周期性的多普勒频移。"随即他放出了后一页PPT，上面画有一个类似正弦的曲线，显示出频率随时间变化的规律。

接下来，他又放出了一张频谱图，上面的曲线抖动明显，还有不少"毛刺"。

"这就是我直接观测到的图像样子，这个频谱是非常复杂的，而这上面一个个的吸收峰，对应着宇宙中不同化学组分的吸收峰，我们之前提到多普勒效应，会使整个吸收峰整体向左或向右微微移动，为了精准测量偏移的大小，我使用了一个特殊的自相关函数，最后得到的恒星绕转速度是这样的……

"这就是我博士期间主要研究的问题啦。

"不过我当时读博士的时候，这个课题可并不被我的导师看好。所以我奉劝你们，在座的各位，"说话间，他故意把身子往前探了探，好像要告诉我们一个秘密似的，"你们可千万别听你们导师的话！"

这句"千万别听你们导师的话"，在他的整个演讲中重复了三四遍，每一次都会引来台下的一阵大笑。

他在最后用一个视频作为总结，描述他发现新星的过程。视频一开始，竟是电影《星球大战》的开幕。在《星球大战》主题曲的背景音乐下，镜头切换到了他的实验室，很多老式电脑，奎洛兹教授只露出背影，在电脑前伏案工作。之后镜头切换到了几年后，他穿了一件咖啡色毛衣和另外一位满脸大胡子的老师正在探讨。

他说道："我们现在已经有了曲线，找到了它的位置……下面我们就需要等待一个时机。"

终于，屏幕上出现 1995 年的字样，正是新星发现的时间。这时画面被分成几块，每一块都是奎洛兹教授的头像，只见他在镜头前唱起了BGM（背景音乐），伴随着夸张的表情。

"嘣，嘣嘣嘣……

"飞马座——飞马座——飞马座 51b 成功了——"

随着这段他自编自导的音乐视频，这位诺贝尔奖得主在一旁也手舞足蹈起来。全场掌声夹杂着笑声——嘿！这位诺贝尔奖得主，真跟我想象的大不相同！

当时的我没有想到，一年之后，在疫情隔离期间，我居然也有机会参与承办一场国际水平的学术会议——剑桥青年学生发展论坛。这是由剑桥大学学生学者联谊会主办，剑桥大学副校长、英国大使馆，以及牛津大学、斯坦福大学、哈佛大学、清华大学、北京大学、上海交大学生会等共同参与，由剑桥学生主导的一场会议，主题为"技术革新，十年可期"。旨在邀请各行业具有影响力的领军人物，介绍目前与未来有前景的研究方向，设有"清洁能源""光电子器件""人工智能""5G 与互联网"四个分论坛，可谓是"五脏俱全"，只是因为疫情，没有安排海报展示环节罢了。

这次筹办前后只有一个月的时间，主要任务是邀请各领域的优秀教授。我收到的任务是联系人工智能领域的著名教授和优秀青年教师。根据以往的经验，剑桥大学自身就是一个很好的平台，询问过几位计算机专业的同学，我就大概摸清了情况：

"你去找 C 教授啊，做机器视觉的，学生遍布美国硅谷。"

"我的导师 P 教授，做语音识别的，语音的一个大数据库就是他主导建立的。"

尽管组委会为我们提供了嘉宾邀请信的模板，但由于担心对方怀疑我的真诚，我不仅在网上查到了各位老师的主要贡献，甚至简要阅读了他们发表的论文，对模板进行了修改，并且把主要内容还用黑体字标出来，才发送出去 3～4 封邮件。

一天后，只有那位 P 教授回复了邮件："非常感谢你们的邀请，"我看到这样的学界巨擘回复了邮件，心里还是有些激动，再往下看，心情却一凉到底，"对不起，这段时间我已经有安排了，不过你们学生自己就能办学术会议很了不起，祝你们成功。"

尽管受到了鼓励，但是我依旧高兴不起来。当天晚上的筹备会中，我们才得知，其他几个专业方向的嘉宾邀请也都不顺利。唉，原来只看到学术会议上嘉宾们一个接一个地上台演讲，甚至有时还出现时间不够的情况，我还从没认真想过，这背后还经历着这么多不为人知的辛苦。

第二次我把目标扩大了一些，瞄准帝国理工学院、伦敦大学学院（UCL）、爱丁堡大学这些名气略逊于剑桥大学的学校，通过几个认识的同学，也大概了解了几位优秀的老师。我一口气又发送了七八封邮件，每封邮件不仅根据模板认真改过，还特意加上"届时剑桥大学副校长会出席"的文字。

这次发出去的信件，大部分依旧是石沉大海。只有一位老师给我回复道："感谢你们邀请……"看到这样的客套话，我心里原本已不抱什么希望，不过这位老师又说道，"只是，无论如何，我现在也不能算是个年轻的学者了……"

我隐隐感觉出对方拒绝的意思，但总算是没有直接拒绝，我马上又起草了回信，告诉对方：本论坛之所以取名"青年学生发展论坛"，是因为参会对象主要是学生，至于邀请的嘉宾有不少是较为年长的学者。同时为了增加对方的兴趣，我还补充道：参会人员的绝大部分都是世界顶级名校的学生，所以这也是各个课题组招新的潜在机会。可是，这封邮件最后也是石沉大海。

最终，只有一位上海交通大学的教授应邀前来，这才避免了冷场的尴尬。综合各方资源，会议邀请的重磅嘉宾，是来自美国佐治亚理工大学的中国科学院外籍院士、美国物理学会成员王中林教授。

王中林教授的报告着实令人印象深刻，他的主要贡献是发明纳米发电机（Nanogenerator），利用纳米材料的摩擦、弯折等机械运动，将能量转化为电能。他从生活中常见的摩擦起电现象出发，通过示意图说明机械作用引起的电介质极化现象。随即，他的 PPT 上展示了麦克斯韦方程组，还在安培定律方程上画了个大圈。

"一般的电动机产生传导电流，而纳米发电机则是根据'摩擦起电'现象，产生位移电流（即麦克斯韦对安培定律的添加项）。"

说话间，PPT 中安培定律公式中的每一项，都用不同颜色表示了出来，有的还专门做了标记，我注意到：位移电流旁边，又出现新的一项——这便是王中林院士考虑机械作用引起的电介质极化，而对麦克斯韦方程加以完善，现在正在被科学界普遍承认。

听到这里，我联想起一个问题：清洁能源存在的一大问题，是在外界环境变化时输出的不稳定性，特别是发电设备，受电磁干扰的影响很大。由于整场报告在线上进行，提问非常方便，我就在对话栏中写道："感谢您的报告，请问纳米发电机能否解决电磁干扰问题，是否还需专门的整流滤波电路。"

我的这一问题在提问环节被主持人选中了，王中林院士听到这个问题之后，先是点了点头，之后说道："这是一个特别好的问题。是的，对于一般的发电机来说，是利用麦克斯韦方程中传导电流项产生的，受磁生电的影响，电磁干扰是个大问题。但是对于新型纳米级发电机来说，由于直接使用了位移电流，所以对于各种电磁干扰问题是不敏感的。"

没有想到，这次提问居然受到了这样重量级嘉宾的表扬，这使我参加学术会议的兴趣再次大大提高了。

名校体悟

在剑桥，各种学术会议的安排是非常密集的，每周都会有很多场公众报告，其中不乏世界大奖得主或一个领域的"开山鼻祖"。不过也可能是由于剑桥名家荟萃，即使非常有名的科学家也很内敛，所以很难从声势上判断一个演讲嘉宾的身份，往往要靠自己查资料、做功课，才能认识这些演讲嘉宾。但是只要留心，确实可以邂逅不少世界级的大师，学到不少知识。我始终认为，在剑桥参与和组织的学术会议，是我在剑桥学习生活中的一个重要组成部分，是广泛了解多门学科发展情况、用跨学科思维解决科研难题、锻炼自己的理解与表达能力的主要资源，其重要性绝不次于课堂学习。

我在剑桥听过两位诺贝尔物理学奖得主的报告：2019年的诺贝尔奖得主迪迪埃·奎洛兹（Didier Queloz），另外一个是约瑟夫森结效应的提出者布莱恩·约瑟夫森教授（Brian Josephson，于1973年获诺贝尔物理学奖）。对于他们的报告，我们应当理性看待：一方面，他们能够做出卓越的成绩被世界认可，并且他们开创的领域到今天还被很多人跟进，表明他们在科学思维上是有其独到之处的，在报告中要多多留意他们的思维习惯和科学方法；另一方面，他们在获奖之后，其身份就从纯粹的科研人员转变成为大众明星，他们所讲的内容也需要考虑大众的认知、喜好等，多少也含有一些作秀的成分。所以，有时候参加这样的讲座，也未必有普通的学术会议对专业方面的收获更大。

大部分学术会议都设有提问环节，但学生在这一环节中的参与度往往不高。作为学生如何在学术会议中提问题呢？首先，在态度上应做到不卑不亢，既没有必要因为对方是学术大师，怕被笑话而不敢提问，同时也应本着对知识的渴望，采用虚心请教的态度。在问题的选择上，应避免一些大而空的问题（如"您的技术有哪些优势？""您对人工智能的前景怎么看？"），而是着眼于一些小而具体的问题，比如"您的实验装置是不是较难实现光学对准？""您在×××方面是否做过补充实验？"等。这就要求留学生们在听讲座时，要联想到自己学过的专业背景知识，并且对于专业所面临的技术热点和难点都要有一定的了解，这样就可以提出一些非常有价值的问题来。

# 剑桥学生的特色活动
## ——撑船和正式晚宴

剑桥学生中有一句流传很广的话："Study hard，play harder."（努力学习，更努力地去玩。）这群"学霸们"的课余生活也是异常精彩，例如：五月舞会嘉年华（May Ball）、话剧节、辩论赛、赛艇比赛，以及各类体育活动，等等。其中最具剑桥特色的，就要数剑河撑船和各个学院举办的正式晚宴了。

### 剑河撑船

剑桥市里，一条剑河（River Cam，亦作"康河"）绕城而过，臂弯形成一个大大的 U 形，把整个剑桥市都抱在怀中。剑河的水流得很慢、很静，甚至人们大都不易分清水流的方向。正是在这样一条河中，催生出了一项独特的水上活动：撑船（Punting）。

我刚到剑桥不久，我们几个同学便在一位同专业学长的带领下，第一次尝试了这项活动。

我上船的地点是在河的下游，对面是招揽游客付费租船的码头。我以前来剑桥游玩的时候，曾经在对面坐过一次船。相较而言，这次的船只比较窄小，像是条独木舟，只能供两个人并排而坐，每个人登上船，船体就左右摇晃起来。我窝在船身里，紧紧抓住船帮——尽管听说不慎落水的同学会取得第一名，我还是不愿意在开学之初就成落汤鸡。

学长是最后一个上船的，他站在船尾，拿起一根长篙，这其实是一根长长的塑料杆，可以触到河底；底部是个金属头，以便于借力。

一篙之开，船离开了岸。不过船并没有径直前进，学长在船尾把塑料杆探到水里左戳右戳，最终让船贴上了右侧的河岸，之后小舟才得以往前行进。"看来业余的'船夫'技术还不过硬啊！"我心里暗暗想着。

沿着河边，共有剑桥的八个学院。第一个经过的是王后学院，数学桥跨立在河上，这是座纯木质结构的人行桥，这桥一侧是红砖砌成的三层楼房，另一侧是一片沿河空地，上宽下窄，桥两侧，一根根木棍相互斜叉着，交织成两侧的护栏，别有一番趣味。

"听说这桥是牛顿建造的？"一位同学边看边问。

"不，不，这个传说不对。"船尾的学长搭了话，同时把杆子插到河底，说完弯下腰向后使劲，这才使船往前猛蹿了一下，他直起腰，捯着手往回收长杆，又搭上话，"你想想，牛顿是圣三一学院的，他跑到王后学院来修什么桥，这桥其实是牛顿死后才修起来的。"学长说话间带着喘息，看来划船真是个体力活。

小舟沿着河岸荡荡悠悠地前行，还剐蹭到一片河岸上垂下来的爬墙虎，擦出窸窸窣窣的声音。眼看前面就是国王学院，这里的视野开阔了不少，河两岸尽是大片的绿地。不过窝在船里看，国王学院可没有那么气派，礼拜堂和白色的行政楼也就露出半身。河对岸几只大鹅慢慢悠悠地走着，有时伸伸脖子，"嘎——嘎——"地叫几声。再往前，两棵垂杨柳把碧绿的秀发垂到水中，河水在前方分出了小汊，这一小汊水面上覆盖着厚厚的一层青苔，几只鸭子在这绿毯般的水面上惬意地游着。西天的云彩、河畔的金柳、波光里的艳影、软泥上的青荇、榆荫下的一潭，这一刻都出现在眼前，从前我只知道徐志摩就读于国王学院，但从不知道这一首诗中的诸多意象，竟出自同一场景！

仅仅是一个学院的景色，就足以构成一首美丽的诗篇！

再往前走，前面尽是金黄色的古典建筑，清波、绿地、黄砖、蓝天构成一幅幅动人的图画。行程的终点是一座黑色的铁桥，这是在一座古桥的基础上改建而成，这里是公元4世纪时剑桥市的中心，所谓的"剑桥"，指的便是这里。

返程途中，我们几个新同学也体验起撑船来，可真等自己上手，这体验真和看别人撑船大不相同。那根塑料杆沾了水后又滑又沉，拿起来站到船尾，整个人摇摇晃晃，整个船也跟着踉跄起来，我第一次将杆子插到水底，其实完全是杆子自己顺着船帮划下去的，我好一顿折腾，才没让杆子彻底撒手，我手忙脚乱地往后杵了两下，就听见"咣当"一声——原来，我只忙着看那根杆子，根本顾不上船头的方向，这时船已经撞上了对侧的河岸，这时候还是多亏我的这位学长，他坐在船头，用手猛推河岸，才算把船头转向正前。我把杆子又转到另一侧，撑了没两下，船又撞到了另一侧的河岸！就这样，这艘小船完全走的是个"之"字形，身边几名游客租借的船只稳稳地超过去，几位老船工微笑着看向我——这副狼狈相，大概他们也有类似的经历吧。

最难的就要数经过拱桥了。剑河上大大小小的桥可真不少，有的桥还分为几个桥洞，我在河道上都不能让船直线行驶，要想经过桥洞更是难上加难。不出所料，小船一头就撞上了桥洞之间的桥墩。最终没有办法，还是学长跟我调换了位置，才算把船又驶回了码头。

这撑船看似简单，实际上真是一项技术活呀！

**正式晚宴**

剑桥大学另一个别具特色的活动，要数在学院里吃的正式晚宴（formal dinner）了。正餐的时间要比普通的晚饭更晚一点儿，大多在晚上7点半左右，而我所在的圣三一学院更是要拖到8点钟才开始。这样的正餐非常讲究，由服务生依次送来前菜、主菜和甜点等，学生必须要穿着正装，还要穿上剑桥学生特有的黑色长袍才能入场。

刚一开学，我们学院就为新生组织了一次晚宴。在开宴前的半个小时，就在学院外的空地上，开始了晚宴的预热活动。为了使新生更快融入，学院把新生根据个人的爱好等分成了多个小组，我赶到的时候，发现已经有同学三五成群。在一位学生志愿者的带领下，我很快就找到了自己的小组。

我走到近前发现有位男生正在滔滔不绝地讲着，他看起来就像个高中生，深眼窝、尖鼻头，倒显得英俊潇洒，见到我走过来，他上前半步：

🌑 剑桥学生们的正式晚宴

"你好，我是 Harry。"握过手后，他把我领到人群中。

经过自我介绍，我了解到这位男生是数学系学习组合数学的博士，本科也毕业于此，说是"新生"，其实已经算是老面孔了。

"你对天文感兴趣吗？"这位 Harry 同学又发了言，"你知道吗？剑桥的天文台是可以对外开放的，过两天会有社团招新，欢迎你关注天文爱好者社团！有机会去观测天文望远镜哦！"

"嗯，听着倒是挺有意思的。"

"这太好啦，我是天文爱好者协会的主席，欢迎你加入！"

"哎，你刚才讲的'组合数学'是什么东西？"这时身边一位同学问道。

"组合数学研究的是排列组合问题，比如排队共有多少种排法。它研究的是在一些条件下，'排队'方法的数目以及存在性……"

"这和计算机专业的联系特别紧密，"他好像已经猜出同学可能问的问题，紧接着说道，"这门课中'知识'并不太多，更主要的是要靠你的脑力和逻辑能力来推理。"

"是吗？这可跟我想象中的'数学'不一样！"

"哈哈，每一门数学早晚都是会和别的学科联系起来的，不过这个过程往往比较漫长。"Harry 说到这里，声音提高了八度，"一般来说，一个数学分支，大约需要 100 至 150 年，才会应用到物理学和工程技术上，只是'组合数学'走得太快啦！"

150 年！我暗暗想着，那个时期大概是群论、黎曼几何和动力系统大发展的时段，看来自己也应该多多了解，说不定未来就和我的专业相关呢！

聊着聊着，同学们都觉得内容有些"沉重"，纷纷建议改换话题，这位 Harry 同学又是首先发言："你们知道吗？圣三一学院可是又老又旧的学院，他们的思维方式也都特别怪异……

"老有学生向学院要求安电灯，可是他们就是不安，还说什么这是为了学生的安全——不安灯的话，歹徒也就看不到你们了。"

这时周围响起一片哈哈哈的笑声。

"你们说说这叫什么话！"哈里还继续补充道，"安上了灯，歹徒还敢来吗？"

时间到了晚上 8 点，我们依次走进学院餐厅，这间大礼堂式的餐厅又高又大，古色古香，长条桌子排成三排，每排桌子都能坐四五十人。房间里没有顶灯，只有每张桌上立着一排古色古香的小台灯，发出柔和的黄光。

就座之后，每人面前摆放着一个印有学院院徽的餐盘，旁边的餐具摆得满满当当，让人眼花缭乱。每张桌子上摆着两副刀叉、一把勺子，前方还摆着三盏酒杯。等坐下之后，我才得知，这些餐具各有用处，两副刀叉和勺子分别是用来吃前菜、主菜和甜点的，而学院每次都提供两种酒，再加上不含酒精的饮料，分别倒在三个杯子中。

在我的印象里，英国人吃饭坚持"食不言、寝不语"，可在正式晚宴席间，同学们聊得好不热闹。坐在我对面的，是一位研究航空发动机的男生，一副亚裔面孔，身材却很魁梧，他同样也很开朗，不仅问到我的专业，甚至聊到了我的硕士课题项目。我当时对课题还是一知半解，只能告诉他我是做异质集成，在硅芯片衬底上用取向生长的方法制作激光源，激光源引入量子点结构，让发光效率明显提高……

他听得津津有味，提到"效率"一词，还追问起来：

"效率是多少呢？"

"嗯……这个不同产品差别比较大……"我之前还从未关注过这一数值，问到这里，我倒是一愣。

"没关系，你就给我说个数！"他穷追不舍，"我要是你，我就随便说个数，反正我也不懂，哈哈。"他又接着说道："你知道吗？涡轮机的热效率也就 60％多，你能提高一点儿，都能发出篇文章来！"

"呃，不过我们往往不这么比，我们更多的时候比的是一个门槛电流，"看来绕不过去了，只好从头讲起，"激光器必须给它通一定的电流，才会发出激光，这个门槛电流的大小越小越好……当然，发光效率越高，这个值也就越小。"我解释了半天，才算澄清了这一问题。

晚宴结束后，我们新生们又从餐厅另一侧的小门去到了一间会客室。走进一看，又是另一片天地，深红的墙壁上面整齐地陈列着一幅幅的人物油画像，厚厚的地毯，那种只能在电影里才能看到的场景就这样真实地呈现在眼前。刚在饭桌上认识的一位计算机系的老师走了过来：

"嘿！你好啊——你们这次可是迎来了一个难得的机会，你知道吗？

这是院长会客室，没有邀请是不能进入的，作为学生，每年也只有这一天可以来到这里。"

跟他聊了几句，我也向他抛出一个问题："您也是这里毕业的，您说咱们圣三一学院现在和您毕业那会儿，最大的变化在哪儿？"

这个问题可能真的不好回答，他皱着眉头看着漆黑一片的窗外，愣了一会儿才告诉我说："我觉得其实变化真不大。最大的特点就是，学数学的学生实在太多了……这里，永远聚集着一群世界上最具活力、头脑最敏锐的年轻人。"

"啊？这里学物理的人不也不少吗？比方说，今年的诺贝尔物理学奖得主，不就是咱学院的吗……"

这位老师嘴角上扬，微微地笑起来："你其实没必要羡慕他。我相信，将来你开展的研究工作，也会是同样的级别！"

此话一出，让我身子都微微一颤，双臂的汗毛都奓起来——我听到过很多老师的鼓励，但还从来没有人把我和一位诺贝尔奖得主相提并论。

当天晚上发生的其他情景，印象都已模糊。就记得当晚，站在学院的庭院里，月明星稀，灯影绰绰。

名校体悟

剑桥大学是纽曼教育体系的忠实执行者，旨在让学生拥有优秀的学术能力，同时也要对学生进行全方位的培养。所以，各种丰富多彩的课外活动，是剑桥教育中浓墨重彩的一笔。从另外一个角度来看，如果在剑桥只有学习，而缺失了这些课外活动，那么在剑桥的生活明显是不完整的。在研究生和博士阶段，主要的学习时间是与导师和课题组共同度过的，而一个世界一流大学，能带给学生们更多的是健全的人格和待人接物方面的培养。正所谓"功夫在诗外"。

剑桥大学的学生们平时都聊些什么呢？这可能是人们最感兴趣的话题。剑桥大学是一个学术气息很浓厚的高等学府，其中大部分的学生毕业后都去往高校和研究机构继续进行科研或教学工作，所以学生们平时聊天也会偏向学术话题。特别有意思的是，很多学生并不会过度关注当前社会的研究热点，而是更多关注未来10～15年可能出现的新技术，学生也更愿意采用一种"假设"或"投资者"的眼光，去思考"如果某项技术实现或迅猛发展，未来世界将会产生何种变化"。剑桥的学术氛围很浓郁。也正因如此，有时也会受到诟病，说剑桥人都不懂生活、不顾家庭，满脑子只有科研和学习。但其实并非如此，在剑桥不乏优秀的学长、学姐，他们既有着出色的科研业绩，也有着美满的家庭和自己的爱好。不过在他们看来，这些问题属于"个人隐私"，没有必要专门拿出来讨论。能够放在桌面上并且引起广泛共鸣的，还是那些根植于对科研和学习热爱的话题。

剑桥大学圣三一学院一共有34位诺贝尔奖得主和11位菲尔兹奖得主，其密度之高令人惊叹。圣三一学院如何培养出这么多"天才"？这个问题曾引发过一场世界范围关于自然科学领域高等教育的大讨论。在此，我也从自身感受出发，谈谈个人的看法：圣三一学院非常重视数学方面的人才，无论是本科、研究生还是博士，都有大量从事基础数学理论学习和研究的人才，数学专业的老师和同学们在学院内也会享受到特殊的"尊敬"。这不仅导致了其数学专业的繁荣发展，对于其他自然科学也具有极强的辐射带动作用。在同这些数学专业老师和同学们的交流过程中，其他专业的学生都受到了很多熏陶和启发，这些启发往往体现在对于数学学科背后蕴含结构的认知上，而非一些严谨的证明细节，这对于其他自然科学的原创性成果有着极其重要的意义。

提起数学，我们往往首先想到的是"严谨的逻辑思维训练"，其实这只是数学的一个侧面，有时甚至是一个不重要的侧面。事实上，很多原创性理论在提出之初并不是十分完善的，而严谨的证明往往出现在学科体系初步形成之后，本质上是一些修补的工作。从这个角度上来讲，过于强调数学思维严谨性，而忽略数学思维的跳跃性很可能是不利于原创性创新产生的。我认为，科研工作大体可以分为三类：第一类是定义一类新问题、发现一个新领域，比如万有引力定律、麦克斯韦方程组、爱因斯坦相对论、量子场论中重整化群方法、DNA结构的提出等，这些理论往往是基于某些数学结构提出的一种分析问题的框架，而实验现象只能提供间接的佐证；第二类是解释新现象，这类研究就像破案释疑，是提出几种可能的作用机理、机制，利用对照试验控制变量的方法逐一排除，最终确定导致某种现象的原因；第三类即利用一些学科已有的方法尝试解决新问题，根据解决问题的好坏来寻找学科的边界。绝大部分科研人员，可能终其一生只是进行第二和第三类型的科研，如何能更多做出第一类型的科研成果，恐怕首先要从正确认识数学的本质，以及它与自然学科关系的角度入手。

# 学院制的"前世今生"

### 古朴严谨的老学院

提及剑桥大学，就一定要说一说它特殊的组织形式——学院制。学院制是指剑桥大学除包含各个专业院系负责教学、科研工作之外，还包括 31 个学院（college）用以管理学生生活和日常行政事务。所以说每个学生在被录取时，不仅会隶属于某个专业院系（department），同时也会被分配一个学院。比如我在硕士期间学习的地点是在位于剑桥西北新区的工程系，而我同时又是剑桥圣三一学院（Trinity College）的一名成员，学院会管理我的食宿、奖学金等生活事项。

圣三一学院位于剑桥市的中心，这附近聚集了剑桥大学绝大部分的老学院，这些学院大多建于中世纪，一个个都像古老的城堡。徜徉其间，一片片黄墙灰瓦，古色古香，凹凸不平的石板路穿梭其间，街道两旁鳞次栉比的小商店，美景确实别具一格，也因此成为旅游胜地。不过，对于学生而言，这里只相当于大学"生活区"的一部分，有不少前来参观的老师、同学和亲友，参观过这些学院，便觉得这就代表全部的"剑桥大学"了，常常会提出诸如"某个学院开设什么专业""学生在学院的什么地方上课"这类的问题，也有不少人在听闻学院种种繁杂的"规矩"和传统后，就得出"剑桥大学太过古板"的误解，这其实都是因为没搞清学院制的管理模式而闹出的误会。

其实，剑桥大学、牛津大学的这种学院制，是传统高等教育的一种独特的管理方式。剑桥大学的各个学院独立性极强，不仅拥有独立的资产，也拥有自主的人事权。就比如我所在的圣三一学院，院长是由英国女王直接任命的，剑桥大学无权干涉，而很多学院的工作人员也是学院自行招聘，他们只是某某学院的员工而已，与剑桥大学无关，这样一来，学院俨然就是"校中之校"。而独立的财产权意味着一些经济实力强的学院，除自己的"主庭院"之外，也会购买一些位于剑桥市的民居作为学生宿舍。就比如我在剑桥的第一年，就并非住在学院的主庭院，而是住在学院几百米外一座青年旅社改成的学生公寓里。

　　走出我的宿舍，步行不到三分钟，便可走到圣三一学院的大门口。这是剑桥大学比较气派的学院了，门前是一片大空场，以供出租车临时停靠，两旁的树木掩映下，是一座三四层楼高的门楼。大门口总是站着一两位身穿黑色风衣、戴着黑色礼帽的守门人——圣三一学院的进出标准非常严格，除规定的时间供游客参观之外，其余的时间只有本学院成员或在本学院成员的带领下才可进入。

　　穿过大门，走进主院，就会发现里面别有一番天地。圣三一学院的主庭院四四方方，但气势恢宏，是全欧洲最大的封闭式庭院。一周周长约367米，几乎相当于一个大操场。主庭院被周围一圈金黄色的三层小楼包围着——这些大都是学生宿舍，也有几个高大的建筑：礼拜堂、餐厅和钟楼。庭院内，大大小小几块草坪被修剪得整整齐齐，包围着正中间一座几人高的喷泉，它建在一个漂亮的小亭子内，是圣三一学院重要的象征。

　　圣三一学院是剑桥大学实力最强的学院，培根、牛顿、拜伦、麦克斯韦、瑞利、汤姆孙、卢瑟福等科学巨匠与人文泰斗均出于此。在英国经常有这样的比较：如果把圣三一学院看作一个国家，其诺贝尔奖得主人数排世界第五（仅次于美、英、德、法）；其菲尔兹奖得主仅次于美国位列第二。在我看来，这样的比较虽然并不科学（因为任何国家的学生学者都可以来到圣三一学院，所以"学院"与"国家"之间没有包含或是大小关系），不过这样高的人才密度，也实实在在创造了一个教育史上的奇迹。圣三一学院各个专业学生的平均成绩也始终名列前茅。剑桥大学很多专业的第一名也都会聚于此。特别是数学专业，第一名几乎必定出自圣三一学院，被称为"高级牧马人"（Senior Wrangler，反映出剑桥在中世纪教学中的辩论传统），并且会被分配到牛顿曾经住过的宿舍中。

　　圣三一学院的经济实力更是强大，在牛津、剑桥所有的学院中位列第一，并且超过剑桥大学其他学院的总和。这不仅与剑桥圣三一学院的历史积淀有关，更应归功于学院独到的投资眼光。比如位于伦敦的千禧体育场、牛津街以及有"欧洲硅谷"之称的剑桥科技园，都是圣三一学院的资产。此外，圣三一学院还拥有矿山、港口等。因此，圣三一学院参与了很多剑桥的公益项目，还主动为其他学院的学生提供奖学金机会。

穿过有如礼堂一般的餐厅，前方是个小一些的庭院，这里一层的建筑犹如威尼斯的门廊，又像是我国广州、海口一带的骑楼，二层则是办公室和图书馆等办公设施。穿过这个庭院，就来到了剑河边。隔河相望，可以发现河对岸的大草坪上有一座城堡般的建筑，金黄色的围墙顶上锯齿状的花边，四座配楼簇拥着中间高高的钟塔，这就是"隔壁"圣约翰学院的钟楼，被学生冠以"奶油蛋糕"的美誉。

从这古堡般的建筑便可以发现，圣约翰学院（St. John's College）可是不简单。事实上，圣约翰学院与圣三一学院实力不相上下，再加上两个学院彼此相邻，竞争便体现在各个方面，这就好比牛津与剑桥抑或是我国的清华与北大。传说在申请学院时，如果你同时选择了圣三一和圣约翰两所学院，这两所学院都不会录取你。而这钟楼也是竞争的产物。当年，圣约翰学院和圣三一学院都想修建钟楼，于是展开了一场修建速度比赛，并且约定：谁用时更短，谁的钟楼才有资格挂上大钟。为获得胜利，圣三一学院花了很短的时间，草草搭起一座钟楼了事，挂上了大钟；而圣约翰学院则没把输赢放在心上，慢工出巧匠，精心修建了这座城堡般的建筑——自然其上也就没有挂钟的资格。一位圣约翰学院的学生不甘心，一天夜里趁人不备，偷偷跑到钟楼上画了一座钟，由于画得十分逼真，经过很长时间，才因为这座"钟"无法报时、表针也不能走动而被戳穿，从此传为一段佳话。

我住的宿舍对面是另一所老学院西德尼·萨塞克斯学院（Sidney Sussex College），由其创建者——伊丽莎白一世时期的萨塞克斯公爵夫人（本姓"西德尼"）而得名。萨塞克斯学院比圣三一学院和圣约翰学院要小一些，不过这也使得学院间的人际关系更加密切，让每个成员都能感受到一种家的温暖。这里每年都会举办一个特色活动——西德尼大讲堂（Sidney Great），邀请该学院学习不同专业的学生学者共同讨论一些敏感的实时热点话题，是一个很好的学科融合交叉平台。这所学院也培养过不少著名校友，比如美国哈佛大学的主要捐赠者约翰·哈佛，以及英国资产阶级革命时期的领袖护国公克伦威尔。克伦威尔死后被复辟的国王查理二世砍下头颅，经多次买卖，最终被秘密埋藏在他的母院萨塞克斯学院当中，具体位置只有该学院院长清楚。非常碰巧的是，该学院的院长理查德·潘蒂（Richard Penty）教授恰恰是我的硕士课题的导师，我曾经问过他克伦威尔的头颅的传说是否属实，潘蒂教授对我神秘一笑：

"是真的，但就是不能告诉你在哪里。我们还是来谈谈你的课题的事情吧……"

萨塞克斯学院是剑桥最后建成的一所老式学院。在此之后直至20世纪，剑桥就没再新建学院。而20世纪后新建的学院风格偏向现代，就像普通的大学宿舍，也就没有老学院那么多的历史故事。

剑桥大学还有一个十分著名的学院——国王学院。宏伟的礼拜堂、白色的行政楼，一直出现在各样的画册与明信片里，被当作剑桥大学的象征。国王学院由英国国王亨利六世成立，不过其礼拜堂历经亨利七世、八世才完工，前后历经百年。这座礼拜堂是全英国最壮观的礼拜堂之一，根根石梁在屋顶错落有致地交织着，仿佛一大片森林中交错的树枝。这里曾培养出现代经济学之父凯恩斯与计算机之父图灵，当然还有名篇《再别康桥》的作者徐志摩。不过，这里的学生生活并没有想象中的那么光鲜：学院的主庭院几乎完全成为旅游观光景点，大部分学生并不能居住在它的主庭院内，不过这个学院的正式晚宴非常豪华，也是一票难求。

名校体悟

学院制是牛津大学和剑桥大学教育思想的集中体现，经过800多年的发展，在人才教育方面起着非常独特的作用。从其诞生来看，学院的产生有着偶然因素（这也就不可避免地导致了学院制有利也有弊），而牛津、剑桥学院制形成的理由也不相同：牛津大学是由多个独立的学术团体合并而成的，而每个团体也就成为一个独立的学院；剑桥大学的第一个学院成立的原因，是一部分学者因为生活小事与当地人起了冲突，所以这些学者选择另找地方集中住宿，才产生了剑桥的第一所学院。也就是说，剑桥大学在诞生之初是没有学院的。在一开始，并非所有的大学成员都必须隶属于学院，只是后来各个学院的实力日渐庞大，逐步吞并了其他组织形式，这才产生了如今学院制的格局。

历史为什么选择了学院制？学院制在人才培养的过程中，究竟展现出哪些优势呢？从学生的视角出发，体会到学院制的优势可以集中总结为以下三大属性。

第一是社团性。所有的学院对于所招学生的专业、背景院校等均没有限制（尽管一些学院对不同专业人数多少有"偏好"），所以说每个学院都会聚集各个专业、各个不同知识背景的学生。这些学生朝夕相处，不知不觉中就锻炼了学生的语言表达能力和人际交往能力。

第二是社会性，亦可称为文化多元性。每一个学生既属于一个学院，也属于一个专业，这样也就导致了同一专业会有来自各个学院的学生，这样每个学生就会拥有多个不同的属性，很好地模拟了社会中一个人需要扮演不同角色的特点。一方面，这会培养学生在复杂人际关系中的交往能力，比如我来自剑桥大学最著名的圣三一学院，既要学会利用优势资源，通过带领同学参观学院的机会结交新朋友；同时又要保持谦和低调，而不至于被误解为是炫耀显摆。另一方面，剑桥的学院各具特色，比如尽管圣三一学院是剑桥公认最优秀的学院，可是我也发现，隔壁的圣约翰学院在建筑上更加优美，而一些小一点的新式学院，对人的态度更加和善，另外有些学院的饭菜非常好吃……这也使得学生摆脱由成绩单一量度的评价标准，从而鼓励学生挖掘身边同学的闪光点。除此之外，每个学院都有自己的文化与性格特点，学生在耳濡目染中也会逐渐培养出自己的性格特点和独立人格。而这样由众多学院组成的大学，其文化氛围势必也是兼收并蓄、尊重个性的。

第三是学术沙龙性。每个学院总会招收不同专业的学生，而几乎所有的学院都非常支持不同专业学生间的相互交流，在思维上相互借鉴。比如，圣三一学院在开学初就为我们每个人分配了一位"第二导师"——一个与学生专业不同但对该学生所学专业很感兴趣的人，其目的就是鼓励同学、师生之间相互交流，思维相互借鉴，碰撞出创新的火花。

### 待人友善的新学院

在剑桥大学，除一些传统的老式学院之外，也有不少各具特色的新式学院，它们大多成立于公元 1800 年以后，分布在剑桥市的周边，在此也简要加以介绍。

在剑河的下游，建有一个美丽的新式学院——达尔文学院（Darwin College）。它处在一个十字路口，整个建筑沿道路呈现 L 形，这些建筑是学生宿舍、办公室和图书馆，而学院的餐厅正好处于 L 的拐角处。

L 形建筑的后面是一大片湿地公园。这里正是剑河一条小支流的分岔处，一渠清水滋养着这里的一方沃土。在学生宿舍中向外眺望，一片片绿树红花，几乎就相当于达尔文学院的后花园。从这个角度来看，达尔文学院可谓是自然景色最优美的学院了。此外，达尔文学院由于毗邻剑河，所以学院拥有自己的码头和船只，学院成员缴纳年费后即可随意使用，所以这里的师兄、师姐们大都是划船的好手。

达尔文学院是剑桥大学最早的一所只招收研究生的学院，于 1964 年成立。在当时，剑桥大学研究生人数日益增多，圣三一、圣约翰、冈维尔三个学院已经不堪重负，于是三个学院决定建造一所全新的、只招收研究生的学院，因此直到今日，达尔文学院大门对面的墙壁上，刻有圣三一、圣约翰、冈维尔和达尔文四个学院的院徽。至于"达尔文"这个名字的由来，是因为学院的所在地当时是属于达尔文家族的财产。

由于达尔文学院建成的时间较短，所以这里没有老学院那样多的"繁文缛节"，对于全剑桥的学生更加友好。比如这里的正式晚宴，就不需要穿着太过正式，大部分学生只穿正装即可进入，有时甚至更加随意的穿着也不会有人见怪。这里的食堂在平时也是来者不拒，欢迎所有学生来此用餐，我也曾多次光顾，学院美味的"华夫鸡"（Waffle chicken）给我留下了很深的印象。

在此还有一点值得指出，《物种起源》的作者查尔斯·罗伯特·达尔文虽然毕业于剑桥大学，但他属于基督学院，并非达尔文学院（事实上，当时后者还未成立）。不过，达尔文学院也设有达尔文的画像。同时，达尔文学院还收录了从达尔文学院走出的一位诺贝尔奖得主塞萨尔·米尔斯坦的诺贝尔奖奖状。就是在达尔文学院，我才第一次参观到诺贝尔奖的奖状。不过看到后却令我略有失望：奖状全部用瑞典语写成，我一个字也不认识！

剑桥大学另一所独具特色的学院就要数丘吉尔学院（Churchill College）了。此学院是英国人为纪念第二次世界大战时期英国首相温斯顿·丘吉尔而建立。因此，在学院中，丘吉尔的照片和名言警句随处可见，以表达英国人对这位自由斗士的爱戴。在学院的迎新晚宴上，该学院的新生将会集体举杯两次，第一杯敬女王，第二杯敬丘吉尔首相。

丘吉尔学院具有深厚的理工科底蕴，加之其距离西剑桥的各个理工科实验室很近，所以不少理工科学生都首选此学院。我的博士导师也是此学院的一名高级研究员。这里的建筑大都为灰褐色的水泥墙，窗户不规则地排列着，学院里有不少雕塑，大概是几根钢条拧在一起，或是由几个切面组成的动物轮廓，洋溢着后现代的风格，至今我也难解其深意。这样的一个学院，自然对于传统学院的"繁文缛节"持否定态度，而处处把实用性放在首位。事实上，丘吉尔学院建院之初就曾为是否应保留老学院自建礼拜堂的传统而产生过激烈争吵，最终双方妥协：礼拜堂照修不误，但其管理运营与学院无关，只是在名义上称为"丘吉尔学院的礼拜堂"而已。

丘吉尔学院的餐厅是学院的一大亮点，它是全剑桥可容纳人数最多的大餐厅。剑桥大学有些大规模的课题组进行年度晚宴，要同时聚集两三百人在一起用餐（新冠疫情期间例外），这样的规模，只有丘吉尔学院才能承担。学院餐厅也呈现简约风格，色调呈现浅咖啡色，在灯光的照耀下也是金碧辉煌，独显其现代而又不失高雅的气派。当然，在入口处，也少不了一张丘吉尔的巨幅油画像。

丘吉尔学院位于剑桥市郊，学院除包含宿舍、办公区、食堂之外，还有大片的绿地和运动场。我们曾在这里举办过不少次业余足球赛。站在绿茵场上，远眺大片的绿地和绿地尽头一座座新式建筑，让人心旷神怡。

走到理工科实验室密布的西剑桥区域，就不得不提及剑桥一个特殊的学院——格顿学院（Girton College）。它的特殊之处在于，这是距离剑桥市中心最远的学院，几乎都离开了剑桥市的范围，即使骑车也需20分钟的路程才可抵达市中心。格顿学院建于1869年，成立之初是剑桥第一所女子学院，后于1977年开始接受男性成员。一路走来，格顿学院在为女性争取受教育权和教育公平方面都做出了贡献。这座学院入口的大门前有一片绿色的草坪，两排绿荫掩映下，露出高大的砖红色门楼，仿佛一座庄园。整个学院建筑群大部分由红砖建成，颇为宏伟。学院设有不少钢琴、架子鼓等音乐设备，此外还拥有自己的市内游泳池。

此外，学院在 2017 年开放一片新宿舍区——斯维尔斯庭院（Swirles Court），这是整个剑桥最现代、最宜居、设施最齐全的学生公寓之一了。

不过也就是因为格顿学院位置过于偏僻，很少有学生主动申请来此学院。对于此学院的成员而言，自行车是必需品。听一位来自此学院的学长描述：这里本科生的成绩呈现两极分化的趋势——一部分学生非常珍惜来到剑桥读书的机会，每天起早贪黑赶到市中心去上课，因为有这样的学习热情，每次考试往往都名列前茅；另外一部分学生，因为距离太过遥远，所以几乎不怎么去上课，成绩自然也就不如人意。当然，我相信在后疫情时代，随着越来越多的课程改至线上，这一现象也可能会有好转。

## 名校体悟

学院制尽管具有很多优势，但也存在不少弊端。事实上，在英美的众多高校中，除英国的牛津、剑桥、杜伦三所大学之外，几乎没有其他学校采用学院制。一部分学校，如英国的圣安德鲁斯，美国的哈佛大学、耶鲁大学、普林斯顿大学等，虽然有"学院"这一称谓，但其自主权和对学生培养的参与度，完全无法与牛津和剑桥相比，故此不能称为真正的学院制。这些大学，最初大多是受牛津、剑桥两所大学的影响，最后为什么没有走上学院制的道路呢？从受教育者的感受出发，我认为原因有二。

第一是管理上的难度。由于学院与院系系统相互独立，很多行政机构都要增加一倍（院系一套、学院一套）。不仅如此，剑桥大学校方很难对学生进行整体管理，学生遇到的大部分问题，只能靠自己单独联系各院系和学院解决。我在剑桥大学的感受是，剑桥大学校方跟学生几乎没有交集，真正面向学生的只有学生所在的院系和学院。比如一个学生要想转专业，必须自行联系双方导师、院系、学生所在学院、剑桥大学校方并得到四方面共同批准。其实剑桥大学院系一级的机构已经非常简化，单纯因为学院制，就使得整个大学的管理系统背上了一个大包袱。

第二是加剧学生间的不平等。这一观点虽然在学生中并非主流思想，但也是一个值得警惕的问题——在与剑桥大学同学们交流的过程中，我就听到过不止一次的质疑声："我和我的同班同学明明是一起被录取的，可是为什么他就去到一个很好的学院，而我却只被分到一个很普通的学院？"这不仅是住宿条件上的差别，各样的补助、奖学金，以及在同学眼中的地位都会受到影响。那些被分到较差学院的学生，难免会产生压抑、自卑或逆反心理，这对于教育工作的开展非常不利。

既然学院制有利有弊，那么能不能对其加以改良，充分发挥学院制的优势呢？事实上，这也是不太容易的。比如把专业与学院相整合，把几个专业的学生合并成为一个学院，确实可以减少一些管理上的困难，但学院与专业统一之后，学院的"文化多元性"便会荡然无存。如果强制要求各个学院地位平等，那么学院就难以独立运行，不易形成自己的风格，"社团性"与"社会性"也就名存实亡。很多西方学校改良学院制的方法是以学生宿舍为单位建立"学院"，适时举办一些主题活动，如共进晚餐或共同参加郊游、音乐、表演类活动，联络感情后，进而开展一些学术研讨，各宿舍单位在新生入学之初地位相同，之后则任其自由发展。

总之，学院制是纽曼教育体系下的衍生品，其核心在于鼓励学生间的相互交流，一方面锻炼学生的人际交往能力，另一方面引发跨学科的思维碰撞，特别是加强基础学科与应用学科之间的联系。如果能实现这一点，无论采用何种形式，都是对剑桥、牛津两所大学学院制很好的继承与发扬。

# 剑桥大学与小镇

### 剑桥大学的"教学区"

很多前往剑桥镇参观的游客都有这样的疑问：剑桥大学怎么全是学院？各个院系和上课的教室在哪里？事实上，剑桥大学并没有一个明确的教学区，各个院系只是星星点点地分布在城市内几个区域：西剑桥区（West Cambridge Site，理工科实验室）、西奇维克区（Sidgwick Site，大部分人文社科院系）、新博物馆区（New Museum Site，动物学系等）、唐宁区（Downing Site，地理、环境、考古系等）和特兰平顿街（Trumpington Street，工程系、化学系、商学院）附近。当然，也有一部分院系单独分布在其他地方，比如医学系就位于剑桥南部的阿登布鲁克医院（Addenbrooke's Hosptial），教育系位于火车站旁，土地金融系位于游船码头附近。不过，这些属于少见的情况。

别看剑桥城区非常古老，许多院系建成也不过几十年，现代化得多，外观新颖别致，体现出这座学校古典与现代的碰撞和汇聚。比如位于西奇维克区的法律系，建筑外墙几乎全部由玻璃幕墙组成，不过这也招致了一些学生的抱怨："墙体的保温效果太差。到了冬天，即使在室内穿上羽绒服，也会不停地打哆嗦。"

我学习主要在西剑桥区，这里是大大小小理工科实验室和研究所的所在地。西剑桥区位于剑桥西北，虽然距离剑桥市中心也就一两公里，但已经出离了剑桥市区的范畴，周围尽是田园风光，一块块农田被几块木板钉成的栅栏包围着。西剑桥最早只是兽医系所在地，为的是饲养动物方便。直到 1973 年和 1974 年，工程系研究涡轮喷气发动机的惠特尔实验室（Whittle Laboratory）和物理系的卡文迪许实验室迁至此地，从此开启了西剑桥的大规模扩建工作，一大批新颖别致的研究所在农田中间拔地而起，后来又建成了电脑中心与体育馆。若不是亲眼看到"剑桥大学"的路牌，有几个人会想到世界顶尖的科研机构就坐落在一片田野之中呢！

● 剑桥大学物理系的本科学生在做实验

卡文迪许实验室是剑桥大学最出名的研究机构之一，它处在西剑桥区的最南端，是在1974年从市中心的旧址迁至此地的，经过扩建后已经包含了整个物理系——换句话说，剑桥大学物理系与卡文迪许实验室，现在只是两种不同的说法而已。

实验室的主建筑群外表其貌不扬，由四座独立的建筑组成，全部都是规规矩矩的长方形，灰褐色的水泥外墙，各种粗细不同的管道暴露在外，角落里的储物间还堆着几罐液氮，可以说是西剑桥最"丑陋"的建筑了。若不是正门处写着"卡文迪许实验室"七个字，恐怕大部分人都很难把它与一座物理学的科研殿堂联系在一起。卡文迪许实验室共有四座楼，卢瑟福（Rutherford）楼、布拉格（Bragg）楼、莫特（Mott）楼和卡皮查（Kapitza）楼，是以四位从卡文迪许实验室走出来的诺贝尔奖得主的名字命名的。在2015年，卡文迪许实验室又新建了麦克斯韦中心，这是西剑桥最新颖的建筑。

说到卡文迪许实验室完全相当于物理系，是因为这里不光有科研机构，还有供本科生上课的教室。最大的一间教室几乎相当于一个大礼堂，称为皮帕德（Pippard）教室，这是卡文迪许曾经的一位主任的名字（他首次测量出金属铜的费米面，并提出超导体"相干长度"的概念，这些都是凝聚态物理中里程碑式的成果）。剑桥大学的天文台也建在不远处，于是在天文台附近，也修建起了剑桥大学的天体物理系，目前也已成为卡文迪许实验室的一部分。

学生中间流传着这样一种说法：卡文迪许实验室"风水"不好，故自1974年搬至此地后，至今还未出过一位诺贝尔奖得主。不知是不是真的出于此等考虑，卡文迪许实验室即将二度搬迁，新址仍选择在西剑桥区，目前正在紧锣密鼓的施工中，至于修成之后效果如何，我们可以拭目以待。

距此卡文迪许实验室不远处，便是电子工程专业的主要研究所——先进光电子研究中心（Centre for Advanced Photonics and Electronics，简称CAPE）与石墨烯中心（Graphene Centre），它们合用同一栋建筑。这座楼三面是规规矩矩的方形，另一面是个大圆弧，由玻璃幕墙与浅黄色的方砖交替组成，看上去明显现代得多。不过这里只是研究机构，不承担什么教学内容。它的后面有一大片停车场，由于光电子中心正在为路虎汽车开发新一代的抬头显示设备（HUD），所以停车场中还经常停放着一辆路虎提供的专用"实验车"。

工程系的主建筑不在这里，而设在特兰平顿街上。剑桥大学的工程系是全剑桥最大的院系，因为工程系实际上包含六个大专业：能源、流体与发动机，电气工程，力学与材料，土木工程，机械制造，信息技术。很多专业都已经在西剑桥设有实验室，不过本科和硕士上课的教室和部分研究组仍然保留在这里。记得第一年在这里上课时，同学们中午常去对面的贾奇商学院（Judge Business School）吃午饭，贾奇商学院原是由一个儿童医院改建，从里到外，花花绿绿，色彩缤纷，很像个儿童游乐园，其午餐也是物美价廉。

值得一提的是，正是因为工程系主楼与电子工程的研究所分处两地，这也就为修建一条用于科学研究的光缆线路提供了绝佳的实验场地。剑桥拥有自己的量子通信网络，共有工程系主楼、研究所、剑桥科技园三个节点，电子系与位于科技园的日本东芝实验室，在量子通信领域都颇具影响力。

讲到在剑桥的学习资源，还必须要提到剑桥大学的图书馆。剑桥大学共有116个图书馆，藏书超过一千万册。我作为一名新生，刚一听到这个情况时，心中涌上一种近乎绝望的感觉：我在每个图书馆里看一本书，那就是116本。目前我真正看过的，其实少得可怜。因为并不是所有的图书馆都对任意学生开放，跟我关系密切的只有三个：主图书馆、我所在学院的图书馆，以及我所在院系的图书馆。

学校的主图书馆是剑桥大学的一个地标性建筑，在西奇维克区旁边。这是一座规模宏伟的方形庭院，整个建筑用红褐色的方砖砌成，每一侧都能有六层楼高，有几列窗户从上至下贯穿整栋大楼，图书馆的正面还修有一座高塔，总高度达十七层楼。这座建筑建于20世纪30年代，修成的时间并不算长，这座塔楼在修建之初也饱受非议。当时一位著名的建筑与艺术评论家说道："这座图书馆最大的问题就是高塔，不仅毫无美感，而且毫无必要！"但现在，这座高塔已经成为图书馆的象征，用于存储一些旧报刊与出版物，除非进行出版业发展史方面研究的人员，一般学生是不能登上高塔的。

看到图书馆的气势，就知道这座图书馆大有来历，这是英国的六座国家级图书馆之一，其"国家级"的含义在于：英国所有出版商出版的每一册图书，都必须送到这里一本。故此，在这里你几乎可以找到任何需要的书籍，图书馆甚至还收藏了不少中文书籍，包括《明实录》与《永乐大典》第二卷，甚至还有太平天国的出版物。不过由于图书馆过于庞大，检索起来比较麻烦，并且进入图书馆必须存包，所以除非有特殊的需要，我并不会经常来这里。

我在剑桥第一年所就读的工程系，也有自己的图书馆，它位于工程系主楼的四层。这个图书馆看起来随意得多，它是由几间大教室改造而成，在一排排书架旁边，整齐地摆着几排桌椅，学生可以阅览、借阅书籍，亦可在此自习。和我之前在其他学校所见的图书馆几乎没什么两样。整个图书馆分成两个区域：借阅区和非借阅区。非借阅区的书籍，均是各门课程教师推荐的参考书。为了方便更多学生阅读，其仅供阅览，不得外借。这反映出剑桥学生们除重视老师上课的讲义之外，普遍也非常重视利用老师推荐的书籍深化所学的知识。

除各个专业院系之外，每个学院也都有自己的图书馆，仅供学院成员使用。我所在的圣三一学院便拥有两个图书馆，其中一个是瑞恩图书馆（Wren library，也就是我入学时签字的图书馆），富丽堂皇，但其实更像个档案馆或文物馆，这里保存着很多珍贵的资料，比如牛顿著名的《数学原理》初稿和牛顿笔记的手稿就保存在此。不过，即使是学院的师生，也不能随意借阅其中的书籍。

我的硕士导师曾对我说："有时间你应该去看看你们学院图书馆里牛顿的手稿——牛顿做笔记非常认真，在记录实验笔记方面，咱们都得向牛顿多多学习。"

当我真正看到牛顿的笔记时，发现牛顿的字迹的确很工整，风干发黄的纸张上，几行小字整齐得有如墨线画出的一般，不过内容均用拉丁文写成，我也没能看懂。只能从认真的字迹看出，牛顿不只是一位天才，更具有一种严谨细致的"工匠精神"。

紧挨着瑞恩图书馆，便是供学生学习的图书馆。与院系的图书馆不同，学院图书馆一般主要是供本科生学习的教材。圣三一学院的图书馆藏书规模也很可观，不少次我在专业图书馆无法找到或已经借出的书籍，都在学院的图书馆找到了。学院对于数学专业的重视程度从藏书的种类上可以窥知一二：数学专业的教科书几乎相当于其他专业书籍的两倍。

学院的图书馆中还有一个耐人寻味的细节：在阅览室的入口处有一个书架，上面摆满了一些小册子，这些小册子只有手掌那么大，最多也不过只有几十页，这些都是各个专业极为简短的介绍，整个书架包含了目前人类所拥有的所有学科。每个小册子里都介绍了一个专业的发展历史、研究方法和主要成果，可以让人在短时间内对各学科的基本思想加以了解。

走进阅览室，便是供学生自习的桌椅，这里的学习氛围都与其他地方不同。这里的学生学习起来极为认真，我还从未见到过一个玩手机、看电影或打游戏的学生。在这里，几乎所有学生的面前都摆有纸笔，这不仅是用来演算难题，更多的情况是用于梳理读书笔记、知识结构，抑或是用作论文的提纲。这个图书馆静得出奇，很少有人走动说话，哪怕自己的手机振动音轻轻响起，都会觉得不好意思。待在这样的氛围里，恐怕真的很难不认真学习。

## 名校体悟

剑桥大学是一所没有围墙的大学，大学与城市，早已融为一体。因此教学区就坐落在小镇当中。在历史上，剑桥大学与当地居民曾发生过不少冲突，当地居民抗议大学不断插手公共事务，以及学者在法律上所拥有的特权。英文有个短语"town and gown"（小镇和穿长袍的人）来表示大学与当地居民的对立，小镇指代剑桥市的居民，而"穿长袍的人"代表大学的学者。在1381年爆发的农民起义中，剑桥市的市民就一度占领了剑桥大学，并将代表剑桥大学合法性的文件当众烧毁。不过，现在剑桥大学与当地人的关系已经变得非常和谐。剑桥大学的存在，是当地主要的产业支柱，也为当地提供了大量的财政收入和数不清的就业机会。此外，很多先进的科学技术，也率先从剑桥走向大众。

漫步于自习室与图书馆中，也能发现剑桥大学的学霸们的共性——除重视知识的汲取之外，同样非常重视个人对于知识的反思与总结。在学习之余，很多同学都会有自己对于知识点和知识结构的总结笔记，其中不乏用思维导图或知识结构的逻辑关系图等，有的还会用不同颜色的笔迹加以标注，看上去有如一幅幅艺术作品，非常震撼。进行一遍总结，这不只是对于知识的重复吸收，更多的是融入了自己对于知识的理解，实现了对知识点"内化"的过程。

### 博物馆与公园

作为一所世界顶级的大学，剑桥大学除世界顶级的科研教学资源以及非常特殊的学院制之外，其文化底蕴也极为丰厚。剑桥市内大大小小的博物馆、植物园就是最好的证明。腹有诗书气自华，真正成功的高等教育，也体现在日常生活中的"书卷气"中。这股"书卷气"，便是剑桥大学在"世界大学排名"之外的软实力。

剑桥市内有很多博物馆。在大部分人的心中，博物馆大都规模宏伟。但剑桥的博物馆并非如此。几个房间拼在一起，或是实验室的门厅找出一片空地，摆上几个展台，贴上海报，一个小型博物馆就诞生了。这些博物馆大多免费供游人参观，虽然规模都不大，但每次参观过后，都会让人颇有感触。

在剑桥大学工程系旁边，就伫立着全剑桥最大的博物馆：菲茨威廉博物馆（Fitzwilliam Museum）。这是一座人文历史类的博物馆，由于展品较为齐全，有"小型大英博物馆"之誉，如今也成为旅游必去的"网红景点"。这里面包含希腊、罗马、埃及、东亚等几个展厅，18世纪欧洲制作的瓷器也在展览范围内。这个博物馆对游客免费，任何人都可以随意进入。不过在这种地方参观，最好要有个懂行的人带领，否则对于大多数没有一定历史与考古学的背景的人而言，在这里也只能是"看看热闹"，难以发现其深意。

我也只是在课后走马观花地转过两次。在这里看过一尊人像后才知道，剑桥大学使用的 Hermes 邮件系统取自希腊神话中的信使"赫尔墨斯"。另一个让我印象深刻的展品是美索不达米亚出土的一个陶制的小碗，出土之后其上绘制的花纹颜色依旧光鲜，至于其上釉的工艺技术，至今仍然是个谜。这些鲜活的例子让我意识到，即使在古代，世界上也存在着不少灿烂的文明。作为当代的年轻人，更应该放眼全球，以开放的心态拥抱世界。

在剑桥，每一个博物馆都有自己的独特之处。在唐宁教学区的入口处，坐落着一座不大的地质科学博物馆。它虽然位于教学区，但也对游客免费开放，还保存着很多达尔文的发现成果。在我的印象中，达尔文一直是个生物学家，当然我们也知道，他本人更偏向于"博物学"，而非现代意义上的生物学。但这个博物馆告诉我们，达尔文更像是一位地质学家，他曾收集过不少矿石，当然也有不少动物、植物标本。这一个个动植物化石就放在一个个透明的展柜里，这当中不乏外观奇特怪异的生物，比如一个远古时期的"海螺"，直径有一米长，剖开之后，内部一圈一圈的骨架中间分布着很多"小舱室"，看起来颇有些可爱。

整个博物馆把展品根据地球所经历的不同时期分类，我不禁有感而发：世界上有大规模的物种增减，有不少的生物灭绝，当然也有不少新物种不断出现。我们平时在各类媒体报道中，每当听到物种濒危的新闻，总会自然而然地联想到人类活动对环境的破坏。当然，人类活动确实对我们的生存环境造成了污染，不过对于物种的兴衰，它们与人类活动的关系也只是"假说"，或许就在我们生活的年代里，也会不断诞生新的物种呢！

距离唐宁教学区不远的新博物馆区，是曾经的卡文迪许实验室旧址所在地，如今已改成了一个科学博物馆，这里摆放着很多专业曾经使用过的课堂教具。这个博物馆虽然只有一间房屋的大小，但是很多精美的装置也令人叹为观止。比如用几根绷直的细线模拟出的直纹曲面就非常逼真，哪里是曲面的"腰"、哪里是"母线"都极为直观，微分几何课程要是有这么一个"好帮手"，恐怕会方便很多吧。还有一个人体眼部的模型，两个塑料的"眼球"，后面交错地绑有10多根细线，不过这些线的另一头都被整齐地拢成一排，线的尾端都系有小金属牌。原来，这个模型是为了表明：眼球的运动是眼部肌肉收缩和扩张的结果——配合着拽动几根细线，就可以转动这两个塑料眼球。

剑桥师生们大都喜欢自己动手制作实验仪器，这一传统也被保留至今。到今天，很多导师都会毫不犹豫地把比较复杂的实验操作步骤交给学生去做，而不是完全依靠一些现成的实验仪器，尽管有些的细节看上去与研究的主题相比有些"跑偏"。这背后的原因在于，只有让学生亲自动手，他们才能更深刻地理解实验背后所蕴含的物理过程，而不是机械地记忆某些前人总结好的实验操作步骤以及结果。

剑桥市内还有一个有名的植物园，在其门口处钉有一个浅蓝色的圆形铁牌，写明这个植物园是达尔文的老师约翰·亨斯洛（John Henslow）所建，这里面种植有不少奇花异卉，还有一棵苹果树，号称是牛顿家乡那棵砸中他的苹果树与剑桥当地的苹果树嫁接而成。给我印象很深的一处景致是一个长长的花圃，其上种有世界各地移植到英国的花卉，是根据不同时期依次排列的。这里还有一个温室大棚，不少热带植物也可以在这里观赏到，尤为出彩的是一株名叫泰坦魔芋的生物，七八年才会开花一次，每次的花期只有短短十几天，它的花朵鲜红，像是个巨大的玉米棒，足足能有七米高，只是味道非常难闻。每次开花的时候，整个大棚里都会臭气熏天，不过依旧会有许多游客慕名而来。我还从未赶上过这种机会，只在介绍牌上看到过这朵花的图片，我也盼望着有一天能目睹此花的真容。

在剑桥市西南的几公里之外，有一个称为格兰切斯特（Granchester）的小镇，在这里有一个苹果园。这个果园是著名的旅游胜地，也是剑桥学生常去的休闲场所，它是由于 20 世纪初一批哲学家经常在此集会，共同思考与讨论问题而出名的。本来这个小镇基本属于"乡村"，但由于游客较多，果园门口也已经贴上了"布告栏"和"游客须知"。当地人也在这里设立了啤酒屋，也有不少躺椅供人们休息使用。再往远处看，黄绿色的农田被远处的绿树包围着，一条小河从中潺潺流过——这正是那条流过市中心的剑河下游。几百年来，这条静静的剑河两岸曾发生过多少壮丽的故事啊。

## 名校体悟

剑桥众多的博物馆、图书馆等公共设施对于育人有何作用？从一位受教育者的角度来看，除了学习知识的作用之外，这是另一种形式的对于学生品德与人格的塑造。西方的电影（尤其是特工类电影中）不乏天资聪慧、掌握尖端科技但却利欲熏心、危害社会安全的人物形象。那么，在高等教育中如何做到立德树人，让这些最聪明、最富有活力的年轻人最终造福社会而非危害社会呢？我想，通过这种能让学生每天看到、听到等直观感受到的方式，通过点滴的积累，培养起学生对于真善美、文明、进取的追求，在心里产生一种对于假恶丑、愚昧、落后的厌恶，并引发学生对于人生观、价值观的思考，这比简单通过书本的学习更加有效。我们现在强调对于学生的"德育教育"，特别是当面对新一代有较强个性和独立思维能力的新青年的德育教育，更应该充分利用历史资源，通过人、事、物来增强学生对于正确价值观的认同感。

# 紧张的学习生活
## ——我怎么没有假期了

寒假将至。不知不觉间，我已经在剑桥度过了一个学期。

这个寒假，我倒是感觉比以往都更加沉重。之前的每个假期，当我上完最后一节课，便会迫不及待地外出旅游或是回国。可是今年假期，我却早已失去了这样的热情。

假期开始的第一个早晨，我在床上赖了很久，这才慢悠悠地爬起来，揉揉惺忪的睡眼，看到冬日的阳光照在一排排暗黄色建筑的小窗上，泛出一道道金光。

忙碌了八周后，终于有时间休息一下了。

剑桥大学的一个学期，只有短短八周的时间，但这八周的强度却远远超乎我的想象。我刚来到剑桥时，尽管做好了心理准备，但却始终信心满满——自己无论是在国内的985大学，还是在英国大学交换期间都是优等生，无论是基础知识，还是个人的新环境适应能力都很过硬，尽管剑桥是世界顶尖的学校，自己也肯定能够适应。

可是剑桥大学却着实给我"上了一课"。首先说课堂的学习，在诺丁汉大学时，每次课前手里都会拿到详尽的讲义。老师讲起课来，一般会按照讲义的前后顺序去讲，甚至连句法和用词都大同小异，即使自己思路上稍有"抛锚"，也完全没有关系，看看讲义就能连接贯通起来。有些老师为吸引学生注意力，还会把讲义上的一些重要的公式出成"填空题"，就像做英语听力题那样，上课带着学生们填空……

我原以为英国人普遍都这样上课，来到剑桥后才发现不然——剑桥大学的每门课程一般是一周两小时，一门课程一学期也就十几个学时，而涉及的内容，可能是原来在诺丁汉大学两至三学期的容量！在这样短的时间里，是绝无可能安排例题讲解的。而在讲解知识点时，老师讲课时往往语速飞快，那些平日里谈吐正常的教授，一旦走上讲台，嘴里就好像在"打机关枪"。这还不够，对于一整页写满英文的讲义，老师们可能用两句话轻描淡写地带过；而对着一张毫无文字说明的示意图，又滔滔不绝地讲个五六分钟……我原来总结出的学习经验——读书笔记、知识点总结等，到剑桥后才发现这些经验突然"不灵"了。

吃过早饭，我蜷在自己屋内的旋转座椅上，漫无目的地翻着手机。"叮咚——"我收到了一封来自课题项目导师的邮件：

"你已经上完课了吧？过两天来实验室学习一下原子力显微镜，已经帮你安排好了。"

唉，看来我已经没有假期了。

除了上课，课题项目的复杂程度也超乎想象。原来在诺丁汉大学做毕业设计时，导师们都非常理解学生边上课边做科研的状态。我记得自己曾用大约一周的时间，运用商业的软件设计了一个单模光波导，我的导师就一个劲儿地夸赞我："好样儿的，你这一周的工作，一般学生一学期都未必做得好！我们真是舍不得你去剑桥啊！"

剑桥大学的老师们似乎没有"硕士"这一概念，他们把所有参与科研的学生都当成是博士生来要求。无论我怎样努力，做出自认为很满意的工作，得到的回应始终只是："不错，继续。"这又让我不由自主地在科研上投入更多时间以求得到导师的一句肯定。

与此同时，我也迎来了剑桥大学的第一份课堂作业"技术管理"课程的报告。在英国的任何学校，即使是学工科，也必修这样一门管理类的课程。它在学生最终成绩评定时，与其他专业课分值所占的比例是一样的，而这门课的成绩，就是任课老师根据这个报告进行打分。想到这里，我皱了皱眉头——我在诺丁汉大学时，也上过这样的课，要查阅不少资料，但始终是事倍功半，不得要领。这次我又该如何应付这个报告呢？

除了迫在眉睫的作业之外，未来的发展方向也成了笼罩在我心头的一块阴云。英国的硕士时间只有一年，刚一开学我就面临着选择毕业去向的问题。我虽然早已下定决心读博士，但博士期间研究什么方向？这我却一时间定不下来。

在剑桥大学，卡文迪许实验室一直是理工科领域的一座丰碑，从中诞生出一大批杰出的物理学家，而在这里做过的很多实验，比如阿尔法粒子散射、晶体的布拉格衍射、威尔逊云室，以及电子、中子的发现过程等，都已经广泛地写入了全世界大学和中学的教材当中。

刚到剑桥不久，我向不少学长、学姐请教，才得知现在卡文迪许实验室中，有机光电子研究组更是卡文迪许精英中的精英。课题组中的总人数就占据了整个卡文迪许的"半壁江山"，他们的科研成果更是非常喜人。记得一次在王后学院的晚宴中，坐在我对面的一位学长就曾说过："他们组的'大老板'（即负责人）F教授，能得的大奖都已经拿遍了，现在就等着得诺贝尔奖。他的'大弟子'H教授，现在也是后来居上……"

当天学长说过的其他话，我都就着食物和美酒咽进肚腹，只有"有机光电子组""F教授""H教授"这几个词刻在我的心头——985大学的理科实验班，英国交换学校的第一名，剑桥大学圣三一学院，我好像已经习惯了，那最优秀的地方，就是我的专业。当我一听到"精英中的精英"，我就攥紧了放在洁白桌布下的手。

不用再说其他的了，"有机光电子"就是我未来的研究方向！

经过权衡，我最终选择了更为年轻的H教授作为目标导师。在联系导师之前，就要熟悉导师的研究方向，特别是导师刚刚发表的论文，我在Google上找到了这位导师刚刚发表的一篇文章，刚一发表就已有两次引用，可打开之后，我却傻眼了：除了摘要和背景介绍之外，实验过程和实验结果的分析，我完全看不懂，这里面各种专业术语频出，实验过程描述极其简略，通篇全是针对实验结果的大段分析。

就这一篇文章，让我的自信心颇受打击，之前我在大学本科就读于理科实验班，后来又到英国，除了传说中"四大力学"之外，半导体方面的课程我学得也都不错，课余时间我还认真读过两三本固体物理的经典教材。无论是国内还是国外，老师对我的评价基本都是数学、物理底子扎实，我还从来没碰到过这么难啃的"硬骨头"。不过，这篇文章也激发了我心里那股不服输的"拧劲儿"，我下定决心：寒假期间，我要把之前学过的固体物理和半导体方面的知识整体复习一遍，这篇文章我一定要看懂它，等到面试时，也争取给H教授留个好印象。

我喝了一口水，从"丰满"的理想回到"骨感"的现实中。我意识到，这两件事都不可能"速战速决"，如果先做完一项任务，再做下一个，那肯定是事倍而功半，还不如同时开始。我做了个除法，3000除以6等于500。针对课程报告，我每天只要写500多个单词——这无非就是"雅思"写作的要求，即使加上查阅资料，也最多花费半天的时间，剩下的时间便可以用于科研项目和其他知识的复习。

想到这里，我突然感到一阵轻松。

计划开始之后，我对自己的安排颇为满意。每天500个单词的英文，真的只需要半天时间就可以写完！剩下的半天时间，如果没有科研任务，我便可以自行安排复习，晚上我竟然还能有一个小时的休闲时间。而这样做的动力是十足的，每天完成自己设定的500个单词"小任务"，都有一种特殊的满足感。

计划开始后的第三天，我清晨起床时，甚至明显感觉到自己的精力更加充沛——自己肯定能完成今天的工作！当天，当我再次如期完成任务后，我从学院图书馆的小窗户向外望去，发现窗外原来就是著名的"叹息桥"。英国的隆冬更像是国内的深秋，本是"萧瑟兮草木摇落而变衰"的时节，可是我却见识到了在画报上从未见过的剑桥，当大片的草坪被白霜覆盖，一层薄雾笼罩着"叹息桥"，一座座钟塔有如太虚幻境，给这座知识殿堂增添了不少神秘色彩。

同时，我也充分感受到圣三一学院的学习氛围之浓厚。寒假期间，每天仍有三五位同学坚持在图书馆中自习忙碌。大家一来二去，彼此也熟络起来，成为朋友。

元旦过后，我的3000个单词作业也如期完成，上午的时间便空闲了下来。我又想到上个学期那些难以消化的课程，以及H教授那篇晦涩难懂的论文。我想，看不明白论文肯定是因为我还有一些知识没有掌握，说不定，那些我上课听不太懂的段落，也是因为我对有些知识不够熟悉，而并不是我脑子"转"得不够快！剑桥大学有这样一个优势：所有专业的课程介绍、课程设置和推荐读物等，均对外公开，并且在网站上可以直接搜索到。我便找到了下学期两门课程的参考书，随后的大部分假期时光，我便奉献给了这本书。

即将开学，假期的好心情使我憧憬起新学期的生活来。我开始制订新学期的计划：也许靠自学深度不够，要是再能去旁听物理系的专业课就更好了。说起旁听，刚来到剑桥时，我就旁听过工程系的专业课。一般老师们也都不会阻拦，我只要混在学生当中，坐在靠后的位置就行。

开学后的第一天，便是物理系"凝聚态物理导论"上课的日子——这间教室比工程系的教室还要大很多，我夹杂在其他学生中间更加"隐蔽"，我心里一阵轻松，但麻烦的一点在于，我没有办法拿到讲义。

课后，我抱着试一试的心态，向这门课的任课老师发出了邮件。

"我是一位工程系的研究生，即将去到物理系读博士，很想旁听您讲的这门课程，我非常珍惜这个总结、巩固之前所学凝聚态物理知识的宝贵机会。"

没想到，这位老师居然在一天之后回复了我，他说："非常感谢你的来信，没问题，我这就把你加进我的课程列表，你可以看到我课程的全部内容，包括所有课件与习题。"

空了一行，他居然还这样写道："很高兴有你这样一个爱学习的学生，希望这些内容对你会有帮助！"

收到这封邮件，我心里暖暖的，就好像中学时代的我得到了大人的同意，买到了一双向往已久的运动鞋一样。

天气转晴，大地回暖。我的心情也更加明快。这学期，我不仅在实验上有所进展，课程学习上逐渐适应，竟还能学有余力旁听其他专业的课程。在剑桥的学习生活，虽然忙碌，但真是让人乐在其中。

但是，好景不长。一场意想不到的世界性危机，正在悄然而至。

名校体悟

英国的课程专业划分较细，一般跨系选课的现象并不常见。不过在剑桥，旁听其他专业的课程是一件很普遍的事情，旁听课程也并不困难，教室一般不会设置"门禁"，老师在这门课所用到的讲义、课件、习题等材料，都会提前打印出来，放在讲台上，供所有的学生随意领取。如果哪位老师没有多余的讲义，旁听的学生可以直接与老师联系。我在剑桥期间也旁听过多个专业的课程，老师们也都非常欢迎这些不同专业但热爱学习、积极上进的同学。

在硕士和博士阶段，不少同学都会遇到选择具体专业方向的问题。硕士、博士专业应该怎么选呢？我认为专业选择应分为大专业、小方向和具体项目三个层次：在大的专业方向的选择上，应主要从自身出发，考虑自身的特长、兴趣、专业背景、未来职业规划等，不必过度关注具体的限制条件；在小方向上，应根据学校的优势和行业的发展趋势而定，这一点要求学生们做好功课，明确一个大方向下共设有几个小方向，自己的目标学校在哪些项目上更有优势；在具体项目的选择上，应该在与未来的导师交流后，与导师共同商量决定。

"在专业选择上，好的导师比好的科研项目重要得多！"剑桥多位有名的教授都这么讲过，这实在是经验之谈：因为在研究过程当中，具体项目是会随时发生变化的。如果导师思路清晰、对一个学科发展有见地，且又愿意支持学生，他也可以支持你参与他并未参与的具体项目；反之，如果导师的思路不够明确，即使他给出的项目符合你的预期，但在研究过程中，也有可能会走偏。

在初涉某个科研领域时，首要工作就是要了解这一领域的背景知识和研究现状。这就要求同学们要综合利用书籍、论文、网上视频等各方面的资源，这些东西应该怎样使用呢？课堂视频、书籍、发表的论文，在专业的细节化程度和新鲜程度上是逐渐递增的，但在知识的系统性、逻辑性上是逐级递减的。建议海外留学生们应首先了解这门课所需的相关课程，如果缺乏某些方面的知识，应先通过课程和专业书籍进行学习；其次，可以阅读一些相关领域的综述类文献，这样通过两三篇综述，就可以了解这个领域的主要发展现状；最后，可以去阅读一些研究性论文，这时的注意力应放在创新点和结论的与众不同之处上，这样才能兼顾广度和深度，用较短的时间深入了解一个新领域。

# 意外变故
## ——新冠肺炎疫情中的剑桥人

· 1 ·

2020 年初，一场突如其来的新冠肺炎疫情席卷全球，它以极大的传染性和较高的致命性给整个世界造成了前所未有的冲击。作为一个身在剑桥的留学生，我也参与了抗疫活动。而我又是幸运的，因为我并不孤单，我在这当中切身体会到了剑桥人对留学生的诸多善意，也感受到了身后祖国给我的强大力量。

我对于疫情的认识，最早是从微信里开始的。1月初，看到一个武汉师兄发的朋友圈显示"武汉暴发了一种新型病毒，基因序列比对好像和2003年的'非典'很相似"。当时的我还只是把它当成一个普通新闻，没有意识到它与我有怎样的直接关系。

1月下旬，为有效切断病毒传播途径，坚决遏制疫情蔓延势头，武汉已经全面封城。除夕这天我与我的博士导师相约见面，他是一位性格随和但作风严谨的德裔教授，瘦瘦的、高高的，戴着一副窄而厚的金丝边眼镜。我向他汇报博士申请手续流程，同时向他请教我新学期学习的关注重点。交流结束时，偶然聊起疫情。当时接近下午6点，天已经完全黑下来了，实验室里的人陆陆续续下班离开，但导师依旧坐在自己的电脑桌前，没有一点要离开的意思。

"不错，今天就先这样。"导师笑着说道，然后站起身来，准备道别，气氛也明显轻松下来。

"你寒假过得怎么样？回国了吗？"

"哦，我没回，一直留在剑桥。"我随口回答。

我的导师推了推眼镜："我想说，新冠病毒的传播速度很快，全世界各地早晚都会有的。"说着摊开了手掌，耸了耸肩。他的口吻冷静而又客观，好像他不是在闲聊，而是在构思一份调研报告。

真的吗？虽说他是个凝聚态物理专业的著名学者，年纪不大就已是英国皇家科学院的院士，但隔行如隔山啊，难道他比咱们的钟南山院士还敏锐？我听着这些将信将疑，当时也只是笑笑，并未作答。

H教授一语成谶。到了3月，又一个特大新闻标题闯进了我们的视线："新冠疫情在意大利大暴发""欧洲已成为新冠疫情的中心"。虽然新冠疫情已经出现两月之久，世卫组织也已把疫情界定为"世界范围大流行"，但当疫情降临到崇尚自由、生活安逸的欧洲时，依旧使人措手不及。一条条新闻不断牵动着海外学子们的神经，剑桥同学们的注意力也暂时远离了"圣贤书"，两耳紧紧地捕捉着"窗外事"。

"记者爆料：从意大利疫区到伦敦中间未见任何检疫措施。"照片背景中熙熙攘攘的人群正走过机场大厅，步履匆匆，未曾察觉到病毒的阴霾正笼罩着英伦三岛。

短短两天，英国确诊人数过百。不到一周，感染人数突破500人。

商店里也出现了抢购热潮，英国人对卫生纸仿佛有着特殊的情感，卫生纸、湿纸巾开始断货。

警察局开始动员，军队进入战备状态。

疫情本身已不再是关注的焦点，英国社会秩序是否稳定？人身安全有无保障？这一切都是未知数。

出于对商店货物短缺的担心，我也开始去往超市购买必需品。当我手提着两大袋面包、烤肠、罐头等快餐食品准备离开时，在出口处碰到了一位阿姨。她是超市的工作人员，看起来已过中年，金黄色的头发还未及肩，脸上已现皱纹，身材也略有些发福，她穿着深紫色的工作服，显得和蔼可亲：

"哦！你怎么戴着口罩？"

我下意识地往后退了两小步，警惕地看着她。可是接下来她的反应却出乎我的意料：

"我好羡慕你啊，现在哪里还能买到口罩呢？我也想要！超市人这么多，在这里工作肯定危险。"

我当时也放下了戒备："这是我上个月买的，但现在网上有时候还会有货，要经常关注才行！"

"你真幸运！"

我提着东西回到宿舍，在进门的时候遇到一位同学，也像那位阿姨一样叫住了我。

"你居然有口罩，这是哪儿买的？"这是位来自西欧的男生，高高瘦瘦的，脸上还有些雀斑。说话间，眼睛紧紧地盯着我脸上的口罩。

"嘿！我上个月买了点。"

"还是你早有准备！能分我两个吗？我计划放假回家，坐飞机时用得着。"

"我就要两个！"他不等我回答又赶忙补充。

我也没有犹豫，赶忙回到宿舍给他取了几个口罩，他珍惜地捧在手里，规范地把口罩叠好，一个劲儿地道谢。

剑桥人在疫情初期对疫病科学客观的态度，真是让我感到惊喜！

名校体悟

疫情期间的确发生了太多的故事，但 H 教授的准确"预言"却是第一个令我印象深刻的故事片段。从这里可以看出，优秀的科学家们对于生活中各种现象都充满了好奇，对于方方面面的知识都有广泛的了解。更令我感受到，科学的思维其实处处相通。我想，尽管管理工科的人才培养大都着力于培养"专才"，但同时也应号召学生加强对身边小知识的积累，这样的积累不一定是像学习一个学科那样深入、自成体系，但应该做到让受过良好高等教育的人才，无论是否是其专业方向，都能掌握生活中常见现象背后的科学规律，以及常用的工具、电器等结构与工作原理，并且对于现代数学、生物医学、政治、经济、法律、文学、历史有初步的了解。

· 2 ·

尽管英国感染的人数直线飙升，但剑桥市好像世外桃源一般。直到3月11日，最后的一丝幻想也破灭了：

"剑桥郡出现第一例确诊病例，现在已经送往位于剑桥市的医院治疗。"

"剑桥学生中出现疑似病例，已经送往医院隔离。"

恐慌在这个不大的城市中蔓延，但这时英国政府仍然宣称"普通公民感染概率很低"，饱受诟病的"群体免疫"策略，也正是在这期间提出。不断有学生与教师呼吁学校停课，但这些声音总是石沉大海。身边已经有同学开始预订回国的机票，但更多的人处在观望状态。

"叮咚！"一条邮件吸引了我的视线。它来自我所在的圣三一学院，标题上赫然印着"紧急！关于新冠疫情"。这八个字拨动了我敏感的神经，格外显眼。

这是我收到的第一封关于疫情的星标邮件，重要程度不言而喻。学院对于新冠疫情是怎样的态度呢？难道也会像英国政府那样宣传"群体免疫"？

要知道我们现任的院长可是英国皇家医学院的院士，曾经的英国首席医疗官，相当于英国医院的总负责人，对于英国的医疗卫生事业贡献卓著。她会采取什么特殊手段吗？还是重复英国政府的政策？

邮件内容言简意赅：

"现在疫情严峻，我们拟采取以下措施：

1. 本科生必须离开学院，同时强烈建议研究生也早日回家。

2. 学院内所有人员，如有发热症状，必须马上汇报并自我隔离，一日三餐由学院工作人员负责送到门口。

3. 学院清洁人员必须每日对公共区域消毒，但不得进入学生房间内。

4. 学院即日起对游客关闭，并取消一切学生活动安排。"

再往下看便是苦口婆心的叮咛：

"希望同学们尽早回到各自的祖国！你们不要担心学业，这种情况下，英国政府必然会宣布学校全面停课的！之后各国也势必都会采取旅行限制，望你们在此之前赶紧回家。"

这是剑桥大学第一个发送邮件劝说学生离开的学院，这正是剑桥的语言风格，言语朴实，但采取的行动却迅速而果断。有如一位严父，不善言辞，但字里行间却饱含着无限深情。"讷于言而敏于行"，便是最贴切的描述。

这个时候英国政府还没有表达出丝毫停课的意思，谁知道学院此举顶着怎样的压力呢？

之后短短一天之内，剑桥超过半数的学院劝说学生离开。一周之后，剑桥大学发布消息，所有教学活动改为线上进行，多所学校也纷纷停课停学，留学生们掀起了回国潮。

多亏圣三一学院这封及时的邮件，我已早早买好回国的机票。

在紧张状态下，时间过得飞快，转眼就到了我回国的日子。我收拾完行李，把剩余的防护用品分给了几个同学，便穿好防护服，戴上口罩和护目镜，踏上了回国的旅程。

考虑到疫情流行正盛，公共交通很不安全，我早已租好去机场的送机包车。

司机师傅是一个华人大叔，40岁左右，看上去十分敦实，虽然戴着口罩看不清面容，但黝黑的面颊仍能看出岁月的痕迹。当时已经超过预期的时间，我们几个一起包车的同学都显得有些焦急，这位大叔一路上还安慰我们。

"放心！你们几个都能按时送到。这趟路我走无数遍了，车载导航告诉我还能提前到达，除非它'骗'我！"

他说话一字一顿，南方口音显得有些生硬。

司机的预言真是准确，刚过5点，我们便到达了希思罗机场T2航站楼。这时的机场，已和几周前大不相同，所有人都戴着口罩，表情凝重，行色匆匆。

进入航站楼，便看到一条条值机的长队。机场的客流量本不算大，但当时很多窗口已经关闭，排的队便格外地长。

机场排队的情况，各国风格各异。但一般来说，队尾的人往往三五成群，队伍整体呈三角形。英国的排队则很有特色，无论什么情况，都是笔直的一字长队，即使一家人也很少并排，保持着一前一后，十分整齐。据说第二次世界大战时的敦刻尔克大撤退，面对纳粹的狂轰滥炸，英国人排的队都毫不走样。如今面对疫情，也不例外，只见几条长"蛇"盘踞在航站楼里。四周气氛凝重，很少有人聊天，只有不时传来的阵阵广播声打破寂静。

到了晚上8点，我早已办理好登记手续，开始登机，透过登机通道的落地窗，我看到了国航飞机尾翼上那展翅的凤凰图案，漆黑的夜幕下，白色的机身被橘色的灯光照得发黄。机舱门前，迎接乘客的是一个"全副武装"的空姐。娇小的身躯被防护服包裹得严严实实，手拿着测温枪，在乘客的额头前比着。登机的队伍走走停停。

终于轮到我啦！那一刻，我突然感觉到，机舱里仿佛就是祖国的坚实的土地！身旁的空姐就是一位可敬的战士，守护祖国的边疆，她手里的测温枪分明就是武器！她用自己的瘦弱身躯，把守祖国开放的大门，抵御病毒的二次入侵，避免着无数的生命悲剧。

"量一下体温。"她用中文温柔又礼貌地说道。

"36.2℃。"我好像拿到了"通行证"一般，自信地登上了飞机。

轻微的抖动后，飞机穿透了层层阴云，奔向遥远的祖国。这个时候我开始暗暗叫苦——戴着N95口罩上飞机可真不是个好主意！狭小的空间、密不透风的口罩，使我胸膛发闷。我用尽全力大口喘气，气息却怎么都不够用。

这时一位空姐来到了我的身旁，同样是身穿隔离服，礼貌地说：

"先生您好，再测一下体温！"

我轻轻拉开自己的防护服，把额头亮给了她，也看到了她的脸——她居然也戴着 N95 口罩！我一个大小伙子，在这里就是坐着；而她，还要忙前忙后，为大家服务。那些处于疫区的白衣天使们，哪个不是穿着厚重的防护服，戴着 N95 口罩，还要与生命赛跑，他们也有血有肉，难道他们不会难受？否则，又怎会有医生护士在抢救室里晕倒的新闻呢？想到这些，我的心情慢慢平和下来。

又过了十几分钟，我憋闷的感觉更加严重，同时口干舌燥，苦不堪言，只好把口罩从下面轻轻掀起，先是贪婪地吸了一口气，再用嘴叼着吸管，探入手中的矿泉水瓶，呡一小口甘泉润润喉咙。飞机的食品也是疫情期间专供，都是独立包装的速食小食品。我再次从下方掀开口罩，从缝隙中吃了一根香肠，便又戴好口罩安静地坐下来。奇怪，这之后我的呼吸居然逐渐地平稳，也逐渐有了困意。我就这样似睡非睡、似醒非醒，熬过了十几个小时的漫长航程。这期间，空乘人员一共测了三次体温。

到了 3 月 21 日，我乘坐的飞机稳稳地降落在首都机场。到了通风处，我急忙摘下了 N95 口罩，换上了普通外科口罩，当时用手机照了照镜子，看到面颊两侧已经出现两道深紫色的勒痕。

走下飞机，我发现首都机场内工作人员也都"全副武装"，严阵以待，满眼望去，一片雪白。但机场秩序井然，提交健康申报表，进入海关，提取行李……虽然等待时间略长，但还算顺利。

离开机场，我登上专门安排的大巴车，去往市区的集中隔离点。坐在大巴车上，透过车窗，我看到了北京鲜亮的蓝天。这时，中国的疫情已被有效控制，一切都渐渐恢复正轨。一路上，遇到的所有人都自觉地戴着口罩，保持着社交距离，俨然一个重生的新世界。

进入隔离酒店，虽然已是晚上 10 点多，医务人员还在加班加点，耐心为我们讲解注意事项；工作人员也贴心地为我们提供晚餐；走廊的地毯上铺着一层又一层的塑料布……第二天，我又看到了工作人员一天多次消毒、一天两次耐心询问我的体温……

一路走来，我感慨万千。中国真是世界上最好的国度，中国人民真的是世界上最好的人民！

# △千锤百炼始成钢
## ——在剑桥读博士

由于英国的硕士时间只有一年，所以学生刚一入学就要考虑一年之后的出路。

# 博士申请
## ——竞争激烈的奖学金

　　由于英国的硕士时间只有一年，所以学生刚一入学就要考虑一年之后的出路。我早已下定决心要攻读博士学位，而能留在剑桥读博士，自然是最好的选择了。但申请博士，远没有申请硕士那么简单——博士申请则更像是找工作，不仅要求学生本身优秀，同时也要与导师的研究方向相匹配。尽管在国内一流大学的理科实验班学习过，但我的教育背景更偏向于电子工程，要想转向剑桥大学的优势学科凝聚态物理与材料学，难度还是不小。

　　我刚在剑桥安顿下来，就开始寻找未来的导师。在几次与学长、学姐们的交流后，我便锁定了剑桥物理系卡文迪许实验室一位非常活跃的知名学者 H 教授。

　　开学一个月后，我就向这位 H 教授发送了第一封邮件——这可能是我发送过最长的邮件了，我不仅把自己的情况做简要介绍，还要搜索枯肠地用尽赞美之词，夸赞他的研究成果。可这封邮件发出后石沉大海。在此期间，我逐渐听到更多关于他的传闻，他所在的正是卡文迪许实验室最强的课题组，其负责人是有机半导体领域的创始人，是享誉世界的著名科学家，而这位 H 教授，就是这位负责人的得意大弟子，目前正是年富力强，他年轻时就已经是英国皇家科学院的院士。他博士毕业于苏黎世联邦理工大学，在美国的普林斯顿大学做过博士后研究员，与爱因斯坦的成长轨迹几乎一模一样……

　　在对前途的担忧中，我再次向他发出了一封邮件。我害怕诚意不够，重新组织了语言，措辞更加恳切。终于在一天之后，收到了回复：

"非常感谢你对我研究的兴趣，希望你到我的办公室来谈一谈。"

这封邮件，就像是张"准考证"。我赶紧上网去搜索了他近年来发表的文章，虽然这其中有很多的实验步骤和结果分析我完全不懂，但我最终仍然写出了一大页纸的提纲，这才敢去他的办公室。

我与 H 教授的第一次见面是在一个中午，他的身材又高又瘦，戴着厚厚的金丝眼镜，带着礼貌性的微笑，虽然客气但让人感到难以接近。

"你好，欢迎你前来，请先自我介绍一下。"

我按照准备好的提纲，几乎是在全文背诵："我来自中国北京，本科毕业于理科实验班，基础的数学物理课程都学过，后来到了英国，也上过一些物理学的专业课程。"

我注意到，他逐渐地抬起了头："挺好的，看来你还是有物理基础的。"

看到正向的反馈，我说得更加起劲了："我对您的方向非常感兴趣，现在电子和光子都是热门的研究方向，但光子更多的是用在通信领域，因为它损耗小、带宽大、速度快。我认为电子仍然是计算器件的主流，因为电子是材料中固有的东西，更容易和材料内外环境发生作用，更便于操纵。"

他点了点头，一板一眼地说道："既然你喜欢这个方向，我大概能给你提供这样几个研究项目，第一个研究电子在有机物中'跳跃'与相互作用的过程——主要是通过电子自旋共振方法来测量的，你大概学过核磁共振吧，二者原理几乎一样，就是把氢原子核改换成电子，我们已经做了一些工作……"他每说完一句都要停顿一下，好像这是个重要的发言，容不得一字之错。

听到他提及已经做了的工作，我想起前两天读到的文章："不好意思，打断您一下，这是不是就是您刚发表在《自然·材料学》杂志的文章中所写到的？"

谈到这里，这位教授挑了挑眼眉，终于露出了笑容："没错，看来你之前做了不少功课嘛！"

中午的时间并不宽裕，很快到了我下午上课的时间，最后，他终于对我吐了口：

"看来，你是一个很清楚自己目标的年轻人——我愿意你来我这里读博士。不过这个项目使用的是欧盟的资金，不能用来资助你，但我会推荐你申请学校奖学金的。"

确定了导师，我再次重走硕士时的网上申请之路，也许是由于本科和硕士成绩优秀，也可能是我给 H 教授留下的第一印象还不错，我比较顺利地拿到了录取通知书。但当时的我没有想到，博士奖学金的申请，则是比录取更加困难的事情。

● 剑桥大学学位委员会——博士生们递交毕业论文处

我是自费读的硕士，未来的博士还要三四年。在英国，博士生也是要收取学费的，并且价格大约在每年 3 万英镑上下。我所在的圣三一学院，会集了剑桥最优秀的学生，许多同学都拥有全额奖学金。在读硕士的这一年里，"奖学金"一直是压在我胸口的一块巨石。博士生主要是进行研究工作，总应该有些"工资"吧，怎么还能"倒贴钱"？看到已经霜染双鬓，还在整日奔波操劳的父母双亲，我再也不忍心让他们为我多花一分钱了。

我对英国的奖学金申请困难早有耳闻，所以决定广泛撒网，把能申请的奖学金都申请个遍——总有一个能得上吧！

可没想到，事情并未沿着我想象的道路进展。3月中旬，剑桥申请难度最大的奖学金——盖茨奖学金，发布了阶段筛选结果。我在第一轮筛选就被淘汰了，一封邮件通知到我：

"我们感谢您申请，感谢您对盖茨奖学金的兴趣，不过优秀的学生有很多，我们并不能给所有人都发奖学金，所以遗憾地通知您，您的申请没有通过……"

此时我虽心有不甘，但也没太在意——"听说这个奖学金很少给中国人，这个申请不到，还有那么多选择呢！"

到了3月底，英国疫情暴发。我回到国内刚刚安顿下来，第二个坏消息传来，我之前申请物理系的奖学金也失败了。

"对不起，我们有很多极其优秀的候选人，所以很不幸，您没有被选中。"

看到这个消息，我眼前一黑——这是我的导师认为较有把握的奖学金。为了它，我当时下了很大力气。它重点考查学生上交的研究报告，我当时专门去旁听了专业课程，认真读过导师提供的长达十几页的文献综述，还跟着导师一起改了两遍，有一天甚至改到后半夜，可谁知得到的竟也是这样无言的结局。

我哪里知道，这样的打击远未结束。没过两天，又一份香港"怡和"集团的奖学金委员会向我发来了邮件：

"对不起，您的申请在第一轮筛选中被淘汰，您不会再参与第二轮筛选了。"

这次打击对我更是雪上加霜，这次奖学金我同样准备充分。与之前的奖学金不同，这个奖学金要考察学生的综合素质。我一直积极参加各种学生社团和组织。在疫情刚刚开始时，我还参与过留学生援助湖北医疗物资等活动。此外，我考虑到评选人对我的专业了解不足，还专门用极为通俗的语言描述了自己的研究方向……

付出与回报的巨大错位让我怀疑自己的一切，我不知道，如果这样还不算优秀，那么究竟什么样的人才算是"优秀"？

又过两天，我申请的助学补助也失败了，大概这位通知学生的老师已经认识了我，他这次的回答也是格外简短，但在我心中，倒是颇有些讽刺意味：

"你助学补助的申请没有获批，我很抱歉——我从没给你发过一个好消息。"

我把情况告诉了导师，导师虽然对我的遭遇深表同情，但对此也无能为力。我申请的绝大部分奖学金都已经被拒绝。正在这时，我所在的圣三一学院向我发来了最后一根稻草——圣三一学院博士生全额奖学金申请表。我毫不犹豫地抓住了它。这个奖学金旨在为少数成绩拔尖、认真努力的学生提供资助的机会，是否录取完全取决于成绩是否顶尖，并不考虑其他因素。

到了7月，这时很多专业都已结课，成绩也公布出来了，但我所在的专业，暑假期间仍然需要开展研究工作，并且计入总分，所以还未出成绩。这时也是奖学金出结果的日子，7月中旬我收到一封邮件：

"希望你看到这封邮件心情会好些，奖学金评审老师现在需要知道你的成绩，请尽快联系你的专业导师将你的成绩发送给我们。

"请记住你的申请仍然在被学院考虑，只要看到你的成绩，我们很快就会做出决定。"

终于收到了一个正面的消息，不过此时，看到同一学院的几位同学已经拿到了其他的奖学金，心情倒是有点酸溜溜的。

一晃到了8月份，我的其他奖学金申请全部被拒绝，这时迎来了我们专业的阶段性总结，此时正值新冠疫情，这样的会议也移至线上。我怀着忐忑不安的心情参加了——这对于我来说不仅是成绩高低，更与我的奖学金息息相关。负责老师告诉我："你现阶段的成绩非常不错，不仅考试成绩好，科研工作也很出色……我几乎想象不出来什么理由会使你的总成绩低于'优异'这一档——"

我请求硕士老师把这个消息告诉我的学院，不久后我又收到一封邮件：

"对不起——"

此时，看到"对不起"这种英国人独有的表达拒绝的方式，我一时心灰意冷。过了五分钟，心情才逐渐平复。我继续读下去：

"评审委员会决定继续等待，直到你提供全部成绩，我们理解这对你来说的确有些残忍，因为你要处理签证等一系列事情，都需要奖学金的信息，但还是请你先向学校说明情况，让他们耐心等待。"

虽然不是拒绝信，但我此时的心情近乎崩溃。身边的新生同学们，几乎都已经启程去往英国，但我的奖学金问题还迟迟得不到解决，难道我的专业就低人一头？只不过假期也要做课题，总分多一项考核内容罢了！

我暗暗憋了一股气，把这股狠劲"发泄"到了自己的专业上。整个暑假我几乎没有出过门，对于项目老师交给我一周的任务，我几乎产生了"强迫症"，即使不吃不睡，都要在两天之内就完成。对于最后的总结报告，更是给导师看了又看，改了又改。

终于到了 9 月底公布结果的日期，我果然没有悬念地获得了"优异"的成绩。第二天早晨，学院也终于向我发来了"橄榄枝"——

"恭喜你，根据你的表现和成绩，学院决定授予你全额奖学金。"

这场一波三折的申请，也终于画上了句号。

如今，有不少朋友向我询问申请大学的经验，但我首先会向他们展示我"收获"的这一大沓拒绝信。"自古雄才多磨难，从来纨绔少伟男。"要想破岩立根，必先经历伤痕累累。那些各行各业的成功人士，创业之初大多也都收获过不少"拒信"吧！

### 名校体悟

在英国，博士生也是要收取学费的，并且价格往往比本科、硕士阶段更高。对于学生的资助，主要是通过发放奖学金的形式。在英国申请奖学金确实较为困难，除名额较少之外，更重要的原因在于很多奖学金的分配并非由学生所在的专业院系决定（专业院系和老师往往只有推荐权），而是学校将不同专业"推荐"来的优秀学生放在一起，由统一的评选人做出决定。由于不同专业之间很难产生统一的量化标准，而评选人又难以做到对所有专业都很精通，因此评价的标准往往灵活多变，即使是那些注明"只考虑申请人学术表现"的奖学金，其实际操作中的评选标准往往也让人难以捉摸。建议申请者询问已经获得某项奖学金的学长学姐，从中得到一些建议。

一般来说，中国学生可获取的奖学金大体有几类来源：英国外交部志奋领奖学金（Chevening Scholarship，英国政府颁发的全额奖学金）、（中国）国家留学基金委奖学金（China Scholarship Council，CSC）、各大学颁发的校级奖学金、院系奖学金、导师课题组提供的项目专项补助。此外剑桥大学、牛津大学的学生还可能享有学院颁发的奖学金或补助，我所获得的奖学金就属于此类。从奖学金授予的数量上来看，剑桥大学、牛津大学、帝国理工学院三所学校最为富裕，提供奖学金的机会也相对较多，但考虑到这三所学校会聚了全世界最优秀的学子，申请奖学金的竞争依然异常激烈。

奖学金的申请具有一定的偶然性，因此，不应"以奖学金论英雄"，认为那些没有拿到奖学金的留学生就不够优秀。对于没能获得奖学金的留学生，也完全没有必要妄自菲薄。事实上，我身边就有不少非常优秀的自费博士生，比获得奖学金的学生取得了更为瞩目的研究成果。

# 学习专业背景知识
## ——课题组"开课"了

我曾经无数次想象过博士生活是什么样子：无须上课、每天去实验室捣鼓些小玩意儿、大把的自主时间、每隔一两周向导师汇报一下……这感觉就好像高三毕业生想象大学生活那样。不过，不知道是不是因为新冠疫情，我这个博士生却和想象中的大不相同。

经过本科、硕士的踏实努力，也或多或少带有些运气的成分，我很荣幸地进入了卡文迪许实验室的光电子研究组，这个名字起得或多或少有些歧义，其实课题组主攻有机半导体方向。这是剑桥大学理工科实力最强的研究组之一，在世界上也是赫赫有名。我们全组一共有上百人，而我的导师手下的学生和博士后加起来就有将近 30 位。有不少同学听到我这些介绍之后都难以掩饰惊讶的表情："无论是在美国，还是在欧洲，还从来没听说过有这么多人的课题组！"

学期开始之前两周，当时由于新冠疫情，我还在国内，我第一次拨通了与导师的视频电话。

"辛木你好，嗯……不好意思，你能不能先重新自我介绍一下……"

刚一见面，这气氛就有些尴尬。我的导师年纪很轻就已经是英国皇家科学院的院士。但此时此刻，面对我这样一位年轻人，他仿佛觉得自己做错了些什么，竟微微低下了头，不好意思地笑了笑。

"我是组里的新生，今年1月份咱们见过，我现在还没有回到剑桥呢。"

"哦，对、对、对，我想起来了，我就记得组里现在还有两个人不在实验室——"

后来我才知道，我的这位导师除了对科研热情满满之外，对于行政事务和各样的"应酬"兴趣索然。除了合作伙伴之外，他甚至从未因为私人关系和人一起吃过饭。

"这样，我们今天先不谈科研，先把跟疫情相关的几件事处理一下——这是学校的统一要求。请问，你准备什么时候回剑桥？"

"10月16日。"

"回到剑桥之后你住在哪里？"

"今年我自己租的房子"。

"你身体有什么慢性疾病吗？"

"没有。"

他低下头，大概是在一张纸上打了几个钩。

"你在咱们系的网站上搜一下，实验室对新生快速的培训视频，主要是关于新冠疫情的一些新政策，学习完你才能获得进实验室的权限。"

进行了一番例行公事的谈话之后，他才开始简要介绍课题组的基本情况：

"咱们组是隶属于光电子组下面的微电子组，每周一早晨是整个大组的组会，没有什么人专门组织，但是会有一些高年级的同学上台去讲自己的研究成果，建议你可以去听听——周四下午是我们的小组讨论会，两周一次，大家会一起讨论相关领域的文章、分析实验数据，将来你的数据也可以拿到组里讨论，特别是在你发表文章之前，每个人都会讲讲自己的看法。"

"每周二和周四是整个光电子大组专为新生开的新生课！"说到这里，他不由自主地加快了语速，"从上午10点开始，讲到12点，两个小时，为新生们讲解关于有机半导体的知识，我会来讲解'有机物中电子输运的性质'专题，建议你来听。周三下午，还有一个'卡文迪许学生论坛'……"

谈话最后，他突然像想起什么似的："此外，这里有门研究生课——"高级凝聚态物理"，是非常好的研究生水平的基础课，也鼓励你去听一听。"

课题组居然还会给自己团队的学生专门"开课"？这可真是一个新鲜事儿！通话结束后，我粗略一算：不算做实验的时间，光听完这些课，这一周就得花掉近一半的时间！真没想到，博士生要上的"课"可比我本科和硕士还要多！

过完一个学期我才知道，这门"高级凝聚态物理"课程，就是我的导师编写的教案，就其难度而言，始终让学生们"叫苦不迭"。

还没等我回到剑桥，第一次课题组的新生课就开始了。第一次课的第一个小时，是三个博士生共同讲的，题目就叫作"在这里读博士是一种怎样的体验?"。

随后 PPT 上是一张曲线图，看上去像极了一张光谱图像，只不过横坐标上原本的波数符号被画掉了，换成了"时间"。而纵坐标轴写的还是"强度"，只标出了"0"和"100"两个刻度。

这张图上的曲线一开始从"100"迅速下降，直到遇到一个吸收峰才反弹回去——这张图上有好几个吸收峰，但其幅度一个比一个低，直到最后降至"0"。

和其他科研图表类似的是，这一个个波峰和波谷处都写有解释的文字：

"我肯定能做出来。"

"当然，如果我再这样做一下。"

"哦，不!"

"嘿，终于做出一个好结果（然而并不是……）"

"终于发表了第一篇文章。"

"哎哟，之前的实验结果有问题。"

"要毕业了，终于看见了希望。"

"完了，我肯定毕不了业了……"

这位师兄还真有创意，图画得活灵活现，说出了那些我想说又说不出来的话，我不由得连连咂舌。

之后的几页 PPT 是几位师兄共同的创作，都是一些自己读书的心得和对新生的建议，大多数内容都是：要多读文章、多分析数据、多提问。他们倒也不约而同地提到了一点：

"在我们组里，你不可能什么都会！如果有自己完成不了的工作，一定要学会找人合作。"

最后一页总结的 PPT，一幅画非常吸引眼球：一棵长歪的树，树根的正上方钉着一个木架子，看着像是用于固定树干的。可这棵树从根儿上就长歪了，旁逸斜出地从树架子一旁歪着长出来，倒是郁郁葱葱的。上面做有两个标注：这个架子是你的项目计划书；这棵长歪了的树，就是你的 Ph. D. 论文。

这课蛮轻松的嘛，还挺有意思！不过我没有想到，这样有意思的课程以后就再也没有了。课程的后一个小时，便是课题组的总负责人 F 教授讲课，他是卡文迪许实验室的主任，也是全世界有机半导体领域的开拓者之一。

过了几秒钟，屏幕对面是一个精神矍铄却两鬓斑白的老者，他一共享他的电脑屏幕，我就察觉到一丝异样：这所谓的 PPT，原来是用手写成的，扫描之后才成的 PPT。

"你们好，我是 F——没错，我就是那个创建了整个课题组的人。"他说起话来，还是热情洋溢。

"真是对不起大家，这个报告我从 30 年前就开始讲。当时我都是把字写在胶片上，再投影到大屏幕上，你们就'凑合'听吧。

"今天是第一课，我就来谈两个问题：第一，半导体是什么？第二，为什么有机物可以作为半导体？"

他一开始先讲到一些基本知识，碳的原子核外电子结构，以及 SP2、SP3 杂化的产生，$\pi$ 键成键的原理，$p-\pi$ 共轭体系的产生，以及共价键电子的非局域化。随后，他开始讲解有机物如何形成半导体：

"我们以聚乙烯的结构为例，假设它有 N 个单体，每一个单体的长度……"他始终面带微笑，用不紧不慢的语速侃侃而谈，而我在屏幕前全神贯注地做着笔记。现在想想，大概这就叫作"老叟戏顽童"式的"武林高手"吧！

第二周的课是我的导师讲的,内容是"有机半导体中的输运性质",对于他"硬核"的讲课风格我早已领教。果不其然,刚一开始,写的就是密密麻麻的公式。

"嗯,这里绝大部分都应该是物理专业出身的吧?"他这句话自问自答,也像是自言自语。"所以,我来详细解释一下。这个哈密顿量(Hamiltonian)里的第一项——这个——表达的是在第 i 个位置上电子的能量,你们看,这里是电子'产生'和'湮灭'的算符,合在一起相当于对电子的计数。第二项是有机物中声子的能量,'产生'和'湮灭'的概念,和之前相同。"

"而后面的这两项,"他边说边用不同颜色的笔画着,"描述的分别是局域性的和非局域性的电子与声子的耦合效应。局域性的耦合效应就是……"

听完这一次课,我竟然冒了汗。要不是我去年在剑桥夯实了这些基本理论,恐怕导师讲的话,我一个字都听不懂!

卤化物钙钛矿(Halide perovskite)是当下全世界研究的明星材料之一,课题组中也有不少人在进行相关的研究。在新生课堂上,这也成了一个热门话题。这不,这第四次的题目,就叫作"钙钛矿中的电子结构"。

"首先,我来给你们讲一讲它的发展情况。"这次课的主讲人是一位年轻的研究员,他把这个课讲成了"论文导读"。

"卤化物钙钛矿最早是 1959 年发现的,最早的材料是 $CsPbI_3$。这篇文章结论是:钙钛矿材料可以产生光电流,证明了它是一种半导体……"

讲着讲着,屏幕上闪现出了一个问卷调查。

"接下来,我想听听你们的意见:你们认为阻碍钙钛矿发展的核心问题是什么?"

我之前没有接触过这方面的研究,本不想参与回答,但经过一番"思想斗争",还是根据之前看到的新闻,连蒙带猜地选了几个答案。

不一会儿,大家的回答情况统计出来了,我还为"蒙"对了一半的答案而窃喜。

"大部分同学答得都不错。是的,我也觉得,现在限制钙钛矿发展的最核心的因素,第一是稳定性,第二是材料的缺陷。好,下面我再来讲一讲钙钛矿材料在实验中的性质。"

课题组开的"新生课",我坚持听了一个学期。这样的"新生课"比我之前上过的任何一门课学到的内容都要多。

## 名校体悟

在世界范围内,比较成功的课题组也具有某些趋同的特点。尽管身在英国,但是我发现很多优秀的课题组其实与国内或美国的一些课题组有不少相似之处:比如学生人数多,老师很难直接照顾到每一个学生;另外,对于欧洲传统的休闲自由的生活方式而言,这里也有一定的竞争压力,一般英国人都没有加班的习惯,但在很多课题组内,绝大部分人都是一周上六天班,有的甚至连法定的节假日也不会放过,也常常会工作到深夜十一二点。

课题组的新生课让我深深地体会到,世界顶级科研机构对于知识系统性的重视程度。一个人的知识储备最好是一个金字塔形,除了宽广的知识面和精深的专业造诣之外,还应该对与自己研究方向所在的领域都能有所了解,这样的了解应该高于对一般性知识的掌握,但不一定要像自己的专业课题那样精通。我之前曾听到很多人推崇 T 字形的知识结构(既有知识广度,又在某一点上有深度),但忽略了在一个相关的专业领域群内,都应具备一定的知识积累。这样才能在研究工作中融会贯通,在学术交流中更好地借鉴他人的思路和经验。这在当今强调学科交叉的时代,其作用更加不容小觑。在这些课题组开办的新生课上,除了一些比较资深的教授和研究员之外,也有一些高年级的学生前来讲课。作为高年级的博士生,能够一口气讲四五十分钟的课。这不仅是对表达能力的一种很好的锻炼,同时也有助于学生对自身科研成果的梳理和检验。

在这样一个课题组读博士是一种怎样的体验?我想说,其实各有利弊:在这里,学生会明显感到,自己在做的事是全世界科研最前沿的方向;同时,因为组里人很多,做起研究来也毫不孤单,无论遇到什么问题,都可以找到"行家"来帮助。但是,上百个来自世界各地的精英聚在一起,每个人都有自己的想法,也免不了会有较为复杂的人际关系。导师对于学生,也几乎只进行一些思路上的指导,而具体的技术细节,几乎完全是通过自己摸索或是主动寻找相关的博士后研究员或者高年级的师兄师姐去完成。所以，在比较优秀的课题组做研究，不仅要有扎实的专业基础、主动性和执行力，也要具备较强的心理素质、沟通能力和抗压能力。

# 确定博士选题
## ——导师，我该做什么

和导师联系上之后，我的压力也随之而来。一个新问题摆在我的面前：我的博士该做什么课题呢？和导师的第一次视频通话结束后，我静静地坐在电脑前，开始琢磨起来。

在年初面试的时候，我的导师 H 教授曾对我说过，让我参与自旋电子学的研究。提起这几个字，我感到既熟悉又陌生：最早听说这个方向，还是我在国内大学读本科的时候听过的简介课程，以及一两节为新生开设的前沿学科讲座。这是利用电子的正、负自旋当作是二进制中的 0 和 1，是一种新型的信息处理与存储的方式。它已经应用在计算机 CPU 的缓存中，也是最有可能代替传统晶体管芯片的技术之一。此外，电子自旋也是最简单的量子系统，是理想的量子计算单元。更令我印象深刻的是，当我刚听说这个方向的时候，我国内的母校还只有一个小课题组，可当我毕业一年之后便得知，这一方向已经发展成为大学里一个独立的院系。这样的发展势头，使我对这个领域充满了好奇心。

过了一会儿，我收到了导师的邮件：一周之后，具体谈一谈博士课题方向。

第二次的谈话如期而至，此时我正在北京收拾行李，为再次启程去往英国做准备。看着自己屋中散落的衣服、洗漱用具和零食，我赶忙在视频软件中选择了虚拟背景。

"原来你在海边——"接通视频电话之后，这位一向严谨的德裔教授第一次向我展现出他幽默的一面，说完，他憨憨地笑起来。

面对这样的开场，我一时找不到答词，只能回了一句"你好"。令我意外的是，对方没有直接谈起我的博士课题，反而倒是先关心起我硕士的课题。

"你硕士那个量子通信的项目做得怎么样？"

"是的，我硕士课题是 QKD（量子密钥分发），不过是比较偏工程应用的，主要写发送端、接收端的程序。"

"是 MDI（独立于测量设备）－QKD 吗，具体是什么协议？"他一副打破砂锅问到底的劲头，使我想起面试的时候，他得知我曾做过关于三五族量子点激光器的特性研究后，就曾仔细地问过我量子点是如何制备的，甚至连制备过程中温度、压力这样的参数都要问到。所以这次，我主动答道：

"我做的就是最基础的 BB84 协议，但主要考虑信道损失很大的时候，如何有效纠错，以及如何防止信息泄露的问题。不过因为疫情，项目的实验部分进展比较慢，还没来得及把我的程序写到实验室设备上，项目就结束了——"这时，H 教授微微点点头，这才回归主题。

他首先简要地介绍了有机半导体材料导电的机理，以及目前课题组里在相关方向的主要进展，随即说道：

"我记得你是对电子自旋感兴趣，我这里给你想到了一个很有意思的方向——嗯——我先给你看一篇文章——"他说起话来语速不快，有时还要停顿一下，以便找到一种最通俗而又最恰当的方式，才能说清楚他的想法。

看到期刊的名字 *Nature Nanotechnology*（《自然·纳米技术》），我眼前一亮，这可是国际顶级学术期刊《自然》杂志几个最有名的子刊之一，刊登在这上面的成果，肯定是研究的重点领域。但我来不及多想，H 教授就开口了：

"你看看，这是一篇今年刚发出的一篇文章，他们利用多个苯环的不同连接方式，已经实现了有机物的拓扑相变。"

提起"拓扑"，另一个词马上浮现在我的脑子里：反常量子霍尔效应。这是由我国科学家首先观测到的物理现象，长期被认为是我国最接近诺贝尔奖的研究成果。尽管当时我对于这些内容了解甚少，但是一想到，我竟可以接触如此前沿的科研，内心也是非常激动。这就有如一个登山者，在山脚下却一眼看到了山顶的塔尖，虽然完全看不清山路，但顿时就有了向前跋涉的动力。

"不过——"在英国学习了几年后，听到"不过"两个字，我下意识地反应到，这后面说的才是重点，我握紧了笔，竖着耳朵准备边听边记。

"他们做出的材料都是生长在金衬底上的，所以没法做任何的电学测量，也没有什么直接应用，我已经设计出了一种新的化合物，可以通过调节其上的支链来实现拓扑性质。"

导师说的化学物的分子结构，我完全没有听懂，只得先画一个圈。

"你不要担心这些复杂的化学名词，我们只研究固定的那么几种材料，你很快就会熟悉起来的！"导师大概是看出了我的疑问，赶忙解释道。

我马上又问："那这些材料是需要我自己合成吗？"

"不，不，不……"导师连忙摆手，"我们有专门的合作者，他原来在帝国理工学院，现在去了牛津大学，这是化学合成领域最权威的课题组之一——如果说有什么他合成不了的有机物，那恐怕世界就没人能做出来了。"他语气如常，但谈吐间仍然透着欣赏。

"我们的合作者会给你合成好的化合物，但那会是一些粉末——放在一个小瓶儿里——你需要找到最合适的溶剂制配成溶液，制备成具有一定晶体结构的薄膜，然后以此为基础制造电子器件，最后进行电子的测量——这就是你未来日常的工作模式。"

听到这里，我豁然开朗。没想到，这位教授语速不快，但没用十几分钟，就让我对博士工作有了基本认识，还为我设计了一个这么前沿的研究方向。

"那您能不能再多给我几篇相关的文章，我先学习学习，再最终决定要不要做这个方向。"我对自己的这一回答很满意，既让老师感觉到我的好学，也表达了我严谨的科学态度。

几句寒暄过后，我们结束了通话。

进行完这次谈话后没多久，我就收到了导师发来的四五篇文献。看着这一篇篇发表在顶级刊物上的文章，H 教授的名字都作为通信作者出现在最后，我隐约地感到，这个导师选对了。

到了我启程去英国的日子，当时正值英国的第二次疫情蔓延，机场候机大厅里，乘客明显稀少了许多，也有些学生打扮的旅客，旁边放着大包小包，还都有家长左右相随。我顾不上感慨，找到一个空位坐下，心思就回到了导师推荐的这几篇论文上。

此时，我看到对面一个中年人正弯下身来，寻找着手机充电接口。电流！我眼前一亮：真要进行电学测量，加上电流会怎么样？一般来说，拓扑材料对于温度和衬底都很敏感，加上电流发热后，设计好的拓扑性质还能不能保持？这几篇文章好像都没提到过！当时没有纸笔，我赶忙打开手机把它记在了备忘录上，这才继续在候机室里等着。

回到剑桥刚刚安定下来，就又到了我与导师谈话的时间。

"我已经回到剑桥了，一切平安！"

当 H 教授看到我没有换过的虚拟背景，他又开起了玩笑：

"是吗？我以为你还在'海边'呢！"

说笑之后，他问我看完文章有什么想法。

我答道："这个课题的确很有意思，但我还是想提前了解一下，研究过程中可能出现的问题——"说着我提出了关于电流发热的疑问。同时，我也指出，碳原子属于轻核原子，其自旋－轨道耦合效应能否打开能带，即使实现能带交叉，能否实现拓扑绝缘体的问题。

"这个问题我的确没想到过，但我觉得这不会是个大问题，我们设计的这个材料还是比较坚固的。至于你提到的第二个问题，即使我们做不出拓扑绝缘体，至少可以实现狄拉克锥，做出类似石墨烯的材料，这也就算是个大突破了——嗯——从我的角度来看，最大的问题还是在于材料本身——"

说着他打开了一个文件，这是个分子结构的示意图——一个个原子用不同颜色的小球代替，不同的原子用小棍错落相连，看着像是棵老树虬龙般的树根。H 教授开口解释道："你看，现在我们设计的分子支链越来越大，这有可能导致整个分子溶解性越来越差，也就很难生产出一个长链。我们设计出的材料，可能根本制备不出来。那时候，就需要我们反复修改对分子的设计，再让牛津大学方面不断尝试制备——"

他还没等我反应，就接着向下说道："所以你如果决定做这个课题，咱们就还得找出一个'副'课题。我给你选了一个，你来看看——"

说着他从他那满满一屏幕的论文目录中又找出一篇："有机材料中电子－声子耦合机制一直是一个研究重点。这篇文章提供了一个新方法：把有机物放在柔性衬底上，通过控制衬底的弯曲可以改变有机物受到的应力，从而改变其分子的震荡模式。"

终于遇到一个自己完全听懂的方向，我抑制不住表达欲，抢过话来："所以您是想让我在不同程度弯曲的衬底上，做同样的电学测量，看电子迁移率的变化？"

说完这句话，我有点后悔：怎么随便打断导师说话呢，我在心里说道。

"没错，就是这样！"H教授对此却毫不介意，言语中还透出一种鼓励。"这个改变声学耦合模式的方式之前没什么人试过，说不定能有什么新发现。"

刚刚接触这个领域，我居然就能自己"设计"一个实验，我用力克制着内心的欣喜，让自己的注意力仍然集中在屏幕中的导师身上。此时H教授仍是一副平静的脸庞，这也让我稍稍冷静：我都能想到的问题，难道别人就想不到吗？

"这个方向也很有趣，但我还是想往'电子自旋'这个方向上靠一靠。"我小心翼翼地试探，担心给导师造成不好的印象，说完话就全神贯注地盯着导师的反应。

屏幕另一侧，H教授的眉头皱了一下："这两个实验的测量方法最为接近，合在一起做最容易——"

说完便是长达半分钟的沉默。我生怕给导师造成不良印象，赶忙说："这个课题也挺好，我听从您的安排。"

可这时，导师却一反常态："不、不、不，你博士可要读好几年呢，你一定要选一个自己非常喜欢的课题，'挺好'两个字可不够——你容我好好想想，我一定帮你找个好方向。"

真没想到，导师竟然这样替我着想！一时间，我倒是有些不好意思。这次讨论虽然还是没有明确的结果，但却让我对我的导师有了更深的了解。

谈话结束后，我思来想去，向导师发了一封长长的邮件，尽管我早已闯过英语写作的语言关，可这封邮件却花了我近一个小时。我删了改，改了删。每每写完一句话，仿佛H教授透过屏幕正看着我，或严肃，或轻松，或默默沉思，或眉头舒展。

在最终发出去的邮件中，我说道：我想做自旋电子方向，主要是因为这是一个新的领域，其他的方向尽管也很有新意，但是毕竟有机物中的电—声耦合前人已经做过一些了，我还是想做个更加新颖的课题。

下一周的谈话，无论给我什么课题，我都服从安排！我给自己下了决心，毕竟博士生活已经开始了一个多月了，再不能确定课题，有点说不过去了。

一周后，导师再次找到了我："我尊重你的兴趣，准备把你加到我们组做自旋电子的团队里，刚好我们有一位博士生即将毕业，你就接替他的工作。研究自旋霍尔效应—反自旋霍尔效应的自旋探测的方法，你感觉如何？"

"那副课题的事呢？"我小声问道。

"不，这个课题本身已经足够你忙的了。一般只有当主课题有可能做不下去的时候，我才会给学生安排第二个课题。"

"好好干吧！"H教授用期许的眼光看着我，我感觉，如果不是视频连线，而是面对面谈话的话，他有可能会拍拍我的肩。

挂断电话，我长舒一口气，心跳依然有些快。终于找到了自己喜欢的课题，这感觉有点像是个小孩子得到了渴望已久的玩具。

## 名校体悟

在海外读博士的留学生，应该如何与导师相处？这也是留学生活中的一个大问题。我的体会是：在与导师交流时，必须积极主动，提前做好功课。当导师询问观点、看法时，要做到不卑不亢，既表达出虚心求教的态度，又要说清自己的看法、诉求等；在回答时，不必追求自己看法的绝对正确，但要做到条理清楚。这样的做法有着更深层次的原因：在西方，博士生与导师之间的关系，并非东方人传统观念中"师"与"徒"的关系，而是一种平等的合作关系，因此不能期待导师总是从学生长远的发展角度出发来考虑问题。就选择研究方向来看，如果学生对课题没有表现出特别的喜好，绝大部分导师都会从课题组发展的角度出发，把学生分配到需要人手的方向，而并不一定是最有利于学生发展的方向。这也就表明，选择在海外读博，更适合那些已经具有一定专业知识储备且独立思考能力较强的学生；对于那些更加

"听话"的"乖学生"，或是带有很强从众心理的学生来说，在海外读博士，往往只能参与到一些不太新颖的课题中，其效果将会大打折扣。

对于导师而言，在指导学生的过程中，也应该重视和发展学生的喜好与特长，让具有不同背景的学生相互学习，甚至自己也在学生的观点中吸取经验。一般来说，每位导师都会有自己的专长和工作的主线，而博士阶段的学生也会有自己的知识背景。而这二者的交叉点，往往就是跨学科思维与科研创新的生长点。所谓跨学科思维，不仅仅是指科研人员要学习不同专业的知识，更多的在于不同学科的不同方法在面对同一问题时，产生的不同见解与不同的解决思路的对比与相互借鉴。因此，优秀的课题组往往很愿意接纳不同专业方向的人才，用不同的人做同样的项目。

# 走进实验室
## ——"未来四年就是它了"

在科研搞得好的课题组里，总是有很强的传、帮、带氛围。在我确定好课题方向后，我的导师 H 教授把我介绍给了一位即将毕业的博士生。在疫情期间，交流工作显得相对随意些，导师只是同时向我们发送了一封简短的邮件。

不久我就收到对方的回复："好的，欢迎你加入。我明天会做一次自旋注入实验，可以带你熟悉一遍基本的实验流程。"

"好的！"我回复道。博士生的生活就这样正式开始了？我心里这样自忖。

第二天一早，我如期到达实验室。这是个深灰色的二层小楼，在西剑桥的一群建筑里可以说是很不显眼的存在了。H 教授已经在这里等着了，这是在疫情开始之后，我第一次见到自己的导师。他身着红色的冲锋衣，与周围环境显得格格不入。不同于一般英国人对疫情的漫不经心的态度，H 教授戴着一个全新的 N95 口罩，使他的脸显得细而长。

"嘿，你好——"紧接着就是几秒的停顿。他每一次见我都是同样的开场方式，仿佛他也不知道接下来该说些什么。

"今天我先来带你参观一下实验室。"说着他便转过身去，用一张卡片刷开了门，"大概过两天，你的学生卡就可以激活了。"

"每次进实验室，要先在这里登记，这是疫情之后的新规定。"实验室里的装修也有些老旧，深色的木质门和桌椅，尤为显出年代感。但靠近门口处的一台新式自助刷卡终端机，却显得与环境格格不入。

实验室大部分都在一层，由几条狭长的走廊相连接。走廊里贴满了展示实验成果的海报，一个立柜和几瓶储有液氮的不锈钢罐子靠在一侧，占据了本就有限的空间。我跟随 H 教授的脚步，一前一后地走向这栋建筑的深处。

"你看，左手边是我们的超净间，右手边是我们的表征实验室。你用到的大部分仪器都会在这里——"

这时 H 教授转过身来："你往后退。"我没有反应过来，愣了一下。

"疫情期间，人与人必须保持两米距离，但是咱们实验室地方有限。所以，你要先往后退，然后我再退出来。"他边说边比画着。

往外走着，H 教授又在一个小房间前停了下来："你看这里是 EPR 电子自旋共振设备，你将来应该也会用到。"

说话间他带我上到二楼。

"二楼是我们的办公室，学生们一般集中在这个大办公室里，你去问问系里的管理员，让他们给你安排个座位。"

说着，他带我走下楼梯。从上往下看时，我才注意到一楼楼梯旁摆放着一个小书架。书架不大，只放了些杂志，一个个大写的白色 "Nature"（《自然》）字迹尤其明显。一般来说都是在这上面发表了文章，才会收到一份纸质的杂志吧，不知道师兄师姐们已经在这个世界最顶尖的科学杂志上刊登了多少篇学术成果。那一刻，我看到的好像不再是一本本杂志，而是一张 "名人墙"，或者是一张张 "高考喜报"。

看来这个课题组是选对了！一阵幸福感袭来，这兴奋劲儿，也不亚于当时被剑桥大学所录取。

下到一楼，我见到了之前给我发过邮件的那位即将毕业的老生。这是个来自德国的金发女生，宽宽的额头显得比较方，高鼻梁、深眼窝，一对发蓝的眸子更显得深邃，她留着小波浪卷长发，越看越像是位有经验的外科大夫。

她和导师打过招呼后，就带着我走向实验室的超净间。

"你以前进过超净间吧？"这位师姐虽然一直表情平淡，但言语还算热情。

"进过！"我急忙答道，好像答对了一道题目一样，甚至还期待着对方夸我两句。

"那好，你把实验服换上，在里面等我一下。"

我们两个人先后进了超净间，学姐一边往里走，一边戴着手套，一边跟我介绍起来。

"今天带你做一个自旋注入的实验，实验的样品结构不复杂，就是两层纳米级的薄膜，下面的一层是铁磁材料（YIG），用铁磁共振来产生自旋电流；上面是一层非磁性材料，利用反自旋霍尔效应来测量自旋电流。"她拿过我的笔记本，随便翻到一页，随手拿一根圆珠笔边写边画，像是个老师在给学生讲课一样。

"第一步是要先清洗样品。有的时候，样品表面会有些脏东西，要先泡在丙酮里，用棉签擦一擦。"她说着，取过一个玻璃皿，又在实验台下的瓶瓶罐罐中寻找起来。也就几秒钟，她就找出一个盛满液体的大瓶子，向玻璃皿中倒去。她又把样品夹出来，自己擦了两下，问道：

"你要不要来试一试？"

我从她手里接过镊子和棉签，小心地向着泡在玻璃皿中的样品伸过去，不过这个样品几乎只有黄豆大小，我之前还从未处理过。我哆嗦着把手中的镊子靠近样品，一下就把样品翻了面。学姐在一旁也不着急，还是静静地看着。我把样品重新摆好，硬着头皮划了两下。

"嗯，看起来还不错。"师姐大概是出于客气才这么说，"接下来要用超声来清洁，咱们先用 Decon90（表面活性剂）。"

"哎呀，以后这我都得自己弄！"想到这里，我赶紧拿出笔，翻过师姐刚画好的草图，用一只手垫着，歪歪扭扭地写了"先洗样品——超声——Decon90"这几个字。师姐大概看到了我这一阵手忙脚乱，说道：

"洗样品的步骤是很常见的，实验室的人基本都会做。如果忘了，你问谁都可以的。"

哦，原来这个大家都会，这我要是露了怯，准会被人笑话！我一边记，一边注意着学姐的每一个动作，这认真劲儿，就像是之前复习考试

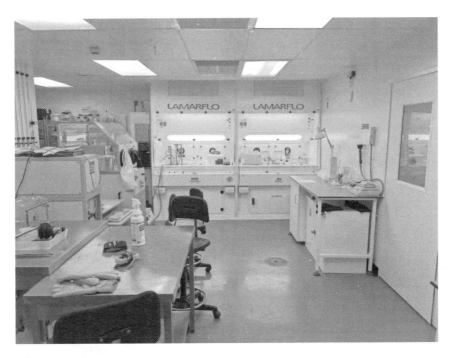

● 实验室的超净间

一样。学姐把药剂放在烧杯中稀释,然后把实验样品放到小架子上浸入烧杯,最后把烧杯架在超声清洗的仪器上。

"这个要处理 8 分钟,之后换成水,做 5 分钟;然后再用丙酮和异丙醇,各自洗 10 分钟。"

在等待的时间里,我用眼睛打量着实验室里的一切。实验室的超净间并不大,因为半导体材料对光比较敏感,屋里的灯光都是黄棕色,窗户上也都贴上了棕色的贴膜。实验室的中间是个共用的桌子,四周是各式用途的实验台。我时不时低下头来,检查一下笔记。

超声清洗结束后,师姐带我走到另一侧桌上的仪器旁,这个仪器有些像是微波炉,但可比微波炉复杂多了。在箱门的左侧,有十几个红绿色的按键,和一块儿小小的显示器,还有几个老式的拨片开关指示灯不规则地分布着,仪器表面的白漆有些掉落,明显能看出有些老旧了,令我不禁想起那些纪录片里的老式导弹发射台。

"咱们下一步需要做的是等离子体灰化(Plasma ashing),这也是为了进一步清洗样品的表面。这个仪器平时处在抽真空的状态，要想打开它，你先按这个'充气'键，再按'暂停'键。"学姐一边说，一边同时用两只手操作着。

不一会儿，箱门自动弹了出来，师姐把装有样品的玻璃皿放进了箱体。

"放入样品后，你要按'抽气'按钮，等显示器上读数为 12 千帕的时候，就可以拨动'启动程序'开关，然后你要等一会儿。"

过了几秒钟，随着"啪"的一声，我看到几个指示灯都亮了起来。

这时我在一旁忙不迭地记着，这可比刚才难记多了，我恨不得把整个仪器都画下来。

"现在，需要打开微波的电源。与此同时，你要马上调节这个大的黑色按钮，记住，一定是上面的那个按钮，下面的你可别碰。"

"这个要做十分钟。"师姐补充道。

"结束时，在关闭微波电源的同时，又要同时关闭这个'启动程序'的开关。"我看看我的笔记本上，已经凌乱不堪，箭头圆圈多如乱麻，又涂出好几个黑疙瘩。我一边辨认自己的笔记，一边用手在按键旁比画着。

结束后，师姐依旧是同样的口吻："这个东西呀，组里也是人人都在用，你哪里拿不准，去问问组里人就行了。"

"接下来咱们要做蒸镀，来镀上面一层非磁性金属——铬。"师姐带我走向了屋子的另一侧。我看到了一个大柜子，柜子上扣着一个发黑的玻璃罩，有如铜钟一般。

看来平时这个仪器也保存在真空中，经过一段时间的放气后，师姐才打开了"钟罩"，我也才看清了里面的结构——

一个圆形的底座，中心有根大柱子，四周是四个小柱子，颇为对称，好像是游戏里出现的关卡。

"蒸镀是靠向金属丝通电流，依靠产生的热量使金属汽化，让金属的蒸汽在样品表凝集，从而镀上一层薄膜。"师姐一边解释，一边把一根金属丝搭在中间的大柱子和四周的小柱子中间，又把样品搭在金属丝的正上方。

"做这个实验一样先得抽真空，你要先把这个扳手向左扳半圈儿，看数值达到 0.2 千帕时再往右扳一圈儿……"我打了个哈欠，可能是一个上午接触了太多的新东西，我的精力已经有所减退。

蒸镀的细节，我记得颇为简略，就记得抽真空需要等待一个多小时，随着师姐调节一个旋钮，从发黑的玻璃罩子里发出耀眼的金光，而一旁探测薄膜厚度的传感器示数也在不断提高。

"行啦，今天就先做这么多。咱们明天来测试它。"听到这句话时，我才长出一口气。

我和师姐一前一后穿过那条不宽的实验室走廊，我心里充满各式问题，想要提问，但却不知该从何问起。

这时，学姐回过头来对我说："哈哈，未来四年，它就与你做伴了。"

## 名校体悟

在英国，本科与硕士一脉相承，但博士与之前阶段的学习差别较大，且缺乏过渡，因此如何适应博士阶段的学习，对于在英国的学生而言也是一个不小的难题。曾经的卡文迪许实验室主任，1915 年诺贝尔物理学奖得主威廉·布拉格爵士曾写下过这样的寄语（至今写在实验室博士生的新生手册上）：

"一个好的研究型学生要学会把书本知识暂时放到一边，转而用实践的方法去获得新知。这将教会学生如何看待实验的证据，如何批判性阅读，然后才能将以前的知识作为自己的基础继续进步。

"学生必须习惯面对失望，他们会意识到一天能做完的事情是多少，甚至几周、几个月的时间都毫无进展。他们会惊讶地发现：自己必须在小事上花费特别多的时间，比如用一周时间去解决气体的泄漏，或者根据需要订购一些实验用品；也可能花几个小时来校准仪器，然后才发现其实（换一种方法）一分钟就可以搞定。为了能观测到一个重要的现象，需要做的准备工作实在是太多了！很有可能你会花好几周去准备实验装置，然后用不到 5 分钟完成实验测量。这一切都让人觉得非常丢脸，人们经常会犯非常愚蠢的错误，不过在现实世界中，事情往往就是如此。"

因此，在博士阶段开始时，葆有一种虚心求教的"空杯心态"非常重要。无论是在本科和研究生阶段多么优秀的学生，在接触博士课题时，也一定会遇到各种问题。越是成绩优异的学生，越应该注意在全新的求学阶段中调整心态，保持一颗平常心。一般来说，做到关注细节、不耻下问的学生，往往可以在较短的时间内熟悉课题内容，进入状态；相反，有些在本科期间成绩很好、知识也很丰富的学生，面对博士课题中遇到的问题，出于种种顾虑不敢或不愿向人请教，则往往会事倍功半。

# 柳暗又花明
## ——原来这就叫"自旋注入"

刚刚从实验室回到宿舍，我的电子邮箱里一下子多出了好几篇论文——这都是导师发给我的，其中还有一篇是那位师姐刚刚写完的博士毕业论文。H教授让我先了解一下这个领域，根据师姐的时间再去安排下一次的测试实验。

几分钟后，师姐的邮件也到了：周六开始测试。

周末还要工作？这与我对英国人普遍的印象大相径庭。我略感意外，在电脑上随手点开了导师发来的论文。

扫了一眼之后，我心里轻松了一些。

因为大部分文章与想象的并不一样，大部分理工科论文的长度，并没有人们想象中的那么夸张，总页数也就在5页左右。除了师姐的毕业论文之外，其他文章加到一起也不到20页！我心里想着，有的是时间！当天晚上给自己放了个假。

第二天早饭后，我给自己沏了一壶茶，端坐在电脑桌旁，幻想着自己已经是一位资深的学者。我特意撇着嘴，把眼睛眯起来，模仿着老师们"挑剔"的目光。可是，刚一开始读第一篇论文，我就不由得瞪大了眼睛——

刚刚开始的第一段，我就发现一个反复出现的单词"FMR"（铁磁共振），这究竟是什么？我急忙将目光聚焦到第一段的每一个字上，反反复复地读了几遍。

可这类报道最新科研成果的文章，几乎不会解释基本理论，只是在文章一开头用一两句话浮皮蹭痒地抛出一些概念。我反复读着占据文章前两行的一个长句子，发现翻译过来不过是"FMR 引起自旋注入"这一个意思，当我期待着下文解释何为"FMR"，何为"自旋注入"之时，文章便中道而止，只留下一大长串的参考文献的引用。

我没有办法，只能自己上网寻找答案。大概是已经适应了国外的学习，我对于查找外文资料已经有了些经验，我直接输入 FMR、introduction（导论）、review（综述）三个单词后，一条条综述性文章就出现在搜索结果里。

搜索文章比阅读文章使人享受得多——无论你输入一个怎样偏僻的词汇，总会有不少相关的文章出现在眼前，使人感到自己身边原来有这么多师友在做同样的事，顿感自己获得了无数支持。

综述性文章的长度明显比科研论文长了不少，不过内容显然浅显一些：铁磁性物质的磁化方向在外磁场作用下会产生周期性变化，其运动可以使用 LLG 方程描述。

LLG（Landau－Lifshitz－Gilbert 方程），这个在之前学习的时候遇到过！原来是这么回事儿啊！我仿佛他乡遇故知一般，想赶忙上前和这位老友打个招呼。这时脑海里浮现出本科老师的一句名言："Google is your best friend.（谷歌搜索是你学习的好伙伴。）"

我认真读了三页，才终于搞明白"铁磁共振"是什么意思。我看了看屏幕右下角的时间，上午的时间已经过了大半，只看懂了一个新概念。按照这个速度，后天实验之前，我也只能看完一篇老师发的文章吧！我伸了个懒腰，回到最初的那篇文章。

读完第一部分"问题的提出"，我开始进入"理论与方法"部分。我翻到新的一页就读不下去了——这一部分以公式为主，各式的上标、下标、括号、矩阵层出不穷，更显得烦琐和凌乱。

我先是一惊，随后给自己打气道：推导公式不是我的强项嘛。说实话，在本科和硕士期间，还没有遇到什么我看不懂的公式呢！

我摩拳擦掌，跃跃欲试，可读到第一个公式，就不由自主地皱起了眉头——自己的优势完全施展不出来。这里的每一个字母下，都有着不少上标和下标——AMR，SRE，AHE，ISHE，x，z……我盯着这些奇怪的字母组合暗自叫苦，心里怀疑着：科学家们莫不都是造字的圣人？

169 ·

随便的字母组合，就立马能成为他们口中的新效应、新名词。

之前无论是在上课的课件中，还是导师交给我推导公式的任务，每个符号的含义总会解释得明明白白，可这篇文章却从不提及这些，有的只是在公式后面一大长串参考文献的引用标号。我找到了标号指向的参考文献，发现这里也没有推导过程，又把我指向新的参考文献。我就像打开俄罗斯套娃一样，不停地翻找着被引用的文献，直到翻到影印版的文件，还没找到相应的答案。看着电脑显示器上一个一个打开的窗口，我叹了叹气，逐一关闭。

到了午饭时间，我站起身来活动一下，看着镜子中的自己，我不禁想起了少年时武侠小说中刚刚拜师出徒的小伙子，第一次施展拳脚，憋足力气打出一拳，却被高手的独门兵器缠住，进退两难地徒叹：奈何，奈何！

午饭后，我在原来的文章那里标了一个大大的问号，继续阅读文章的第三部分——"数据分析与讨论"。

这是整篇文章篇幅最长的一部分，文章写得洋洋洒洒，常常会在几个特殊数据上着墨过多，又掺杂着两三个补充实验。作为新手，读上去往往是只见树木不见森林。

一天的时间就这样过去了，这篇文章说了什么？我反问自己，一股烦躁的心绪直撞到头顶——一整天，完全没懂这篇文章！就这，居然还是剑桥大学的博士生？想到这里，我真想给自己一巴掌。

返回文章第一页，看到这一个个熟悉的字眼，拼在一起却又那么"陌生"，这一行行弯弯曲曲的英文字，就是无数伸出的小手，抓挠着我躁动的心。

我赌气地关掉了电脑。

第二天，我再次啃这块硬骨头。这一次我从前往后快速浏览，很快注意到了一个词组："Angle dependence"（角度变化）。这几个词在标题里出现过，在段落间也时不时"冒"出来，莫非这就是文章的主题？

我终于找到了"蛛丝马迹"，鼓起勇气再读一遍——

"这个实验大概是变换外加磁场的方向来测信号的强弱？"我将信将疑，虽然对于主题把握应该不错，但无奈看不懂的部分实在是太多了！这样的总结能准确吗？

就这样，时间一晃到了周六。我再次来到了实验室。

　　师姐已经等在实验室里，看样子她已经独自工作了一段时间。她跟我打过招呼后，就将我带到一间大实验室里——这是专门用于测试的实验室，位于上一次使用的超净间正对面。

　　这间实验室很整洁，一排走道，两边是实验台，还有几块从天花板垂下的巨幅黑布，遮住了视线。学姐带我穿过实验室，径直走到最深处，掀开黑布帘，我才看到了整个实验设备——一张正方形的桌子上平行竖立摆放着两个蝶形的圆环，旁边的黑色架子上塞满了大大小小的长方形仪器，无数红、绿色的指示灯一闪一闪的，好像也在"打量"面前的我——这个新来的年轻人。

　　仪器旁边有台电脑和写字桌，师姐直接搬了个椅子坐在那里，问道：

　　"自旋注入的实验，你学得怎么样啊?"

　　"我看了导师发的文章，大概意思……"我就像是个等待老师检查作业的小学生，恨不得一股脑儿地把自己能说的话全部说出来。

　　还没等我说完，学姐就用一句"okay"打断了我，看来她根本没有"考"我的意思，也没想着从我嘴里得到什么答案。

　　"自旋注入就是利用铁磁共振现象——在恒定磁场和周期性磁场的共同作用下，磁化方向会沿着恒定磁场转动。"她边说边用笔画了一个圆锥形的示意图，并在一旁用笔标注了"1"。

　　哦！这就是我之前读过的综述，自己找到的文章居然碰巧找对了，我暗自庆幸。但之前的一个疑问还是没有解决，这和"注入"有什么关系？想到这里，我竖起了耳朵。

　　"铁磁材料的共振会在与下一层的接触面上产生纯自旋电流，其大小由表面的性质所决定。"她画了一个较粗的向下箭头，并标注出"2"。

　　"最终，第三步，自旋电流通过反自旋霍尔效应转化为可以测量的电压差。"

　　哦，原来这二者是先后关系，"注入"是个特殊的性质，而并非通过方程导出的结论！我茅塞顿开，不由自主地频频点头，心中暗自为师姐竖起大拇指——

　　师姐不仅实验做得好，对理论的理解也这样透彻。我之前读了一整天，总结起来原来就是这么三句话！

这时学姐站起来走到两个蝶形的圆环旁，从正中央的部位拆下一个连接有多根导线的金属支架。支架的最前端是用两根金属棒夹着的电路板。

"做这个实验需要恒定磁场和周期性磁场，恒定磁场是通过这两个大的环形线圈实现的，而变化的磁场则需要由波导来提供。"

我再次眼前一亮，读过的文章里，反反复复在写波导和微波的耦合，这些复杂的术语背后，原来就是为了提供一个周期变化的磁场！不过文章里是一个 L 形的支架，原来也可以使用这样的 Y 字形！

"下一步是要把我们之前做的样品放到电路板上，我们需要使用银胶让其导电——这一步要小心——"师姐在电脑桌的抽屉里找出了一个手指大小的小瓶子，还有一块玻璃片，师姐用镊子把样品夹到玻璃片上，再用牙签蘸着瓶中的液体，小心翼翼地向玻璃片靠拢……学姐这时一言不发，全神贯注于自己眼前米粒大小的样品。整个房间中，只有测量仪器运转的"嗡——嗡——"声依稀可辨。

我正乐意于在一旁稍微轻松一下，只是心里掠过一丝紧张——师姐做了四年，竟都这样紧张，这步操作肯定非常困难——

师姐终于完成了操作，将支架放回原位。随后，她回到电脑桌前，打开了测量程序的界面。测量程序是由组里以前的师兄师姐设计完成的，除了一个不算漂亮的界面之外，背后一行行的代码也会自然弹出。

"测量时，我们用到了'锁相放大技术'——我们除了大线圈之外，还有一个小线圈……"

我在一旁，已经被之前师兄师姐的工作所震撼，大概也是因为快到中午，我打了个哈欠，不知怎的，猛地想起在本科时小组合作项目里，那个英国本地的金发小哥。我终于理解了一个新手在复杂知识前的无力感。

当师姐点击了屏幕上的开始键后，程序便可自动运行，整个测量要持续一天的时间。师姐和我再次一前一后穿过实验室里不宽的走廊。"原来这就是自旋注入实验！"我心里暗自想着，不过心中的问题有增无减："什么是锁相放大技术？实验台上的小二极管有何用处？还有那天读到的一长串复杂的公式……"我张了几次口，却又不知道从何处问起。

当博士生面对一个较为新颖的前沿课题时，往往很难在短时间内厘清思路，迅速掌握全部需要的知识，这时有些学生自己或导师会要求学生先集中学习，了解所学领域，再全身心投入实验研究当中。但我以为，整个博士研究期间，应该始终保持"学中干、干中学"的精神。刚接触新领域时，在阅读文章的同时开始一些基础性的实验，往往可以使学生对课题能拥有直观、立体的了解，使文献学习的重点更加突出；而在实验阶段再坚持每天抽出一定的时间阅读文献，不仅可以实时了解所在领域的新动态，还能够开阔思路，发掘出新的创新点。

博士生应该被看作是"学生"还是一份"工作"？每一个研究型大学、每一个课题组，都会给出自己的答案。从根本上来讲，这也可以看作是"纽曼"与"洪堡"两大高等教育体系之争在博士生教育上的反映。纽曼体系更强调培养"健全""独立""自由"的人，因此导师就更倾向于关注博士生的个人发展与个人收获，往往会更把博士生看作"学生"，博士学生获得学位，并不需要在任何学术期刊发表论文，也不需要有原创性的成果，只要可以写完一份一百多页的答辩论文，讲清楚学到了什么，有哪些收获，就可以毕业了。洪堡体系则更侧重于培养专业化的人才，在这种思维的指导下，博士生就是"科研人员"的预备阶段，因此博士生往往更加辛苦，导师则较少关注学生的收获，而是更加追求整体团队的科研效率。

不过，作为纽曼体系的发源地，纽曼体系的思想在英国还是深入人心的。这既是英国吸引世界学子的一面旗帜，也有其不足之处：过于依靠学生个人的主观意愿，缺乏"过来人"高屋建瓴的指导。很多博士学生都有这种感受：英国的博士很容易成为"多面手"，但是多而不精，难以找到一个切入点深入下去，把学生自己的才干与能力聚焦，把一门学问弄深、弄透。而决心攻读博士学位的同学，大都希望成为一个领域内专业化程度较高的人才，以便适应现代社会日趋细化的社会分工，在博士教育中过度宣传纽曼体系，也许有些落后于时代了。

# 一个"严厉"的博士后
## ——这个人怎么这样

　　时间一晃又过去了半个月，在反反复复的阅读文章和讨论后，我渐渐看清了自己实验的"全貌"——铁磁/非磁性材料表面在磁场作用下可以产生纯自旋电流，进而在非磁性材料中产生一个信号峰值，不过，不只是自旋信号，还有一些其他的效应也会产生同样的效果；因此，需要通过旋转测试台的方法，依据不同信号对旋转的不同变化方式，分离出自旋信号的部分。

　　搞明白这些后，我开始跃跃欲试，迫不及待地准备独立完成一次实验。

　　当我再次进入实验室时，已临近圣诞节，正好赶上刚下过一次雪，天气寒冷，实验室的二层小楼处在一片白色的包围之中，静谧而祥和。但第一次独立实验的我，却紧张不安。我站在超净间的门口停了好久，仍放心不下，还是请一旁一位中国的博士后师兄"关照"着——当我操作不当时提醒一下，这才稍稍安心。

　　我打开已经反复翻看多遍的操作步骤笔记，清洁样品，超声波清洗，等离子束灰化，磁控溅射，蒸镀……我小心翼翼地按照笔记的步骤重复着，每做完一步，都会不由自主地回头看看师兄，期待着他说出一句"嗯"，或至少是点点头。可师兄却只是在一旁抱着肩膀，到后来干脆坐在实验室的桌子旁，继续做起自己的工作来。

　　直到最后一步，这沉静的气氛才被打破："这一步结束的时候，最好先关闭电源——这台仪器的控制阀门老化了，等它完全关闭要费时间，还是断电控制得更精确一点。"师兄伸出右臂指点着，老到地向我传授经验。

　　就这样，经过多半天的时间，一个小小的样品顺利地制作出来。这是个长方形的小扁片，还没有黄豆粒大。它的表面在二氧化硅的覆盖下呈深蓝色，正面有一个"十"字形图案，是由紫色的"一"字形铂电极和淡黄色"波莫合金"（Permalloy，一种铁镍合金）组成。在实验室橘

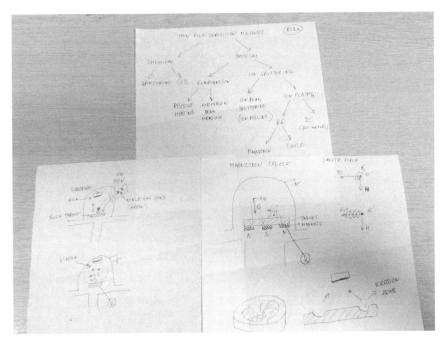

● 纳米器件的制备工艺（来自师兄、师姐的讲解）

黄色灯光的照射下，这样品竟也如此具有艺术感，真像是一枚小勋章呢！

我欣赏着自己半个月来的"学习成果"，格外珍惜地把它放在样品盒里，带着它走到了对面的测试实验室。这时，跟在后面的师兄对我说道："等我一下，我得把我的仪器换下来。"

这时的我刚好掀开黑色的布帘，一个从未见过的"大家伙"出现在实验台上，它全身是金属的银白色，形状像是个水管的阀门。

"这是我刚做完的实验，你等一下，我给你换上那个可以旋转的小装置。"师兄补充道。

"嗯，好的——"我简单地答应着，没有想到这个实验竟然这么多人都会！看着师兄的背影在一旁不断变换着姿势，刚刚拆下来的"水管阀门"在一旁的桌子上斜躺着，好像也在诉说着：这是个还要难上千万倍的实验。这位少言的师兄，比以前带我做实验的师姐还要厉害不少啊！而他就在一旁看着我做实验！想到这里，我捧着样品盒的手指不禁有些发僵。

找到 Y 字形的旋转的样品架，下一步就是最复杂的为样品点银胶的步骤。银胶装在一个风油精瓶大小的小黑瓶里，拧开瓶盖后，一股呛人的油漆味直冲头顶。我稍稍转头，使劲呼吸了一口新鲜空气。

我模仿着当时师姐的动作，用牙签伸入瓶内轻轻蘸了一下，又拿一旁的玻璃片先做"练习"。

我自以为满意，把裹有银胶的牙签头伸向米粒大小的样品，瞄准这样一个小样品，自己的双手反而开始不停地颤抖，一不小心，一个大大的银点就包在了整个"徽章"图案上。

"太难了！"我叹了口气。

"嘿，做实验嘛，都这样！拿丙酮和乙醇擦干净之后，重新再来。"

我接连尝试了几次，不是点得太大包住了整个样品，就是点得太小根本无法导通电路。我时不时发出"唉——"的叹息声。

"是，这个实验最困难的一步就是点银胶！"

师兄话音刚落，我再一次把样品放在了实验台上，出乎意料的是，一旁的电表上出现了一排稳定的数字——电路居然导通了。不过样品歪歪斜斜，仿佛一个破败的门闩。

师兄却对此并不在意，他示意我把样品架安装好，自己则在电脑上代替我设置好扫描范围，随即按下"开始"键，不一会儿，两个明显的波峰就显示出来。

这就成功了？我甚至有些怀疑——这是不是程序自动生成的，无论怎么运行，都是同样的结果？

"行了，你启动自动测量的程序，等明天这个时候，就可以来'收割果实'啦。"师兄这时也开起了玩笑。

第二天刚刚取得实验数据，恰好赶上我与导师单独的讨论。我迫不及待地把结果向 H 教授展示。

"好——太好了——第一次做出来，这特别令人激动，不是吗？"我真没想到，这位院士教授竟显得比我还激动。

他紧接着说："我很高兴你能在这么短的时间掌握这个实验，并且已经达到了之前师兄师姐的水平——

"下一步建议再仔细读一读这两篇文章。还有一个实验我也想交给你来做——你也知道刚有两位同学毕业，还有一位资深的博士后也要离开，现在你就是生力军，这个项目我要靠你推动下去，好好干吧！"

我随后提到了一些要去学习使用的新仪器，H 教授也频频点头："嗯——的确你应该学会——这样，你去找这位即将离开的博士后：Deep 博士。"

讨论结束了，我心里热乎乎的，像是年少时被外公慈爱的双手抚过一般——真没有想到，这位在全世界负有盛名的 H 教授竟会这么看重我！而他推荐的 Deep 博士，是我们组最资深的博士后研究员，前几天他刚在全组面前讲解完自旋电子学前沿进展。我迫不及待地向他发去了邮件，内容和向 H 教授的汇报大体相同。做完这些，我有些得意——说不定他也会对我鼓励一番——

可是第二天一早，刚过 7 点，依然蜷缩在被子里的我就被邮件的提示音惊醒：Deep 博士回复了。

打开手机一看，我的心情就开始"晴转多云"——这要是预约实验时间，怎么会有这么长的篇幅？这大概是节外生枝了！

他的邮件竟分出了 1、2、3、4……的标号，刚看到 1，我的心里就有些不是滋味——

"1. 我要告诉你，没有人会用你说的那个仪器去做实验。特别是你将来加上有机物，高能电子束会对有机物产生不可逆的损伤！"

H 教授并没这么说呀！我一时有些糊涂，又向下看去——

"2. 你怎么知道你测的是自旋信号，有那么多可能的干扰因素！你或许只是测到了干扰项罢了。

"3. 你使用了 tunneling barrier（隧穿势垒）一词，你知道什么是 tunneling barrier 吗？如果你不跟我说清楚你具体要做什么，我是不会去指导你的。

"4. 你提到的这些实验都很复杂，你是不可能几天就学会的！你如果想继续做下去，就要先从读文章开始，比如这篇……

"5. 你还得读这些文章……

"虽然我不是你的导师，可我要给你提个醒。在我看来，PhD 是个学习的过程，而不是像你现在这样，只想着去操作一些仪器，这样你只是在不停地重复别人的错误罢了。就比如你现在——你说你做出了'自旋注入'的实验，但你很可能只测出了噪声，跟自旋完全没关系！所以，你别总想着做、做、做，要多去学习！

"还有，你不能像现在这样，随便叫一个人就让他教你去做实验，你必须先跟导师讨论，让大家都知道你在干什么，这才是一个负责任的课题组成员！"

读完这封邮件，我当时困意全消。我一骨碌站起来，不禁打了个寒战。冷占据了我的整个身体，他这个人怎么这样？他的言辞不仅傲慢，而且还小看人！明明我花了一个月的时间学习，"啃"了这么多篇文章！他提到的那些干扰项，我也都懂啊——我们做旋转角度的实验，不就是用来排除这些干扰项的吗？

至于他提到"隧穿势垒"一词，确实是我误用了，我们只是要阻碍信号，而并非要发生量子隧穿效应。可是，我作为一个博一的新生，难道连说错一句话都不允许吗？

读高中之后，近十年来我几乎都没有因为学习问题遭受过这样的批评。我一时难以适应，甚至连早饭都吃不下，眼前仿佛又出现了小学一年级那个因为贪玩淘气而被老师叫到办公室的自己。

想到这里，我顺从地听从他的"建议"，打开他发给我的文章。这些文章与H发来的文章很不一样——H教授一般都只发一些短小的文章，而且大都是以实验为主，而这位Deep博士发来的文章，每一篇都足足有四五十页！这些文章理论性很强，我耗了一个上午，也就只看完两三页，还依旧不知所云，关闭电脑浏览器的窗口，那封邮件就又浮现了出来。

他对我是相当不满意，或许我真的还不适合读博士，或许……

我不由自主地再一次阅读他的邮件：他在文字上依旧堆砌了不少礼貌用语，还使用了不少复杂的词汇，俨然是一份英语考试阅读理解的"范文"！但想到他是一个受过很高教育的人，这样做反而更使我感到羞愧——他大概是经过无数次的措辞，才避免直接使用"你真是个废物"这样直白的句子，而是写出"如果你从来不曾考虑自己在做什么以及为什么要这样做，就一头扎进实验当中，那么你很可能会重蹈他人的覆辙。从长远来看，我觉得这并不符合科学发展的'行业精神'（enterprise）"。这样拐弯抹角的言语，不仅极具辛辣的讽刺意味，还可以显示他自己的文化和修养。

时间又过了两三天，我借助网络上视频公开课资源，才初步看懂了一篇他给的文章。我终于有了"底气"，这才鼓起勇气，向 Deep 博士发送了回信：

"谢谢您的指导，您的文章我已经开始学习。

"至于您说的自旋注入实验，我做了角度变化的实验，您看，通过函数的拟合，发现自旋信号占主导地位，各自信号的大小分别是这样……

"您说的'隧穿效应'一词，的确是我误用了，那是用在磁隧道结存储器件当中的。"

这封消息发出之后，从此便石沉大海，而我在之后的工作中却会偶尔愣神发呆——Deep 博士是位怎样的人啊！他在网上留下的信息很少，他的网页上除了自己的头像和邮箱外别无他物。我看着他的头像——他是个白人，可却长了一张黑灿灿的脸，他的脸庞比较年轻，但头发却已经发白，照片上的他身着运动衫，露出爽朗的笑，可是那脸盘却像是一位黑脸的包公，冷峻而又威严，不可侵犯。

就这样一直过了两三个月，我对 Deep 博士的印象才开始转变。

名校体悟

不少刚刚开始涉足科研工作的同学，都会把能否看到预期现象当作科研的唯一目标，判断自己科研的"成功"或"失败"。但在科学研究中，人们对事物的理解往往是循环往复的过程，而一次的成功往往蕴含了很多偶然因素，这就要求一线的科研工作者，对于所有的实验现象和数据，甚至是那些被认为符合预期、没有必要再继续挖掘的实验，仍要注意分析其背后深层次的内涵。这样往往可以带来独立的、创新性的思考，把人们的认知引向全新的高度，而避免走向"跟班"式的科研，重复走前人的老路。

前沿的科学研究与学生阶段学习的重要区别在于：在学生阶段，绝大部分知识是系统而完善的，因而对错分明，不同人对待同一问题的理解基本统一，因此学习过程中无须太多的个人判断；而前沿的科研问题大都是在不完善的知识上寻找突破，因此不同人对待同一问题往往呈现出多种理解，而在表述方面又根据个人的性格各有差异。因此，对于科学问题上老师和前辈的指导，应采用兼收并蓄的原则，广泛地听取意见，对待每一种声音既要充分尊重，也要辩证看待，吸收有借鉴意义的部分；同时还要逐渐锻炼自己接受意见的"眼光"，要学会吸取知识和前人经验中的最有价值的部分，而非"照单全收"。

# 慢慢驶入"深水区"
## ——这真是最困难的操作

尽管受到"黑脸包公"的教训，我却没有太多的时间纠结于此——导师很快就给我布置了新任务："下一步你要学会如何使用低温恒温器（cryostat），在低温条件下看样品的性质。

"你继续去找之前带你的那位师兄，他会具体指导你完成这个实验。"

我对实验的热情，并未因为他人的一两句话而减退。我马上着手制作新的样品——这一次更加熟练了，在等待仪器运转的片刻工夫，我也学着师兄师姐的样子，斜坐在实验室桌子的一角上，远远地上下打量着实验的仪器，反复琢磨着：这下看上去自己也颇有经验，再不是那个笨手笨脚的毛头小子了。

加工完样品，我兴冲冲地去找师兄，我俩一前一后走到了测试台前，一回头，我看到师兄手里正抱着那个似曾相识的大家伙：银白色的"管道阀门"。

看着这个陌生而又熟悉的仪器，我一时有些不知所措：我第一次看到它时，就对它产生了好奇，尽管并不清楚它的作用，但就是想"玩一玩"，真没想到，这么快就有了机会！在剑桥读书，真好像《哈利·波特》电影，学会了骑扫帚、变形法，现在又来学习配"魔法药水"和防御术了。

师兄在一旁并没有注意到我的反应，他一边走向一个写字台，一边条件反射般地把这个"管道阀门"倒立过来，放在写字台的正中间。

倒立的管道阀门像是一门炮，"炮管"共有里外两层，通过几个小螺丝钉固定在底座上。我在师兄的指导下依次拆开后，发现中间是一个细长的支架，上面缠绕着有如蛛网般的几股银白色细导线，支架的前端固定有一个电路板。

师兄从一个抽屉里，取来了尖头小镊子和最小号的螺丝刀，过了五六分钟，才取下了电路板。可这电路板我几乎辨认不出来——它已经被一层层的胶带严严实实地包住。师兄捧着这个小东西，给我布置了任务：

"嗯，你要把样品放到这个电路板上，这和你之前做的一样，不过电路板还要引出导线来，也要在接触点涂上银胶……"

我开始端详起这个小家伙来，过了两三秒，师兄又补充道：

"估计你弄好这个就要一天，你先弄好这个，再来叫我吧。"

师兄都认为要做一天才能做好，这个步骤肯定不太容易，但我仍不以为然——之前我也点过银胶嘛，有一就有二……说不定我还能提前完成任务呢！我一边哼着小曲，一边开始了尝试。可是撕掉胶带后，电路板的表面太过光滑，样品放在上面，就会自己微微"打哆嗦"。

一次，两次，三次……经过了六七次失败之后，我才开始重视起这项工作来。可我依然乐观，之前做实验的人，不是用了胶条吗？干脆我也用胶条试试。我心里这样想着，仿佛已经找到了破解问题的万能钥匙。

我剪下来一段双面胶粘在电路板上，再在样品表面涂银胶，只要样品接触电路板，就被固定住，银胶可以让电路连通。嘿，这个主意真是不错！我甚至有点欣赏自己的点子了。

可是我没有想到，刚刚解决了一个小问题，更大的问题就又暴露出来。这个电路板与之前的Y字形支架不同，上大下小，几乎是一个倒锥形，稍有触碰，电路板就会侧翻过来。

花费了一个上午的时间，我终于将样品固定好，轻轻地拍了两下手。

到了下午，我要去连接电路板和导线。这应该不是什么难事，我上初中就会用电烙铁焊电线了！我心里想着，果不其然，第一个接触点很快就完成了。我找到了导线的另一头，正准备再次下手时，哪知这根细细的导线突然"跳"了一下，随即缠在了镊子的尖头上，两个连接点都断开了，电路板也翻了个儿，上午已经固定的样品也脱落了。

一天的努力付诸东流！我又羞又气，深感到这个小样品的"捉弄"，我攥紧了拳头，用眼睛盯着眼前这个"不听话"的小东西——它静静地平放在桌面上，一动不动。我本想一拳砸向它，可想想都觉得不好意思：只要我不动它，还不是"挺听话"的吗？现在想想，如果当时有一阵风把它掀翻，我可能就要重新设计制作一个电路板了。

"唉！"我用手掌拍打自己的大腿，一抬手，正好打翻了桌面上那个盛放银胶的小瓶子。一股刺鼻的油漆味直穿鼻孔，让我感到鼻孔像是被小木棒捅大了一圈。看着一片狼藉的桌子，唉！我摇了摇头——

天哪，怎么会有这么难的操作？

我收拾着桌上的残局，想起了早上我竟还自比为哈利·波特，不觉自己有些可笑：如果我是哈利·波特的话，那"点银胶"就是卷土重来的伏地魔。

回家的路上，我感到头昏脑涨，不知道是不是口罩戴得太久，抑或是那难闻的银胶的味道。

我第二天没有去实验室——或许那位博士后说得没错，我其实并不适合做研究，想到这里，我甚至有点害怕再去实验室。

可是一个人在宿舍，我的大脑却停不下来。不知是不是因为英国的疫情，导致社交活动的减少，我在读博士之后反而时常想起自己曾经本科的经历——那个总喜欢对我说 No 的卷发小哥，那个总标榜自己毕业于斯坦福大学的古怪教授，他们知道我现在的样子会怎样呢？想到这里，我甚至觉得曾经在康河泛舟时经过两岸的一棵棵树、一座座桥都在看着我——要是连这件小事都完成不了，我大概就是剑桥最差的博士生了吧。

没想到，一天的胡思乱想竟也给了我些许灵感：剑桥市里那些宏伟的建筑当年都是怎样建成的？我记得自己曾经看过国王学院教堂的介绍——那高大的穹顶，是先做好木质的固定支架，然后再砌上石头。我的装置要不然也先固定一下？

新的一天，我回到了实验室。我一口气剪下了十几条胶带、电路板、导线等，然后用胶条将它们粘在桌子上。套上了"紧箍咒"后，装置果然"听话"了很多，我利用半天的时间完成了点银胶的任务。我又学着前面的样子，用胶条把整个样品全都包住。做完了这些，我从椅子上跳起来，去找之前带我的师兄。我一边走着，一边如释重负地叹了口气。

我小心翼翼地把样品放到"管道阀门"的最前端，在师兄的指导下，开始一步步组装。

"要先拔固定电路板的两个钉子；然后再非常小心地把插口插进去——注意不要碰到两边的线；最后再把筒套慢慢从上向下套，要尽量保持竖直和匀速……"

经过二十多分钟的组装，"管道阀门"立在了两个蝶形磁场中间。我满心欢喜地坐在电脑桌前，按下了"开始"键，期待着看到同样的结果。可哪知测量刚刚开始，电脑屏幕上的读数就开始大幅震荡，看来又有接触点断开了。

我又花费了二十分钟，一层层打开这个"管道阀门"，一根细细的铜线倔强地伸了出来，果然一根线又断了。又是一天无功而返！我摇了摇头，而师兄却仍然不介意：

"这个东西，就是得慢慢练——"

第二天，师兄主动找到我：

"这么做难度太大，我想了一下，咱们还是应该把导线焊在电路板上！这样，你只需要固定样品就够了！"

我和师兄到了一个专门用于焊接电路的实验室，由于样品太小，需要两人合作，我用镊子夹住样品和导线，师兄用电烙铁完成焊接。原来师兄的手也会抖啊，看来谁也不是天生会做实验，都是练出来的！我看着上下抖动的烙铁头，若有所思。

回到原来的屋子，我又用两个透明的塑料盒做了一个凹槽，使电路板恰好可以卡在当中，不会侧翻。这一下，实验过程终于顺利起来，经过两次的尝试，我就成功连通了电路，看到了久违的实验曲线。

接下来，师兄开始演示如何给这个"管道阀门"降温，这个头连接真空泵，那个头连接液氮的冷凝管，还有一个接口接到温度传感器……眼前的装置已经让我看得眼花缭乱，心里却又说不出来的高兴——这真像是那些在电视新闻里看到的实验报道一样！这大概就是一项真正的科研项目吧！我一边想着，一边记录着数据。

又是新的一周，到了我向 H 教授汇报的时间，我才从师兄口中得知，这不仅是我，也是整个课题组第一次在低温条件下完成这个实验，H 教授在一旁也频频点头。

我也点了点头——终于练好了"点银胶"这个操作，也逐渐迈向了科研的前端。

名校体悟

西方的教育模式更强调创新，这是不少人谈及西方教育时的"第一印象"。但实际上，在指导学生的过程中，我的导师却并不是把"创新"二字挂在嘴边，也并非事事处处都去"挖掘"工作的创新点和新颖性。相反地，他们更加倾向于"提出问题—解决问题"的角度去开展科学研究。提出有价值的科研问题，往往要依靠科学家的敏锐直觉和长期从事科研工作的经验；而解决创新性问题则往往依靠逻辑性思维。因此，对于学生创新能力的训练，也要重视创造性思维的实用性，避免一味地"求大""求新"，要先从解决问题入手，而不应该揠苗助长，期待学生自己提出非常深刻的科研问题来。因为科研问题的提出，是在生产或研究过程中自然而然产生的，再通过科研人员的理解和概括形成严谨的表述，并不是从一开始被强行"设计"出来的。提出前人没有提出的问题，或是解决前人没有解决的问题，这便是创新的真正内涵。这样产生的创新，往往可以由点及面，带动多项研究的深入开展；相反地，被强行"设计"出来的创新，往往只是针对特定的领域，很难再继续扩展或深入。

# 科学家的价值观
## ——"科学界不会只因为你发表的论文而尊重你"

时间转瞬即逝，很快到了 5 月初，料峭的寒风中已逐渐夹杂着丝丝暖意，而我的博士课题也要开启一个新内容——这是一项开始于两年前的工作，有一种全新的金属有机材料，它在我所做的自旋注入实验中，可以当成新型的自旋电流源。

我还记得，在我刚加入课题组不久，就接到过一个奇怪的任务：镀一层铂电极薄膜。我当时并不理解其中的原因，还以为是博士后想来检验我对实验仪器的掌握，直到这时，我才明白——这批样品被寄往了美国俄亥俄州立大学化学系，那里是世界上制备这种新材料最有经验的地方之一，而现在，样品即将被送回来。

一个阳光明媚的下午，我的办公桌上多了一个白花花的泡沫塑料方盒子，也就是饭盒大小，其上是几行歪歪斜斜的连笔英文写成的地址。我拿着它，好像是一个抓奖的彩票箱——我不清楚这里面会有什么，但很确定这里面蕴含着一个难得的机会。

我小心翼翼地打开包装，思绪却早已飘飞。这是我参与的第一项全新的实验！关于这个材料的报道，早已经出现在很多世界顶级的刊物上。也有不少课题组，正在进行着类似的研究——

可看着那一行行冷冰冰的打印体字，我心里也有一丝惶恐——发表过这些论文的研究者们，肯定都比我有经验得多，他们还没有研究清楚的东西，那难度一定……想到这里，我对实验的期望大大降低了，甚至有一种恍惚，赶紧应付完实验，然后告诉导师，这个实验做不出来，说不定还可以换一个更简单的实验。

我一边不着边际地想着，一边走进了实验室，用已经较为熟练的"手艺"，三下五除二，就点好了银胶，固定了样品。

打开测试程序，我记得之前博士后师兄的叮嘱："做这个实验，要先重新调节参数。"我找来相关文章中报道的数据，可哪知量纲单位与我计算机程序的设置并不统一，为本就复杂的实验又增加了一道换算单位的难关，我在一张草稿纸上列了算式，最终写下了一个数字"13.6"。

按下开始键，结果并不出所料，屏幕上只出现了一条横线，上面有些小小的波动，像是一个濒死的病人微弱而不规律的脉搏。

要不再重新调节一下参数？

唉！早就知道结果会是这样！如此前沿的科学实验，哪能这么容易？别浪费精力了。

我的手有点儿发懒，像是一个赖床的孩子。

最终，经过一番心理斗争，我才说服自己，在屏幕中输入"12.8"，再次点击开始键后，便离开了屋子。过了十分钟，我回到房间，立刻就瞪大了双眼——屏幕上一个明显的峰值出现了，但这不同于任何之前见过的图像，它一边略高、一边稍低，像是一个倒写的大大的对钩。

我顿时像一只被吹足气的气球，感觉身体都轻了起来。一棵孕育着无限可能的小草仿佛在我的心间破土而出，让我心潮澎湃。

我一下子蹿到桌前，利用半天时间，完成了一次完整的测量。这样的结果，比之前的任何一次，还要完美无瑕。所有已知的干扰项，在这个材料上完全都看不到。

我迫不及待地把这一结果向我的合作者、我的导师和博士后做了汇报。

等到第二天早晨一醒，我惊讶地发现邮箱里竟多出了十几封新邮件。

这第一封是来自我的合作者——

"太棒了，这也是我们第一次得到这样的数据！你们的测试条件是什么样的？是否使用了'锁相放大'的方法？你们的仪器参数是怎样设定的？微波功率是多少？……我们希望得到尽可能详细的数据，这对我们太重要了！"

这一串串的问号和感叹号，使我隔着屏幕，都能感受到那急切的心情。

可我又有一丝不解，难道科学发现就是这样简单？这实验和我之前做过的本质上没有什么区别，这种新材料就有如此"魔力"，能"操控"科研人员的心情吗？它就是灰色的一小条，静静地落在样品衬底上，若不加以说明，人们恐怕会以为这是个样品用久后落下的灰尘呢！

这些邮件中还有几封来自那位"黑脸包公"博士后，他的口吻依旧生硬，甚至都没有一个惯用的抬头"亲爱的××"。

"好，下面我关注的是，改变底层电极的厚度，或是上层材料膜的厚度，信号会如何变化？"

在另一封邮件中，他提到也可以在中间添加其他有机半导体材料等。

本以为做完一个实验可以休息一下，没想到又收到了新任务！我犹豫了一下，虽然这并非直接来自导师的安排，可这个样品测完之后，这项科研项目该走向何方，我也并不清楚，既然有人给我指出了一条路，那我就做吧！反正他们"资格"都比我老！

新的一天，我走向超净间，准备制备新的样品。我微微低头，迎头撞上了一个人。我抬头一看，正是那位"黑脸包公"博士后。虽然是第一次与他相见，但我一下就认出了他——他与照片中几乎没有区别，穿着一身橘色运动衫，更映衬出他黑黢黢的脸庞，黑色运动裤，浅绿色运动鞋，很符合"理工男"的气质。

"嘿，你好——不好意思——"我心中想起他之前发的那些邮件，正想着如何避免遭遇的尴尬。

"嘿，你好哇，小伙子！你这是去干什么？不要太着急了！"

"这，我——"我有点蒙，一边应付着，一边考虑着措辞，脸上也有点泛红。

"你先别着急走，我今天可没把你当学生，而是把你当成小兄弟，才给你提的建议——"

还没等我回答，他就接着说下去：

"你现在做事情太着急了，你要花点时间去思考，做研究可不只是完成任务那么简单。"

他看我没有反应，用手扶着墙，微微倾斜身体，继续说道：

"一个成功的实验学家绝不仅仅是观测到理论预期现象，更重要的是要对结果保持怀疑精神，绞尽脑汁地想明白所有可能的干扰因素。你知道吗，你凭借你现有的结果就能在《自然》杂志发表文章，但学术圈可能不会因此而尊重你！"

我欲言又止，难道我这个被他在邮件中批评得体无完肤的"菜鸟"，居然能在世界上最好的杂志上发表文章？我有点怀疑自己的耳朵。

"从我收到你的第二封邮件的时候我就意识到了，你是一个特别优秀的小伙子。"博士后仿佛看穿了我的心理活动，"你所做的自旋注入的实验，这是个很重要的实验，几十年前就已经建立了理论，五六年前就有人做过了实验，但我们都知道他测的信号有问题，我特别不希望这些事发生在你身上。"

"我……"我心里一阵发热，竟一时语塞，不知道应该说些什么。

"所以你要慢下来，'慢'可不是让你磨洋工，而是你要有充足的时间思考，这个实验有哪些设计不当之处，而我们该怎么去改进它。你看我，我不是天天在办公室，但我出去遛弯、度假，时时刻刻都在琢磨我的课题！

"你像咱们组的很多中国学生一样，都特别努力，但这不一定就会让你很高产。你不需要天天在实验室待到晚上9点钟——我期待你每天朝九晚五，还能在博士期间发出三篇《自然》子刊文章来！"

"唉！我听懂了！谢谢您！"

"我想让你改变膜的厚度，是要继续证明噪声的确是源于AMR效应，如果的确如此，改变膜厚度会改变电阻，如果是增大，那么电阻应该减小，测到的信号也会变小才对——

"你接下来还应该考虑到，有机材料中电阻并不均匀，等效的效果，就会在两条电极中间有导线相连——"说话间，他伸出手来，对着地板砖一阵比画。

一个小时的长谈后，他突然沉默了。黝黑的脸上泛起一丝绯红，沉默片刻，他又开口了，声音比之前低了八度："不好意思，我现在得上楼开会了。"这才一路小跑地离开。

我转过头，微微一笑，心里觉得自己挺幸运的，不仅遇到了一位睿智而又热情的好导师，也遇到了一位严谨而又负责的博士后。

## 名校体悟

做科研是不是应该以发表论文为目的？对此也应该一分为二地看待。这二者既有区别，又有着紧密的联系。科研成果本质上是人们对世界认知的深化，论文只是其表现形式之一，我们不应该只注意到论文，而忽略了其他渠道：如发明专利，或是对于企业和市场产生的实际价值等。但我们应该认识到，语言是思维的工具，撰写论文的过程本身也是对知识的一种梳理和深化，是将科研人员的朴素认知总结升华为人类知识的过程，也是科技工作者反躬自省、反思自己科研中不完善之处并加以改进的过程。

因此，在科研评价中，应坚持折中的原则，对于科研工作者，的确应该设置发表论文的最低限度，但这并不应该被当作相互竞争的主要依据，更多地应该限制在同行业比较、同一学者不同时期的自我比较。科研人员也不应只以在高水平期刊发表为荣，事实上，西方科学界的认知中，尽管对于期刊的印象也有好坏之分，但他们的认知并不绝对化——并非在高水平期刊发表的文章一定都是好文章，而低水平期刊就不刊登好文章。他们会更看重一项工作的真实学术贡献，而非杂志影响因子带来的"光环"。

# 终于有了成果
## ——我发表的第一篇学术论文

又一个夏天到了。

剑桥的夏天是迪士尼乐园般的存在，片片白云点缀在湛蓝的天空上，轮廓格外清晰。一座座或古朴或现代的建筑，在葱郁优雅的树木掩映下半隐半露，一条玉带般的康河环绕着这个生机勃勃的小城。

随着英国疫苗计划逐渐展开，社会秩序也出现了好转，人们也纷纷回到办公室办公，这其中也包括我的导师 H 教授。

一天下午 5 点多，H 教授在实验室门口叫住了我，他提醒我："最近你的实验进展很快，可以考虑写一篇文章了。"

听到这个消息，我的心怦然一动，以至他接下来的几句话我都没有听清。虽然我从本科就开始接触科研，但自己还没有独立写出过一篇用于发表的论文。众所周知，相较起所在单位的名气和声誉，对于每一位科研工作者而言，发表论文的质量和数量，才是衡量一个人的学术水平与科研能力的一个主要指标。我虽然身在剑桥大学最负盛名的研究所工作，但没有独立写过论文，总觉着自己还不能算是个"知识分子"。

我终于也要独立完成并发表一篇论文了，等到自己名字被印在学术期刊之后，自己才算是个"货真价实"的科研人员。

H 教授显然没有看出我脸上的表情变化，他的嘴唇依旧快速地动着，等我回过神来，他已经开始给我交代论文的写作思路：

"一篇论文正文大概写个六七页吧，要放五张图——

"你的这篇论文的故事主线应该是：你的自旋注入器件有哪些可能的干扰信号？我们是如何利用新材料减少了干扰，最终产生非常干净信号的？"

我留学之后，已经写过不少的英文报告、本科与研究生的毕业论文等，英文写作、字数要求对于我已不算什么难事，接到这个任务时，我也没有太当回事儿。直到我开始琢磨 H 教授所说的话，特别是他用到"故事线"一词，我才感到难以理解——

难道科学论文也要像写小说那样，还要写出起因、高潮、结尾？或者还要制造个悬念，用什么样的语言吸引读者吗？

要是毕业论文，那不在话下——我知道读我论文的是我的导师，本科、硕士、博士，我对导师们的喜好早已略知一二。可这论文一旦发表，读者又会是些什么人呀？是像 H 教授那样的"学术大咖"，还是像我一样的学生？他们的兴趣我又该如何捕捉呢？

真正动笔，还是一件很难的事情。因为与此同时，我的另一个项目也已经如火如荼地开展起来。做实验可比写作有意思得多——实验室楼里大大小小的几间屋子，我已经非常熟悉；各式各样需要的工具，我甚至闭着眼都可以找到。一个个原本只存在于脑海里或是设计图上的小物件，一步一步被加工制造出来，严丝合缝地安装在那些复杂而庞大的机器上，使那些精妙的仪器又具备了"新技能"。即使有自己解决不了的问题，我也不用担心，翻开实验笔记本第一页，就是负责解决各种技术难题的师兄师姐还有实验室相关技术员的联系方式……

"这哪里还像是科学研究？分明就是一个小孩子在家里玩拼插玩具！我要是能回到过去，告诉七八岁的自己，在世界顶级学府读博士竟是这样的学习状态，恐怕刚上小学的我就要跑到学校里去造反啦！"

沉浸在这样的想法里，我就更加不愿意坐在电脑桌前一字一句地"码字"了。

就这样，前前后后我竟又拖延了半个月，直到新一周的组会上，H 教授又提到了同样的话题：

"你务必要尽早开始论文写作：这篇论文不仅对你个人、对咱们组有意义，同时我们的合作者也希望看到我们的科研产出。"

直到听到平时对我一向温和的 H 教授使用"务必"一词，我才意识到论文写作是一件迫在眉睫的重要任务。

为平衡好日常实验进度和论文写作，我思前想后决定借鉴去年冬天完成论文的经验——把写作任务化整为零，利用几个周末的时间完成论文。

我挠挠已经发麻的头皮，逼着自己点开半年前导师发来的几篇文章，准备借鉴他们的文章结构"照猫画虎"。我先列出了文章框架：研究背景，实验方法，实验结果，结论……与此同时，我把自己之前绘制的实验结果图表，一股脑地粘贴到同一个 word 文档中。看着一个个大小不一的图片，再回忆那几篇导师推荐的科研"范文"，顿觉脸上有些泛红。我下意识地揉了揉眼睛，尽量不去想自己的现有成果距离发表还有怎样艰难的长路。

又是一个周末，我又坐到电脑桌前。俗话说万事开头难，一旦开始动笔，我的进度就快了起来，仅过去的一个周末，我就完成了一大半的初稿，直到写到"实验结果"的部分——

"根据函数拟合的结果，我们可以证明，信号有如下几种原因……"

等一下，到这一步，读者可能还会提出发热产生信号的可能性？不过……我想到这里笑了一下，感觉自己的口吻像是一个操心的母亲，在"批评"一个爱顶嘴的青春期叛逆少年。

最好的办法，就是再加这样一组对照实验，在两层薄膜间加上绝缘层，热量可以传导，但电信号传不过来——氧化铝就挺好！

"边做实验边思考"，直到这个实验的最后阶段，我才理解"黑脸包公"博士后建议的深意。

新的一周开始了，我带着脑海中的实验方案来到实验室。但没有想到的是，我经常用到的一台实验仪器——磁控溅射仪，却又偏偏在这个时候坏了。

自己的科研道路，还真是命运多舛！小时候读到《西游记》中唐僧取到真经后，仍经历通天河湿透经书的"第八十一难"，倒是颇合现今的情境。此时，我反而感到能够参加这个课题的研究，并能一路坚持下来，这本身就是一种幸运。

当科研仪器被送回来之后，又已经过去了一个月。解决了诸多的问题之后，我也完成了论文的写作任务。

回到实验室，新的实验任务又摆在眼前。

"唉，我这也都经历过了，轻车熟路了。"我心里默默想着，同时换好了超净间的实验服。

新目标，再出发。

　　"学而不思则罔，思而不学则殆。"中国古代教育家孔子指出了学习和思考的辩证关系。对于博士生而言，协调好"学习""思考""实验"三者的关系尤为重要。由于西方国家的科研氛围相对宽松，导师一般只会询问学生实验结果的进展，导致学生容易陷入"埋头实验""完成导师任务"这两点一线的循环，最终成为导师的顺手工具，而非具有独立思考能力、可以开拓新兴研究领域的专家。我认为，优秀的博士生应自主安排自己的工作时间，并具备一定的"定力"，不应一味地让自己的作息"跟着导师走"或是"跟着项目走"，而应该平衡好每天学习新知（如阅读新论文、参加或旁听前沿学术会议等）、完成实验工作、反思目前工作的时间，如果有发表论文的计划，也应安排特定的时间专门用于写作。

　　如何在漫长、枯燥的科研过程中保持积极向上的心态？我想，除看得见的物质激励之外，更重要的是要发掘科学研究本身的乐趣。比如：当研究者在按计划完成自身设定目标的过程中，体会到成就感；在反思过程中发现自己的进步，从而寻找到自身价值，或者是找到新的研究方向，从而引发强烈的好奇心；阅读论文过程中发现相似结果、实现相互印证时的小惊喜……与许多工作相比，科学研究是一件"孤独"的工作，因此，能否学会"慎独"与"自处"，在"孤独"的工作中自得其乐并且感染他人，这也是科研工作者需要具备的一项核心能力。我国正向科技强国逐步迈进，在人才培养方面，除培养科研能力之外，也应注意培养科研人员发掘科研乐趣的能力，并在社会上形成尊敬科研事业、热爱科研事业的文化氛围，在科学研究的层面上，一改"要我做"为"我要做"，使科研人员拥有更加积极的心态，才能更好地推动人类科学技术的进步。

**辑五**

Series V

# △趣味十足的课余生活

在英国，学习之余的生活相对国内而言更显闲适，我利用周末的时间也参与了很多课余活动。

# 周末怎么过
## ——参观、旅游开眼界

在英国，学习之余的生活相对国内而言更显闲适，我利用周末的时间也参与了很多课余活动。

那还是我刚到诺丁汉不久，在基本适应了学习生活之后，我就利用一个周日参观游览了市中心的"司法博物馆"（National Gallery of Justice，虽直译为美术馆，但这里译为"博物馆"更妥当）与"洞穴城"（City of Caves）两个博物馆。由于二者距离不远，参观时间也都不长，两个博物馆索性也就顺势卖起了套票。这样一来，只需半天，即可游览诺丁汉市的这两个重要景点。

入冬之后的周日下午，天气总会有些阴沉，只要不刮风下雨，也算是一个好天气了。我坐上了去往市中心的有轨电车——尽管这车由内到外都透着一股现代气息，特别是青绿色与灰色相间的流线型的车身，看着真像是"高铁"列车，可是这车速却一点儿也不快，我坐在车上，一直注视着窗外一个骑山地车的小伙子，当电车全速前进时，也就比这个小伙子稍微快一点儿，可是不久列车就要到站减速，自行车就超了过去……就这样一前一后，我到达了诺丁汉市的中心。

诺丁汉市属于丘陵地势，这所谓的"司法博物馆"，也坐落在一座山包的半山腰上，是个半地上半地下的建筑。走进入口后是个大堂，能有两三层楼高，四周的墙壁都用暗红色的壁纸铺成，略显老式的吊灯，一走进就有种阴森和压抑之感。我到达前台，向工作人员出示了预约门票，得知这里每半小时会组织一次导游带领下的游览，向周围看去，果然大厅里已经聚集了几位游客。

大约等了十几分钟，一位导游从前台里走出，站在人群中。这是位中年女性，金黄色的头发透出一点玫红色，她身上穿着几片粗麻布制成的衣服，据介绍是模仿当时的狱卒，不过她脸上透着一分和善。在游客中，最前面的是一位留着络腮胡楂的父亲，手里抱着一个小男孩。小男孩眨着眼睛，一只手搭在父亲的肩上，另一只手使劲地向前够着，几乎要抓住那位导游阿姨。

　　"欢迎大家来到司法博物馆参观，这是全英国非常有名的一个法律历史博物馆。这里是由18世纪连在一起的法庭、监狱和警察局改造而成，这是当时司法系统的一个非常典型的结构。

　　"除此之外，这里也收录了很多英国中世纪的刑具，比方说咱们头顶上——"

　　我顺着她手指的方向看上去，才发现天花板上悬吊着一个人形的铁箍。

　　"这是中世纪的一种刑法，人被箍在里面完全动弹不得，还会被这样箍着游街示众。最长的纪录是一个犯人被这样箍了67年，等他死后变成了白骨，才把铁箍打开！"

　　我们顺着游览路线走进去，第一站先是进到了一个法庭的审判厅。与我以往对法庭的印象不同，这个法庭虽然不小，但里面摆得满满当当。正前方是一个高大的座席，楠木上雕刻着精美的花纹，右手边还竖立着一只权杖。左右两侧分别有几排木质的长椅，用木制的围栏包围着，游客都被安排在一侧的围栏里。

　　再往后看，一排排的长椅，大概是旁听席了。而这中间孤零零地摆着一个椅子，应该就是被告待的地方吧。

　　"你们看，这是英国维多利亚时代一个典型的审判厅。左右两边你们坐的位置，是陪审团和律师的位置，陪审团是最重要的团体，由他们决定案件走向，并且判断被告是否有罪。最开始，陪审团成员大都是罪犯的邻居或熟人：人们觉得越是对罪犯了解的人，才越能做出正确的判决。到了19世纪，陪审团成员才逐步由专业人士担任。"

　　真是没想到，我原来以为西方法律特别重视公平，所以会注意避嫌呢！没想到最初是这么想的。

　　"最前面的位置是法官，法官在法庭上更多的像是个'主持人'。这个法庭一直被用到 1980 年，你们看这后面有个钟表，已经不走了，这上面显示的就是法庭最后一次休庭的时间。"

我往后墙看去，果然，墙上有一个外观颇为现代的挂钟，白色的圆形表盘上面写着罗马数字，和家中使用的挂钟没什么区别，黑色的指针定格在 11：15。

"被告席的后面，就是地下监狱的入口，犯人一旦被判有罪，马上就会被转到地下的监狱。不过这监狱早在 19 世纪就停止使用。"于是跟着这位导游，我们每个人都离开了自己的位置，走向了下面的监狱。

走在岩壁上凿成的隧道里，一股又湿又冷的寒气包围着我。走到尽头有个小台子，这是狱卒值班的地方。两侧都是一个个牢房，走进其中的一间，四壁空空，只有一个装有铁条的小窗口。

"你们知道吗？在当时，即使是住在监狱，每个月也是要交'房租'的。监狱里的各样生活用品，床单、被罩等，也都是要收费的。"

这可真是新鲜，果然是"资本主义"国家啊，我暗暗想着。

"可是对于穷苦的犯人而言，如果交不起房租，也不可能把你放出来。如果是女犯，监狱往往会当卖她的首饰来抵'房租'，至于没有值钱东西的犯人，可就更悲惨了——"

说罢，导游走到狱卒值班的台子上，拿起一个特大号的钳子。这个钳子有半臂长，纯铁打造，导游用两只手才勉强举起来。

"——监狱会用这个拔掉他们的牙齿。"

说到这里，刚才那位小男孩走到前面。

"咦——"一只手还伸到嘴里。

这时这位导游也俯下身用这大钳子比着："要不要给你试一试啊？"

这位小朋友马上用两只手捂住了嘴，瞪大眼睛看着这位导游，他的父亲顺势把他抱起来，游客中间爆发出哈哈的笑声，这位父亲脸上也露出了一丝笑容。

笑声过后，这位导游继续说道："这也不是单纯为惩罚犯人，而是另有原因：当时的人们都不注意清洁牙齿，一些锦衣玉食的有钱人，往往三四十岁满口的牙就掉光了。他们会四处收购别人的牙齿来做假牙，所以监狱会出售犯人的牙齿用以顶替房租。"

"你们再来看这个牢房，"导游说话间指向一扇紧闭的铁门，从门上的一个小铁窗看进去，里面黑洞洞的，仅能看清它的高度还不及其他监牢高度的一半，"这个监牢是为一些特殊的死刑犯预备的，狱卒把犯人丢进去就再也不管，直到他们被活活饿死。"

再往下走，大概到了山包的底部，有一个半露天的广场，上面摆放着一个木质的绞刑架，听导游介绍，这便是处决死刑犯的场所，若是犯人在法庭上被判处死刑，随即就会在这里执行。与我的想象不同的是，这个绞索的最底端是一个金属铁圈，据说这样更便于犯人在短时间之内毙命。在雨水的冲刷下，绞刑架的木材虽然已经糟朽，在天空中低沉乌云的映衬下，还是显出一丝恐怖。

一小时左右，司法博物馆之行就走到终点，出口处，一张海报上列举着博物馆近期的活动，其中一个未开放洞穴区域的探险，引得刚才那位小朋友驻足良久。

从这里出去，一街之隔就是一个购物中心，而我要去到的第二站——"洞穴城"的入口，就设在这购物中心之中。刚才一同参观的绝大部分游客也都来到了这里，其中就包括那个父亲和那个小男孩。

刚来到入口处，每个人就被发了一顶黄色的安全帽。"嚯！没想到这里的保护措施这么严密，看来这下面的路应该不太好走。"不过这也更激起了我的兴趣，我们戴好了安全帽，跟在一位男导游后面，走向房间尽头的旋转楼梯。

这楼梯果真非常陡峭，我手脚并用地爬到底端，才看到下面是一个圆形的洞穴。导游介绍，这里是古时候当地人的一个酒吧，所谓洞穴城是指古时候，由于诺丁汉是个山地之城，只有少数有钱人住在地上，有相当一部分人是住在由山体凿成的洞穴里，所以这地下不仅有房屋，还有不少公共设施，经过多年的挖掘，已经是四通八达。

穿过酒吧往前走，便到了当地人处理污水的地方，这个长长的洞穴也是水道，污水从中流到洞外。水道中间立有几块大石头，以供人通行。不过这里早已经弃之不用，自然也就没什么气味，只有一股潮气。

再往前走，便是后期扩建的部分。第二次世界大战时期，诺丁汉作为英国重要的工业城市，也遭受到了密集的轰炸。因此在古时洞穴的基础上，又修建了不少防空洞。走着走着，我就看到一枚德军曾经投下的炸弹模型，斜插在土地里，弹体上装有一个银白色的小匣子，上面还有一圈旋钮，应该是定时器了。这旁边洞穴壁上贴着不少海报，比如"听到警报，立即躲避""戴好防毒面具"等，走廊里的油灯一闪一闪的，再配上这枚炸弹，还真有一种紧迫感。

旅行就这样结束了，回到学校，我又投入到忙碌的学习生活中。

英国是一个"文化之国"，很多城市都有着悠久的历史，并且很多古迹都保留完好。所以在英国留学的课余生活是丰富多彩的。建议同学们充分利用周末时间，适当提高学习效率，用一天的时间复习功课或自学新知，用另一天的时间来开阔眼界。这样安排既是放松心情、缓解疲劳的好方法，又可以使人精力充沛地进入新的一周。正所谓"文武之道，一张一弛"，这样做比拖沓地度过周末要好得多。

# "百变"的公园
## ——公园变身展览馆

在诺丁汉大学读书时，我发现大学校园北侧有个仅容一人通过的小后门。从这里走出学校，一街之隔，便是当地颇有名气的绿地公园——沃兰顿公园（Wollaton Park）。

这个公园占地面积几乎和旁边的大学一样大，虽然建有围墙，定期还会有人打理，但却始终免费对游人开放。由于景色优美，这里一年四季游人络绎不绝，还在电影《蝙蝠侠》中被选为"韦恩庄园"的取景地，更是吸引了不少影迷们前来参观。我在功课不忙时，也愿意来此锻炼身体，作为一种学习之余的调剂。

说起公园的美景，就要先提一提它的布局：整个公园东西方向略宽，南北方向稍窄，西侧是一潭月牙形的湖水，东侧是一座坡度很缓的山包，整体倒是很符合"依山傍水"的园林设计规律，也可谓是个"风水宝地"。整个公园被碧绿的草坪所覆盖，置身公园之中，总能闻到一股浓浓的草香味，远远看去，也会给人一种融和宁静之感，对于学习之余的减压，效果颇为明显。

进入公园，徐行几百米，便可看到那一泓湖水。一排不知名的树木整齐地排列在岸边，由于正值秋冬，树叶早已经脱落。只剩下光秃秃的树干和遒劲的枝条，水面上还漂浮着不少发黄的秋叶。

英国的冬季不算太冷，但雨水却特别多。因此，草坪比其他季节显得更加碧绿。沿着草坪中间开成的泥土小路向山坡上爬行，便能看到位于山顶的沃兰顿城堡。这个城堡虽然只是个单体建筑，可规模却非常宏伟。它的主体是一个三层的楼宇，整个建筑呈灰黄色，一扇扇高大的落地窗，被分成许多小方格，尽显古朴的英伦气息。三层建筑之上，建有一座四方形的高塔，四角还有圆柱形的小配楼，圆锥形的尖顶高高耸立。整个建筑前后左右完全对称，屋顶再配有那样锯齿状的花纹，城堡后面有一个花园，还有一个温室花厅，远远望去，也颇有一种《哈利·波特》中魔法学校的感觉。山坡上设有几个长椅，草地上也坐着不少人，此等浪漫的场景，也是年轻人谈情说爱的好地方。

后来，我来到剑桥，每天都能见到这样的英式古建筑，但这个公园在我的记忆里始终留有一席之地——剑桥的建筑虽然更加宏伟华丽，但是其地势太过于"一马平川"。这里则不然，"山不在高，有仙则名；水不在深，有龙则灵"。站在小山包上既可以欣赏优美的建筑，亦可以俯瞰公园的全貌，远远看去，那一潭静谧的湖水，有如绿毯上镶嵌的一块水晶宝石，使这里颇有灵动之趣。

从山的另一侧往下走，运气好的话，还能看见几只梅花鹿。据说，在沃兰顿公园，有一大群梅花鹿，在每年春夏之交最为活跃，这也是当地的一大胜景。尽管我多次光顾，但始终没有这么好的运气，只有一次见到过一只落单的梅花鹿。它通身白色，侧卧在草地上，大概也是在欣赏着夕阳的景色吧。和我印象中不同的是，它的鹿角有些发灰，弯弯的鹿角倒像是在这只鹿的头顶焊上了一副铁架子。这只鹿有些惧怕生人，对周围两三米之内的一切动静都显得十分警惕，一个小朋友想绕到鹿的身后拍照，不料这只鹿突然站起身来往前紧逼两步，把这个孩子吓得直往后退。

这个公园不仅拥有优美的风景，由于其面积很大，还经常举办一些大型活动。在一个夏天的周末，我意外地碰上了在这个公园里举办的一场"老爷车展"，此时的沃兰顿公园完全是一片新景象。碧绿的山坡草地上停满了花花绿绿、式样各异的小汽车，一眼望去有点儿像过年时的庙会，又像是大学的校庆"嘉年华"，与远处高耸的古堡形成鲜明的反差。

这里参展的老爷车大都是车迷们的私人收藏品，大都拥有几十年甚至超过百年历史，其中不乏驱车上百公里来参展的"发烧友"。这些车已经根据年代早晚被划分成若干区域，我和几个同学从早期的车辆开始看起。早期的车大小不一，外观也是千奇百怪，但保存得非常干净，比如有辆早期的劳斯莱斯，T字形的黑色车身，车内全部是咖啡色的真皮座椅，还保留着向后拉开的后门，真像是电影中看到的场景。

在展区的侧面，我又看到了几个改装车的展区，其中一位大约五六十岁的老伯跟我们攀谈起来，他身体敦实，尽管穿着衬衫，但胳膊上还能显出几块肌肉，说话声音特别洪亮：

"来看看，这是我的车——"

我顺着他的声音望去，他的车也就像婴儿车那么高，只有一个驾驶室完全露在外面，他的车能有一人多长，整个车辆米黄色与红色相接，但也是老爷车那样的T字形布局。

"这车完全是我自制的，除了找朋友买了发动机之外，剩下的全是我一个人弄的！"说到这里，他下巴微微收起来，很是自豪。

"这辆车我一共做了二三十年，功夫不负有心人！开起来感觉可好了，我就是开着它赶到这里来参展的。"

我们一位同伴提问道："您之前是做什么工作？您是工程师吗？"

"说对了，我原来就是一位机械厂的技师，平时就喜欢捣鼓这些玩意儿。"

我提出跟他合影留念，他的兴趣就更大了，他一手搂着我，一手指着他的杰作。拍照后，他还特意邀请我坐进驾驶室里。当然，当他把车开到展区后，就把车的发动机卸下来放在一旁，他也毫不担心我会发动车子或把它弄坏。

再往前走，我发现了一件颇为独特的展品——一辆通身墨绿色的军用敞篷吉普车。它的底盘比其他车高出一大截，车子里面堆了不少零碎——军用水壶、压缩饼干、午餐肉、军用罐头等，车前的副驾驶座上，还架着一挺德国造 MG－42 式机枪。和这辆车的车主聊了两句，我才知道，原来这位老爷爷是一位参加过"第二次世界大战"的老兵，这辆车和车上的东西，大多是他所在连队缴获的战利品。我绕着他的车转了一圈，发现他的车后还戳着一把德制的毛瑟－98K 步枪。这位车主见我喜欢，直接把枪拿过来递给我：

"给你，试试看！"

我从小也算是一位军迷，但也只是在博物馆、杂志图片上见过枪支弹药，这还是第一次摸到这个"真家伙"。枪的弹夹已经退下，木质的枪托几近于黑色，拿在手里感觉冰凉。这条枪的分量可是不轻，枪杆又细又长，我得专门走到车旁边的一片空地上，才能把它举到胸前。这时，这位老兵接过枪来，熟练地把枪栓往后一拉，又向右侧一扳，看了看我，又举起枪来对准了远处的城堡。我心中不禁佩服起来——看来职业军人和业余"票友"之间的区别真是太大了。

## 名校体悟

英国的绝大部分城市都非常重视公园与绿化，在很多城市中都设有或大或小的公园或者户外健身设施。这些公园中有时也会开展一些当地的特色活动，比如在剑桥大学、牛津大学各学院中进行的"五月舞会"，诺丁汉举办的 Goose Fair 嘉年华，林肯市圣诞集市，爱丁堡的跨年烟火表演等。留学生如果留心，很容易在细微之处体味到别样的异国风情。

在英国各大公园举办的文化活动中，一项非常有名的活动是盖伊·福克斯之夜(Guy Fawkes Night)，是每年11月5日晚上在全英国各大城市的公园中同时举行的烟花篝火表演。它的背景是为了庆祝一次炸毁英国议会大厦阴谋的破产：相传17世纪初，由于国王詹姆士一世支持新教打压天主教，一伙天主教"反叛组织"的成员决定用火药炸毁英国议会大厦。盖伊·福克斯本是个军人，在不知情的情况下加入了这一组织，并以爆破专家的身份被安排实施这项计划。他们挖出一个通向上议院地下室的地道，向那里集中了36桶火药，企图在1605年11月5日炸死国王和所有议员，但因有人告密，这项阴谋在实施的几小时前被粉碎了，盖伊·福克斯和这项计划的其他参与者均被处死。民间也因此留下一首民谣：

Remember，remember！（记住它，记住它）

The fifth of November，（十一月的第五天）

The Gunpowder treason and plot；（那场用火药颠覆国家的阴谋）

I know of no reason（我不知道还能有什么原因）

Why the Gunpowder treason（使得后人）

Should ever be forgotten！（忘记这场"火药阴谋"）

此后每年的11月5日，人们都会燃放烟花并焚烧象征盖伊·福克斯的稻草人，以此庆祝这场颠覆国家阴谋的粉碎。盖伊·福克斯的形象，也被用于电影《Ｖ字仇杀队》。

# 业余"驴友"出行记
## ——英国国家森林公园一日游

热爱自然可谓是欧洲人的一大天性，不少英国白领都会利用周末休息的时间，深入到英国的乡村或田野，进行徒步运动，这不仅接触了自然，也锻炼了身体。我刚到英国不久时，就碰到了几个爱好徒步运动的华人老生，得以体验这项有趣的活动。

英国的地形是"北高南低"，南边的英格兰地区较为平坦，北方的苏格兰地区却是山峦起伏。不过英格兰地区也有着峰区、湖区两个大型的郊野公园，我们第一次的目的地便是峰区。

当时我刚到英国，对此类活动毫无经验，看到师兄在微信群里提的建议：

"带好防雨用品，穿好舒服的衣服和鞋，带好午餐。"

我只是在周五晚上买了几个三明治，第二天一早，穿上旅游鞋，带了把雨伞就出发了。

谢菲尔德是最靠近峰区的城市之一，无论是选择乘坐火车还是汽车进山，大都要在此换乘。我们一行五人，在一位年纪较长的博士师兄带领下，换乘了一列只有两节车厢的老式火车。火车在群山中间缓慢前进，时不时还发出吱呀吱呀的声音，离开市区后，在盘山路上行驶，窗外的天空灰蒙蒙的，几行细雨划过车窗，玻璃上倒映出前排紫色的座椅靠背。

等我们下车时已是中午时分，当时刚好雨过天晴，但是空中还弥漫着湿漉漉的潮气。火车站边上是个小山村，躺在群山的臂弯里，车站很是简陋——月台上立着一排金属栅栏，尽头有几磴台阶，通向一条柏油马路，这就算出站了。有不少人在此处下车，明显可以看出是一群群"驴友"，他们大都身穿鲜艳的冲锋衣，有的还背着专业的登山包，五颜六色的。

沿着铁道边的柏油马路走下去，经过几户用石头堆成的房子，就到达了村中央的十字路口，对面有一个白色的二层小楼，门口还有几排桌椅和遮阳伞。街角有个简易的木质路牌，上面用黑笔歪歪扭扭写着几个单词："Pennine Way。"

"这是 Pennine 路线，是峰区最有名的路线了，路程也最长，一直通到苏格兰。我们一天肯定走不完，咱们能走多少算多少吧！"这位负责的师兄向我们介绍着，大概他最近也久坐不动了，说话间还有些喘。

我们在这里转而向左，前方一座翠绿色的山坡出现在眼前，它的坡度很缓，半山腰以下是绿莹莹的青草地，而山顶则是郁郁葱葱的树林，好像一个尖顶帽扣在其上。徐行几百米，便走到了水泥路的尽头，前方是碎石铺成的小路，坡度也陡起来。

不一会儿，村子就被我们甩在了后面。山坡上的草地被石头砌成的半人高的围墙分成了好几块，几只山羊时不时露出头来——当地人利用山坡草地，改造成了牧场。绿色的山坡地，悠然自得的羊群，砖石分割出的几何图案，这些真是我们整日生活在水泥森林里的留学生们难得一见的景象。偶尔太阳从云的缝隙中洒下几道金光，引得不少游客驻足拍照。

这时我们路线再次转折，变成了半山腰上绕山而走的盘山路，这里的道路已经完全是行人蹚出的土路，从牧场中横穿而过，经过一上午雨水的浸泡，路面已经是泥泞不堪。我现在吃尽了准备不足的苦头，在道路上左蹦右跳，躲避着路上大大小小的水坑，运动鞋的鞋底很快就沾满了泥水，变得又湿又滑，我伸开双臂，肩膀左摇右摆，艰难地保持着平衡，时不时打个趔趄。而身边不少"驴友"，都穿了专业的防水徒步鞋。他们直接蹚水而过，我只得走上道路两旁的草地，还怕他们溅起的泥水溅湿了我的运动鞋。

再往前走，一道水泥围墙横在面前，还有一道没有锁的栅栏门。我们坐在墙下的背风处，简单吃过午饭，这才走进小门，开始进入正式的登山之路。这里的小径更加蜿蜒曲折，在树林里延伸着。一条沙石小路，中间还有不少碎石子，可能是游人蹚出的小路，也可能是干涸的河床，这里的草地比较稀疏，一眼望去，尽是褐色的泥土和树木的躯干。

此时的我，尽管处处小心，鞋里仍然进了不少水，山风一吹，感到脚上一阵冰凉，就好像踩进了冰冷的溪水中。

走着走着，我又遇到了一个大困难：前方是登山小路的狭窄处，仅供一人侧身通过，一侧是陡坡，另一侧是山涧。我只得面向陡坡，一步步地往前蹭。此时我裤脚、鞋袜都已经湿透，本就寒冷难耐，再加上刚才为躲避水坑，消耗了不少体力，双腿不停地打着哆嗦。

突然间，我一步没有踩实，身体就要下滑，我"妈呀"一声，赶紧把身体贴在了山坡上，才算"逃过一劫"。在同伴的帮助下，我才又站起来，吓得我喘了半天的气，过了好一会儿，心跳才平静下来。

我们原计划登上前方的山顶，但走到下午 4 点钟，路程还差 1/4，我们正处于山顶下方的一处陡坡前。向上看去，山坡上全是怪石，上面还长了些青苔，又湿又滑；向下看去，远处的村庄早已消失在视线之外。这时的太阳已经开始西斜，身边的一行人看出了我们的疑虑，他们的领队走到我们面前停下来：

"嘿——你们还是回去吧，上面这段路可不太好走。"

他身材高大，非常结实，背着个大背包，身穿红色的冲锋衣，只露出一部分脸。他留着一脸胡子楂，倒显得特别憨厚，边走边用手里的登山杖比画着。

"天马上就黑了，我们是准备上去露营的，你看，我们带了帐篷、手电，还带了烧烤架……"

我们几个人频频点头，都羡慕起他们专业的装备来。

他看我们还有疑虑，又看到我满身泥土的狼狈相，补充道：

"你们往回走吧，安全第一，你们说是吧？"

"今天的徒步，只走了三个小时——"我心里暗想，虽然有些不情愿，但我注意到，这时太阳已经落在远山后面。天色确实不早啦，我们应该下山了。返回的路上，我们加快了脚步，但我心里却丝毫不慌：有经验丰富的师兄带着我们，肯定没问题。当时我虽然鞋已经完全湿透，但是由于运动，我反而还出了一些汗。

可谁知这时，那位带领我们的师兄却"大意失荆州"，在经过一条土路时，踩到了一块小石子，一下子崴了脚，一屁股坐在地上。

他几乎站不起来。不得已，另两个朋友架起他的双臂，才能拖着他继续前行。

看到师兄龇着牙，走起路来一瘸一拐的，我心里也没了主心骨：原以为跟着他肯定没错，可哪知道他先负了伤，以这个速度，天黑之前能回去吗？我脑中闪过不少外出郊游被困深山的新闻，顿时手脚冰凉，打了个寒战。

在山里天黑得很快，不到半个小时，天色已经完全暗下来，这时我们才回到了牧场附近，由于没有灯光，几乎已是伸手不见五指。只有靠两个同学打开手机的手电筒功能，才能勉强看清前面的路。

就这样，我们5个人簇拥着挤在一起，共同架着师兄，而师兄根据记忆指挥着方向，我们才勉强完成了这次有些惊险的旅行。

这次徒步旅行之后，我增长了不少经验。第二次徒步旅行前，我提前一周去购买了防水的徒步靴、冲锋衣、背包等，可谓是全副武装，这才算是真正体会到了徒步的乐趣。

名校体悟

在英国，人们从事各项体育运动大都会准备专门的装备，比如进入攀岩场地，大多数人都会穿戴专用的攀岩鞋和手套；人们在进行羽毛球、网球、篮球、足球等运动时，即使并不非常专业，往往也会穿上专门的运动鞋和运动衣。这些不仅能够使人在运动时更加舒适，同时也能够起到很好的保护作用，所以在欧洲，较少有因为运动而伤到脚踝和膝盖的情况发生。

英国的登山与徒步运动，与国内有很大不同。英国的山峰大都属于"郊野公园"，其登山路线大多是由游人踩出的土路，而非砖石铺成的台阶，所以专业的防水登山靴非常必要。由于英国多雨、多风的特点，防水的冲锋衣和登山包也要比雨伞实用得多。另外，在异国他乡参加野外活动，安全是重中之重，务必结伴而行，在前期规划路线时，就要做好充分的安排。由于英国的大部分"郊野公园"手机信号较弱，所以在出发之前，应和自己的好友联系，告知他们自己的目的地和返回时间等。

# 学习打网球
## ——英伦流行的体育运动

在英国，体育运动可是业余生活的重要一环。在诺丁汉大学交换学习的最后一年，我也"入乡随俗"参加了大学的网球俱乐部，领略了这项英国的"绅士"运动。

与网球俱乐部结缘，还是在一次观摩新生周社团招新大会的时候。我本来只是无目的地瞎转，走到网球俱乐部的宣传摊位前，一位学生模样的金发小伙子，穿着俱乐部统一的深绿色帽衫，主动迎上来，追着向我介绍：

"本周三我们有场训练体验课，是免费的，任何水平的人来了都会有收获。"

说罢，还给了我一份单张宣传材料。

听到"会有收获"四个字，我来了兴趣。我在国内时也曾经找过教练学过网球，但始终不得要领，动作做得挺卖力，就是接不到球。听说英国是网球运动之乡，难道训练起来还有特别之处吗？抱着好奇的心态，我就按照宣传材料上标明的时间，赶到了网球中心。

网球中心位于大学的南侧，入口处有几间单层的房间，既是接待处，又是体育用品商店。早已有一位身穿网球俱乐部帽衫的小伙子站在招待处门口，他示意我稍等几分钟，等到又有两三位球友到来时，便把我们领入网球中心。

这座网球中心可真是不小，大大小小的网球场能有十多个，有两个铺着草坪，旁边还有两排看台，剩下的都是塑胶场地，最远处还有一个塑料充气的大棚。

穿行在这一个个的场地中，心中不禁为左右两侧的健儿们叫好——

这些打球的人有男有女，有老有少，甚至还有些满脸雀斑、稚气未脱的小朋友，有的没比球拍高出多少，但他们一个个动作洒脱自如、行云流水，我几乎都看不到球的位置，就只能听到一声声球与球拍的撞击声，"砰——砰——砰——"，清脆而富有节奏，能传出好远。

英国人网球水平是真高啊，我是不敢有什么奢望了，但既然是迎新课程，任何水平都可以参加，那我也就来"凑凑热闹"吧。

我心里暗暗想着，跟着这位俱乐部工作人员走向了最远处的充气大棚。一进去，我的心就踏实下来了，大棚中共有三块场地，距离入口最远处的场地旁聚集了不少人——这些绝大多数应该是大学的学生，有的还穿着牛仔裤，书包杂乱地堆在角落里，一旁的地上还摆着不少球拍。

我走到近前，发现一位身着俱乐部队服的小伙子站在球网的左侧，他留着短短的金发，一对三角眼深深地凹下去，但眼珠却不停地左右扫视着，他的身体偏瘦，但是透着结实。

"欢迎你们加入，先去拿个拍子——"他嗓门特别大，旁边场地的朋友们也都看向他。

"我再来重复一下咱们的规则——我来为你发球，你和对面的那位同伴对打，如果你打赢他两个球，那么你就是'冠军'，你就到对面去，否则就换下一个人继续挑战——来试试吧。"

我拿着拍子看了一会儿才上场，这期间有一位身穿红色夹克的非洲小哥挑战成功，而我即将和他"对战"。

"注意啦——开始。"

这位发球人的球速很慢，球又正好发到了我的身边，我就用之前学过的姿势打了过去，对方大概还沉浸在之前的喜悦中，接连两个球都没有接住。

"好球——新的'冠军'！下一位——你来挑战他，你——保住你的地位，两个球——开始——"

我就这样换到了网的另一侧。成为"冠军"之后，我的心又怦怦地跳起来——这么多人看着，要是打不好就太丢人了。不过随后的几个人完全是新手，只有一个球过网，也被我打了回去。还是上次的那位红衣小哥再次出场，又夺回了"冠军"的位置，经过这几个球，我心情渐渐放松下来，身上也有了暖意。我回到人群中，再次向"冠军"发起了

"挑战"……

就这样，一个半小时一晃而过。结束时，是俱乐部的报名环节。虽然这次课没"学"到什么，但打得挺开心：这还是我第一次跟人对打，更何况这个俱乐部半年的会费只有 15 镑。

"参加吧，我就当成是休闲娱乐！"

就这样，我加入了网球俱乐部。根据我的表现，我被分配到中级进阶班。

一周后的同一时间，便是我在网球社的第一堂正式的训练课，共有十名年龄相仿的球友参与其中，四男六女，全都背着双肩书包，大概都是大学的学生。站在我们面前的，就是上次为我们发球的那个"大嗓门"。这次，他对我们进行了自我介绍：

"你们好，我叫马特，欢迎你们来一起打球——你们都叫什么？"

"乔，蒂娜，马克……"大家纷纷报完姓名，看到了身边放在地上的十几副球拍。我们正要弯腰去取，教练却拦住了我们：

"不，不，不，先别去拿拍子，你们先过来，我给你们看个东西！"说罢他拿出了手机，打开了一段视频。

"你们看看，这是名将穆雷几场比赛的视频，你们仔细看看。"

这视频其实是个慢动作，摄像头一直对着穆雷，不过球飞得太快，就见一条绿线，而击球的动作也是非常迅速，就像一团白雾，不过我看到他紧缩双眉，张着大嘴，在慢动作之下倒显得有些滑稽。

"你们看看，看出了什么？"

我们几个人对视了一下，面面相觑。

马特教练重新播放了视频，说道：

"你们看，穆雷每一次的动作几乎是完全一样的，但是他在两次击球之间会不停地跑动，使球永远处在他身体的右侧。"说着，他用手比作球，举在自己身体的右边：

"其实，不光是穆雷，费德勒、拉奥尼奇等网球名将都是如此。你们要记住，网球并不是只有击球那一下那么简单。网球运动的核心，在于两次击球之间你往哪里跑动，跑得越到位，你球就打得越好！"

我还是第一次听到这样的讲解，听得津津有味。

"这样，我们今天就来练跑动。每个人只打半场，你们尽量要让对方接住球，看哪一组接球接得多！"

由于场地变小了，球速也慢了下来，我只需迈个一两步，就可以接到球，并且把球打回去，我第一次就接住了三个球。嘿，这才一节课，我都能接住球了，这个教练真是不简单！

这时马特教练在几个场地中间来回地巡视，时不时地还会喊声好，他慢慢地转到了我的场地旁，双手抱着肩膀看着我们。

这时我的同伴又球打了过来，我已经大概摸出了点儿门道，球还没有过网，我就向球的方向跑去，虽然球最终越过了半场的界线，可我还是稳稳地打了回去，这时马特教练在一边拍起手来：

"好球——"

入冬后，天黑得一天比一天早，再加上经常下雨，训练改在室内进行，马特教练又给我们布置了新任务：

"之前的练习你们做得不错，都学会跑动了，下面我要教你们如何找最佳的击球点——你们看，每一次球在落地后都会像这样弹起来。"

说着，他拿出一个球竖直向下扔去，看着球弹起、落下好几回。

"你们说应该在哪里击球最好呢？

"击球要选择球在空中'定住'的那个点，也就是球弹起来的最高点。

"这次课，你们都来和我打，但要在球弹起来达到最高点的时候再打，如果觉得自己在最高点击中了球，你们就喊'yes'，否则就喊一声'no'。"

这次活动，只有八名球友参与，我们八个人围成了一圈，轮流开始。这时我排在第四位，头排是那位"红衣冠军"，他平时打得不错，但这次有些紧张，虽然球打得不错，但却忘了说"yes"或"no"。马特教练说道："瞧，你忘了喊'yes'啦。"

"红衣冠军"故作惊讶的表情，他把拍子扔到了地上，双手抱头："天哪，我错了。"说罢捡起球拍，站在了队伍后面。

说话间就轮到了我，跟之前几次的训练课相比，这次马特教练发球速度明显加快了，击球时，我故意多停了一会儿，感觉果然省力不少，击球的声音也非常响亮，我就小声地说了声"yes"，这时马特教练喊道："对啦，接着来——"。

说着，他把球又打了回来，不过这次他故意把球发远了一些，我忙向后退了几步，还是打准了球，也大声喊出了"yes——"。

这时，马特教练向我竖起了大拇指：

"好，看来你学会了。"

体育教育是英国教育一个非常重要的组成部分，特别是在中小学，体育教育几乎和文化课同等重要。在他们看来，体育除强健身体之外，还可以起到德育的作用，比如在团队精神、坚韧不拔、责任感的培养上。单纯说教的方式，远不如让学生参加团队性的运动，如足球、曲棍球、橄榄球等更加有效。

英国体育教育更加强调有的放矢，他们往往会注重对一连串复杂的动作加以解剖，针对不同的人，做有针对性的改正，较少采用机械、重复性的训练。绝大部分老师都采用鼓励而并非责备批评的方式。在他们看来，培养学生对于体育运动的热爱，远比提高技能重要得多。因此，崇尚运动已经成为当地人的特点。绝大部分英国人在成年之后，仍然会抽出时间来锻炼身体，运动是一种休闲放松的生活方式，而并非一项"任务"。我想，我们的高等教育中，也应多使用鼓励的方法来培养学生对体育运动本身的热爱，提倡运动健身常态化，把"文明其精神、野蛮其体魄"当成是受过良好教育人才的基本特征以及高等教育事业的目标之一，而非单纯把体育课当成一门需要考核的课程。

英国的体育俱乐部也是遍地开花，并且会员费大都非常低廉，对于学生往往还有特殊的折扣，这背后是英国政府对公众健康事业的投资与扶持。英国政府这样做是出于这样的考虑：鼓励全民锻炼可以增强国民体质，这样可以大大减少国家在医疗领域的投入。

# 我是"庙会"志愿者
## ——异国他乡也能过春节

开始赴英留学之后，春节就与我无缘了，这大概是身在异国他乡最大的遗憾与无奈。在诺丁汉大学读书的最后一年，我就主动报名，做了诺丁汉市春节庙会的一位志愿者，在异国他乡也体验了一把十足的年味。

诺丁汉市的庙会，是市政府每年都会举办的节庆活动，为期一天。与国内的庙会类似，设有摊位供商贩销售过年物品，也会搭设舞台，开展传统的文艺演出，而整个活动的开展，就交给我们这些志愿者。

志愿者大多数是大学的学生，在活动前的一周，志愿者们齐聚在诺丁汉市政厅，等着被分配"任务"。这是我第一次走进诺丁汉市政府的办公楼——这里和我想象的大不相同。这是个极具现代感的四层建筑，被大块的玻璃幕墙包裹着。步入大厅，室内黑色的地毯上偶见几道白色、绿色的花纹，大厅的布置很是简洁，只有浅绿色的沙发围成几个圈，正前方有几个闸机，通向一个个办公室。放眼望去，毫无政府机构的"威严"，倒像是个现代化的创业公司。

我们三四十位志愿者就坐在大厅的沙发上，一位在市政府工作的华人走到前面向我们做了介绍。我这才知道：这次春节庙会地点是市中心的一个"老市场广场"（Old Market Square），共设二十多个摊位，大都是当地中国超市的老板在此卖年货；在摊位的前方设有一个舞台，一些国内的演出团体会在此表演节目；今年，我国的宁波市作为诺丁汉市的友好城市，也会在此举办一个河姆渡遗址文化展览。此外，这次活动还增设了民族传统的舞龙表演。

"你个子挺高的，舞龙算你一个。"这位组织者点到了我。

就这样，我参与了舞龙表演。在空闲时间里，我的任务是巡视场地，协助清理垃圾、维持秩序。

"大家辛苦了！当天中午我们统一订盒饭，舞龙的同学可以吃双份。活动结束之后，我会为大家开具诺丁汉市政府签发的志愿者证书。"

庙会举办的那一天，志愿者们早上6点多就在广场集合了。此时正值隆冬，广场上还是漆黑一片，只有西南角一家星巴克在营业，柔和的黄色灯光散发着温度。于是这里就成为我们整个活动的"据点"，大家纷纷放下背包，点上三明治和咖啡当成了早餐。

渐渐地天边泛起鱼肚白，时间已经快到7点钟。此时，透过星巴克的玻璃窗，我看到已经开始有雇来的工人在搭帐篷。不过十几分钟，在大广场上就支起了 20 顶白色帐篷,它们分成了四列,中间的两排背靠着背,留出两条大走道。这时工人们又聚集到广场最前端,七手八脚地搭建临时舞台,还有几个人搬运着灯光、音响设备。

这就是"庙会"了吗?看规模也就是个小型的"菜市场"。不过,身在国外,条件有限,也就是"像不像、三分样"吧。

这时一辆面包车停在星巴克门外,一位华人司机从车上拿下来几个大塑料袋。志愿者们一下子就忙了起来。这些袋子里红艳艳的,装的有福字、剪纸、拉花、灯笼、中国结等装饰品,需要我们挂在帐篷上。

英国的冬天,下雨是常事。说话之间,天空又飘起了细雨,用于固定的透明胶带沾上水,也就失去了黏性,我只好把胶带搓成一条,当成绳子来用。就这样,纸灯笼和中国结,被歪歪扭扭地挂在了一个个帐篷前,有几段胶带还支棱着露在外面,上边还带着几点雨滴。我在几个同学的帮助下,刚完成一排帐篷的装饰,双臂便有些发酸,猛一看去,一串串红彤彤的穗子,虽然简陋,但已有了些过年的喜庆气息,和广场四周砖红色的欧式洋楼反差鲜明。

早上 8 点,几位同学扛着一条红色的"长龙"赶到了现场,这便是舞龙的道具。在开会时选出的九位小伙子在空地上排成一列,而"长龙"则呈"一"字形横躺着摆放在我们左侧。龙头是用塑料制成的,花花绿绿很是鲜艳,龙的身躯则是用红布织成,用金线绣着片片龙鳞,尽管在下雨天里溅上了几个泥点,但色泽依然艳丽。在龙身的腹部,均匀排列着 9 根木杆,我就站在第三个位置。我们把杆子竖起来,就见这条龙在地上晃了两晃,就"蹿"上了我们的头顶。

舞龙?看上去就是拿着杆子,边跑边使劲晃。想到这儿,我先站在原地,左右晃了两下,可是只有我这一节左右摇摆,看着不像是龙,倒像是条蛇,在向前蠕动。

"这中间怎么高一块,你——你——你俩换一下。"之前那位市政府的华人工作人员在一旁指点着。

可能是我晃的幅度不够大,没起到带动作用。我心里暗自想着,等两个同学调完位置,我迫不及待地再次试验起来,我猛地向左一使劲,哪知道效果更差,龙的身子直接塌了下去,由于用力过猛,前后好几位同学的杆子都跟着一起倒地。这次,龙算是"骨折"了。

我们练了好几遍，始终不得要领，都是以龙的"骨折"而告终。我们不得已只好回到星巴克，一个同学打开了 YouTube（视频网站），找出一个专业舞龙表演的视频。我们 9 位同学围坐在一起，聚精会神地"学习"起来。

视频一开始，就见到一个深红色的舞台上，八九个身材魁梧的小伙子丁字步站立，穿着整齐的红色坎肩，胸前的长杆左摇右摆，头顶上方的长龙有如炽热的烈焰。我看着视频，又想起刚才手里那沉甸甸的木杆，既充满羡慕又一头雾水——这究竟是怎么做到的呢？

终于在看第二遍的时候，一位同学发现了玄机："你们看，这些人每挥一次，后一个人的动作要比第一个慢两秒！"

"对，他们每个人都画的是八字，是有节奏的，得配合好！"

这时已经是早上 8 点半多了，商家们陆续赶到，我们来不及继续排练，就要先忙着迎接各位摊铺的商家。这些商家大都是中国超市的老板，且不少跟我已有几面之识。

"噢，是你啊。来做志愿者啦？"

几句寒暄过后，商家们纷纷铺开阵仗。其中一位卖羊肉串儿的老板，忙着支起火炉，点起炭火，刚刚烤出的两串羊肉串，就热情地赠送给了我。

此时，广场最前方的舞台早已搭好，舞台前还围上了几个护栏，呈梯形，以防观众过度拥挤。舞台的左侧边还支起了一个小棚子，这便是演员们的化妆间了。小棚子的侧面，用胶条贴着中英两国的国旗。这时，演员们也都已到达，一股脑儿地全进了化妆间。

早上 9 点钟，活动正式开始了，这时一个中年男子从观众中间搬开护栏，登上了舞台。他穿着一件羽绒外套，里面是老头衫，下身则是牛仔裤和卡其色的休闲皮鞋。

"欢迎朋友们今天相聚在此，共同庆祝这个传统的中国佳节——诺丁汉有着不少中国人。中国人勤奋、节俭、智慧……为本地做出了许许多多的贡献——我在此祝愿所有的来宾们节日快乐，玩得高兴！"

讲完，我听到人群中间的窃窃私语，这才得知，原来这位先生就是诺丁汉市的市长。

他讲完话之后便走下了舞台，又挤在了人群之中。

● 春节庙会时的舞龙表演

    随即，场上响起了喜庆的音乐，第一场舞龙表演开始了。我们第一次亮相，看着身边不同颜色的眼睛中露出好奇的目光，还是不免有些紧张。我们只是小心翼翼地绕着广场跑了两圈，因为早已领教过这舞龙的难度，完全不敢玩什么"花样"，只能是快快地奔跑，最后在人群中盘成圆形。

    虽然这次表演形式简单，但效果却出乎意料，观众的脸大多都被手中举着的智能手机遮挡，相机快门的咔咔声时时传来。这时那位市长也已经挤在了人群中。舞龙活动一结束，我找准机会与这位市长先生合了影。他还冲我竖起了大拇指。

    此节目一完，我们把道具放在了一旁，又成为观众。这时演出的压轴节目《变脸》开始了。

    "变变变……看看看……急如风快如电，看看看……变变变……好潇洒好浪漫……"背景音乐唱道。

    这时，从幕后走出一位演员，他穿着一身大红蟒袍和一副大大的披肩，像是古装剧中"大官人"的打扮，此时他的面目是"靛脸朱眉"，手里拿着一根马鞭，迈着方步，还时不时比个打马的动作。看着像窦尔敦，也可能是程咬金？

"脑壳一转，面孔说变就变。"他往台后一回头，转过面来已是一位白面书生，他把马鞭放到台后，拿起了一把折扇。

"变脸变脸变脸"，歌曲又重新开始。这时，他用扇子遮住面庞，看来又要变了，可谁知这只是"障眼法"，他又重复几次，不过扇子越耍越快，在面前只是一闪而过。正当我们对此都见怪不怪时，他的面孔改变了。

这次是个黑白相间的大花脸，这时，他把扇子扔到台后，大摇大摆地在台上遛起来，他甩着肩膀，身后的黑袍在空中摇摆着。

嘿，这大概是曹操吧？像个大元帅！

"好——"不知是谁喊了一嗓子，拖着长腔。

这时，他不经意间一回头，再露脸时，就是一张粉色的脸庞，演员的动作跟刚才也大不相同：他只用侧面对着观众，尽显扭捏之态，随即款动碎步，走到前台，向观众竖起了兰花指。除了身上的大披肩和身后的帅袍有些"出戏"外，还真像是古代没出阁的大姑娘。

"真是不一般，真是不一般，不一般、不一般、不一般！"歌曲的声音突然变大了一些。

忽然，演员一摇头，变出了一张新脸，这张脸是金黄色，上面红绿相间。

孙猴子！果不其然，他开始在手上挠痒痒，时不时来个金鸡独立。随即一个跟头翻到了台下，仅仅隔着护栏，与观众们握起了手。这时观众中有好几位小朋友，都骑在了父亲的肩头。从后背望去，这几个小朋友，齐刷刷都是黄皮肤、黑脑袋，那个被举得最高的小男孩，还手搭凉棚，像煞有介事地模仿起来。

相比之下，金发碧眼的外国人都被挤到了后头，大都瞪着眼睛，腼腆地笑着，还有的小声议论，随即摊开手掌，耸耸肩，大概是不得要领。

离观众仅仅一步之遥，演员又变了脸，这次是张大黑脸，他迈着方步又回到了台上，举起一只手，显得凛然不可侵犯，可能这是黑脸的包公。这时音乐结束，演员再次变脸，换成了他本人的真面目。台下这才掌声雷动，演员挥手致意，鞠躬退场，这场演出才算结束。

游客们开始走向各个小摊，我巡视服务的工作也开始了。不少中国超市的老板们推出了凤梨酥、果丹皮之类的小食品，很是抢手；而刚才的羊肉串摊铺前更是排起了长龙，不过这里大多数还是华人。

再往前走，是一个棋牌类的小商铺，这里的外国人可真不少！一位志愿者同学正在与一位四五岁的金发小男孩对弈五子棋。只见这位外国小朋友拿手拄着腮帮子，正瞪大眼睛聚精会神地看着棋盘。

"我们每人一个子，你走完了我走，谁把五个子连成一条线，谁就获胜，好吗？"我一时兴起，还给这位小朋友当起了"参谋"，这位小朋友的父亲则站在另一旁，一脸微笑。

"你看——他这里已经摆下三个子，你要不现在堵住，他再放一个，你可就堵不住啦！"我连说带比画，这位小朋友才恍然大悟。

刚帮这位小朋友解决一个问题，谁料对方又摆出了一个叉形阵。"你看，这个情况你可就堵不住了，你堵住这边，他就把另一侧连成了四个子，你可就再也堵不住喽。"可这位小朋友还是不信邪，又走了一步，堵住了一个子，等对方把另一边又添上一个子后，这位小朋友才明白其中的奥秘。他恋恋不舍，还想再杀一盘，可还是被他的父亲抱起，不情愿地离开了。

一上午的时间很快过去了，中午的时候，一个中餐馆为我们提供了中餐的盒饭。坐在一个冷飕飕的帐篷里吃着凉了的盒饭，有点儿艰苦，可是在异国他乡有个免费吃中餐的"待遇"，大家依然乐在其中。

到了下午，我注意到参加庙会的摊位中还有一家留学中介机构，可是摊位前门可罗雀，导致摊主不得不走出摊位，走到游客中招揽生意。隔壁的摊位是个国医堂，门前摆着大牌子，上面写着"针灸、按摩"。这里面是张小窄床，还有台大功率的热风机隆隆地响着，他们还挂上了黑帐子，既隔开视线，又可以防顾客受风着凉。

再往前走，便是孔子学院的摊位了。诺丁汉的孔子学院是全球范围内最早成立的孔子学院之一，今年他们也参与了庙会活动，为游客进行书法、绘画的表演与指导。

让外国人学写毛笔字，这可是有点儿勉为其难。桌案前聚集着好几个小朋友，全抬着手，在练习如何握毛笔。桌案上的几张宣纸，只有横竖撇捺几个笔画，竟还有几行英文字母 ABCD……

我小时候练过两年书法，虽早已辍笔不练，但基本功还未完全丢弃。我也上去帮忙，把着一位三四岁小男孩儿的手写下了一个中国的"中"字。看到这一情景，不少人一下子激动了起来，游客立马把台子围了个水泄不通，张罗着让我为大家写个"福"字。

这时孔子学院的老师也好像发现了什么"高人"，专门从桌子下的书包里为我拿来了洒金的红纸。尽管我再三推托，但游人实在是盛情难却。抢在最前面的是一位华人阿姨，说着标准的普通话——

"你别谦虚啦，就写个'福'字——我回家贴在门儿上！"

没有办法，我只好先用手机百度一下福字的写法，这才拿起毛笔，照葫芦画瓢地写了一张。

这一"幅"字只有巴掌大小，可没想到这位阿姨却十分珍惜地接过去端详起来，她转过身，和不少游客一起"欣赏"：

"嘿，这我知道，这是隶书！"

"哦，写得真好嘿。"

这时又一位阿姨走过来："你给她写了，也给我再写一张呗。这样，我花钱——请你的'福'！"

这"幅"字刚刚写完，人群中又提出了"新要求"：

"你写了'福'字儿，能不能再写副春联啊。"

一阵音乐响起，舞龙节目又要开始了，这才把我"解救"出来。

"对不起啦，我这还得舞龙去呢！"

在这一次的舞龙表演中，我们终于把龙舞出了波浪线，绕场两周，博得了不少喝彩声。下午，不少平时上课的同学好友也来到现场，都惊讶于舞龙演员中，竟还有熟悉的面孔。

"想不到，你还有这两下子啊！"

此时，庙会也接近尾声了，舞台上的节目变成了女高音独唱《打开春天》。

"满天的烟花开成——开成了金珠贝；

喜庆的红蜡烛流着——流着幸福泪；

香甜的米酒斟满——米酒斟满夜光杯；

团圆的年夜饭，讲述家乡美……"

"年深外境犹吾境，身在他乡即故乡。"无论身在何处，有中国人的地方，就有年的味道。

英国目前有几十万中国留学生，所以即使身在英国，处处也都能找到中国元素。在这当中，中餐馆和中国超市最为普遍，不仅中国人经常光顾，也深受西方人的喜爱，已经成了中国的一张名片。比如我身边不少英国同学的橱柜里，也常常放着海天酱油、镇江香醋等，而国医堂、中药店、按摩、针灸等，顾客还是以华人为主。看来，中医的理论对于西方人而言仍然较难接受。孔子学院名声响亮，其日常活动主要在汉语教学和中华文化的教学上，主要的参与者都是一些在英国出生的华人二代或三代移民。

# 我来做临时讲解员
## ——博物馆也可以这么看

课余生活我参观过不少博物馆，但当时我不会想到，有一天自己竟也成了一位"博物馆讲解员"。

那是我刚刚结束在剑桥大学的第一个学期，由几十位国内来的专家学者和领导组成的代表团要来卡文迪许实验室参观。由于得知我即将去那里攻读博士，在一位博士后学长的引荐下，我有幸担任此次参观的翻译工作。

卡文迪许实验室位于剑桥市西北部的新区，是一片灰褐色的建筑群，相貌平平，只有实验室门口处写着"卡文迪许实验室"的标志提醒人们，这里是全世界物理学研究领域一座令人仰视的高峰。我在实验室门口，遇见了当天负责接待的物理系系主任马尔科姆·朗盖尔教授（Prof Malcolm Longair）。他大约六十岁，光秃的头顶泛着亮光，胡子也刮得干干净净，这也显得他的脸有些长。他戴着一副老花镜，镜腿儿用黑线拴起来，搭在脖子后面。他穿了一身灰色的毛衣，遮住了他的将军肚。当时一位来自中国驻英国大使馆教育处的老师向他介绍了我，这位系主任完全没有架子，主动地与我握手、打招呼，好像我不是一位学生，而是他的一位同事。

访问团的领导和老师们准时赶到，整个参观活动也就拉开了序幕。卡文迪许实验室的二层是一个小陈列馆，设置在一个长条形的走廊里，里面摆放着这里的科学巨匠们使用过的实验仪器，也有不少珍贵的照片和画像。这时朗盖尔教授站在人群最前面，而我就站在他的旁边，看到面前黑压压的人群，每个人都穿着深色西服、白衬衫，打着领带，表情严肃，一位大使馆的老师在跑前跑后地张罗着。我还从未参加过如此高规格的接待工作，不免有些紧张。此时此刻，嗓子眼就像塞了团棉花，声音有些发不出来。

这位系主任站在一旁，大概是已经看出了我的紧张。参观即将开始，他经过简短的介绍，便用一串非常欢快的开场白，打破了这个僵局：

"你们好，欢迎来到卡文迪许实验室。首先想带你们参观的，是这里的一个小型博物馆。你们看，在你们面前的便是卡文迪许实验室的创始人和首位主任麦克斯韦的画像。在当时，这可是很少见的。不仅因为他年纪很轻，同时也因为他是一个苏格兰人，并非英格兰人。就像我一样，我也是个苏格兰人——耶！"

他故意说得特别夸张，眉毛高高地挑起，两只拳头攥起来在胸前微微晃着。显然，这些参观者中，大部分英文水平都很高，系主任话音未落，人群中就传来嘻嘻哈哈的笑声。这位系主任此时退到一边，双手指向我，又略有夸张地说道："下面交给你，请开始。"这时我才开始了我的翻译。

系主任的幽默，使我的胆子壮大了不少。我也放开了声音，尽管声音略有些颤抖，但也还算是流利。当我说到"我也是个苏格兰人"时，又传来一阵笑声。

在麦克斯韦画像的另一侧，是麦克斯韦使用过的宽大的办公桌，在这旁边，放着一个圆形的铁盘，上面套着一根长长的铁管，足有一人高。系主任在这里停住了脚步。

"这是麦克斯韦测量气体黏性的仪器。我们都知道麦克斯韦在电磁学领域的成就，但除此之外，他在热力学也做了很多的工作。在经典的热力学理论中，气体分子被当作是一个个刚性的小球，在随机地进行无规则运动，根据这个模型可以计算出，气体的黏度系数应该正比于根号下的温度，而麦克斯韦用这个装置测出来的黏度系数正比于温度的负 1/2 次方。麦克斯韦提出了他自己的理解——他认为微观粒子不应该是像小球那样的碰撞——"

说话间，他张开了两只手臂比画起来，他两手攥拳代表两个小球，两个拳头碰到一起后又分离开来，一个向上一个向下。

"而应该是非接触式的斥力作用——"

这一次，他把两个拳头慢慢向中间靠拢，在没有接触之前就错开，一个向左下，一个向右上。

"这就是麦克斯韦一个开创性的贡献，提出微观粒子间的相互作用是通过力场而非接触力实现的，由'力'到'力场'的转变，是物理学概念上的大革新。"

"下面请大家来参观一下威尔逊的云室——"这位系主任说着走向了过道另一侧的展柜，他面前的实验仪器造型奇特，一个铁质试管架上夹着一个大玻璃管，上头连着橡皮管通向另一个试管，下头是个大开口，插有一个小试管。

"所谓云室，是指容器内存有一定量的过饱和酒精蒸汽，它本身仍处于气态，但只要系统中有微小的扰动——比方说有一个粒子进入——马上就会在粒子的周围凝聚起小液滴，从而捕捉到一些粒子的运动轨迹，这在当时是个研究微观粒子很重要的工具。

"这是威尔逊早期制作的云室。它产生过饱和蒸汽的方法是：把小试管插入大试管中，也要加入一定量的水，一是用以密封，二是用来润滑，再从上方的软管通入饱和蒸汽。之后让小试管自由下落，这时气体经历绝热膨胀，对外做功，自身温度下降，从而达到过饱和状态。"

我开始翻译。我之前知道"云室"这一名词，在课本中看到的都是扁扁的圆盒子，还从没见过这样的"云室"，但由于对物理名词大概掌握，所以翻译得也算准确。我说完后，也转向了系主任，好奇地听他之后的讲解。

"但是这个实验可不好做，因为要让小试管自由下落，大部分情况下小试管直接就掉在地上摔碎了，后来威尔逊对装置进行了改进，就改为这样扁扁的圆盒子。正是这个装置最早捕捉到了电子和质子在磁场中的运动轨迹。不过报道这一发现很不容易，当时摄影技术还不发达，抓拍一张云室的照片是个非常要水平的技术活儿！你们看，就在这旁边，我们复原了一个类似的云室模型。"

不等我翻译。老师们就聚集到一个小桌子前，我站在前面，自然看得更清楚——银白色的荧光屏上出现了一条条细弧线，这是电子的运动轨迹？那质子的呢？

看到老师们都在一旁窃窃私语，朗盖尔教授赶紧澄清："不、不、不，这些都不是质子，质子是短而粗的小线段，你们要耐心等待，一会儿才能看到一个。"过了一会儿，屏幕中间终于出现了一条短线，周围还产生不少分岔，不过只是昙花一现，转瞬就消失了，不过人群中还是出现了几声赞叹。

再往前走，整个走廊分成了两部分，左侧是很多张排列整齐的照片，右侧仍然是一个个的展柜，只见这位系主任首先走到了照片的一侧，面朝我们指向照片说道：

"看，这就是历届卡文迪许实验室学生的合影，我们每年都会拍一张，直到现在。这是第一张合影，中间坐着的是卡文迪许的第二任主任——瑞利爵士。

"在他之后，汤姆孙和卢瑟福两位教授，管理着这个实验室十多年，继任者是小布拉格。你们看右边，这个装置就是布拉格最早进行 X 射线衍射的装置。"

这时我的心情已经放松了很多，翻译的声音更加洪亮了。说完后，我也看向右侧，这好像是个"分光仪"的结构，主体是个圆形的台子，中间是个载物台，一侧是个光源支架，光源可以斜射到载物台上，而另一侧是个放置接收装置的小架子，可以沿圆形台子的边缘滑动。

说着，系主任又走到了左侧的照片处：

"你们看，这张照片是卡文迪许实验室最经典的一张照片，这当中超过一半的人先后都获得过诺贝尔奖，有这个——这个——这个——"

系主任如数家珍，可轮到我这位翻译时，我就没有那么好的记性了，我只能说出"过半数获诺贝尔奖"，至于指出是谁，实在是无能为力，只能不好意思地笑笑。不过这些老师们也非常包容，微微一笑，便跟着系主任的脚步继续向前走去。

系主任在参观走廊左侧的照片和右侧的展柜中间来回穿梭，不知不觉间墙上的黑白照片变为了彩色。系主任在一张 70 年代的彩色照片前停下来。

"你们看这张照片，这是我第一次出现在照片里，当时的我头发还很浓密，但如今，唉——"

他摸摸自己的头顶，故作伤感的样子，不过这次，参观的老师们还都在之前的展柜处流连，说到这里的时候，并没有什么反应。我开始了翻译，老师们才逐渐地聚拢过来，当我说到"如今这位教授的头发"之时，人群中又爆发出一阵会意的笑声。

这时基本到达了走廊的尽头，系主任指着一个铁牌再次开口：

"你们看，这是卡文迪许实验室的历届主任。在早期，卡文迪许实验室的主任兼任物理系的系主任，到 90 年代之后，二者才逐渐分离开来，如今的系主任是我，而卡文迪许的主任是理查德·弗兰兹教授（Prof Richard Friends）。"

听到这里，我心中一惊："如此熟悉的名字，这不就是我未来博士课题组的负责人吗？"

之后参观的老师们都进入了一个会议室中，系主任简单介绍了卡文迪许实验室的发展现状，以及实验室采用的鼓励创新的管理措施，我一边为老师们做着翻译，一边把这些知识默记在心里，这场介绍会对于我也是收获颇丰。

会议结束后，系主任赠送给每人一本他所编写的书，我也被包括在内。此书介绍卡文迪许实验室的发展历史。封面上，白色粗体的标题格外醒目："卡文迪许——麦克斯韦缔造的不朽传奇。"系主任还为每个人亲笔签名，到我这里，系主任还专门写上了"谢谢你"。

两天后，我收到了使馆老师给我寄来的劳务费。而系主任赠予我的书，也开启了我与这个世界著名实验室的一段不解之缘。

## 名校体悟

在英国的各个城市，都坐落着大大小小的博物馆。我认为博物馆也是启发科学探究与创新思维的重要一环，通过实物的观察，对于学生动手能力和思维能力的培养，相较起单纯的书本知识而言，更加深刻和直观。我想，在研究当中更是如此，一个只通过书本学习知识的学生，可以在考试中取得高分，但是却很难把所学知识有机结合，形成一份原创性的探究或实验计划，正所谓"百闻不如一见"。英国的博物馆文化，与美国不少高校强调的"干中学"，都是创新文化的重要组成部分。

英国大多数博物馆跟中国现有的博物馆相比，其规模往往并不宏大，有时甚至只是一两个楼道或一个走廊，摆上几件展品，就构成了一个小博物馆。但他们的博物馆非常强调互动性，并且用通俗易懂的方式进行介绍，氛围更加轻松，尽量避免使用晦涩难懂、专业性很强的文字。这就使得任何人进入博物馆后，都会有收获。英国博物馆中的讲解员有相当一部分也不是专业的导游，而是与博物馆的主题相关的人员（我这次的"翻译"经历就是如此），所以在讲解时往往带有一种职业的热忱与真挚的感情，我也曾有过被讲解员追着向我介绍展品历史的经历。

# 日常生活之必需
## ——异国他乡的衣食住行

留学英国期间，除了前文已经记录的"故事"之外，还有很多生活中的点滴细节和奇闻逸事，我从中撷取些许，略述自己这几年来的生活体会，愿能为留学的同学们提供一份简略参考。

### 英国的风土气候

英国全称为"大不列颠及北爱尔兰联合王国"（The United Kingdom of Great Britain and Northern Ireland），英文更习惯简称为联合王国（The United Kingdom，或 UK），由位于主岛（The Great Britain）的英格兰（England）、苏格兰（Scotland）、威尔士（Wales），还有爱尔兰岛上的北爱尔兰（Northern Ireland，与爱尔兰共和国接壤）和极少数海外领地组成。英国国土总面积约 24 万平方公里，与我国的广西壮族自治区接近，人口约 6800 万人，主要分布于南部地区，因此，英国也是一个人口较为稠密的国家。英国所在的纬度较高，位于英国南部的伦敦，与我国最北端的漠河纬度相当，但英国属于温带海洋性气候，与我国的气候相比相对温和。英国的冬夏两季的日照时间相差很大：夏季天暗得很晚，而冬季下午4点夜幕就已降临。正因为如此，英国始终实行夏令时的制度。英国四季多风，因而天气变化非常迅速，往往一时艳阳高照，转瞬之间就风雨交加，而半小时后又雨过天晴。英国人见面最常见的话题就是谈论天气，不仅仅是因为英国的天气比较糟糕，更主要的原因在于其多变性。因此，在英国生活，雨具必须随身携带，切不可被一时的好天气所"蒙骗"。

英国共有约150所高等院校，教育在英国经济中处于举足轻重的地位。此外，英国是目前全球第二大留学输入国，来自中国的留学生人数也在逐年上升，目前已经跃居各国留学生人数的首位。因此，尽管英国不同于美国，具有自己的主体民族和文化传统，但英国大学的师生都来自世界上很多个国家，有着不同的民族、肤色和文化背景，校园中也具有很强的国际化氛围和兼收并蓄的包容态度。身处英国大学的留学生们，并不会感到难以融入大学的生活中。

### 英国的着装风俗

英国人在个人形象与衣着服饰方面比较注意，光鲜考究而又略显复古的"英伦范"与"绅士风"也成为英国人的专属形象。不过我认为，随着中国经济的快速发展，中国人的服装品位与一般英国人已经是不相上下，即使是我国普通工薪阶层的日常穿着，在英国人中间也不会显得格格不入。英国的服装价格也比较亲民，因此初到英国时如果行李较多，也没有必要携带大量衣物。

如前文所说，英国的气候比较温和，冬天最低气温在零度上下，但刮风与降水较多，因此冬季着装通常以风衣、防水外套和薄棉服为主；英国夏季较短，基本只有6、7两个月的时间，所以只有一两个月的时间人们会穿着夏装。英国人在一些正式场合上对于着装有着特殊的需求，但随着时代发展，各项要求也逐渐模糊化，大体可以总结为以下内容（见表1）。

## 表 1　英国人正式场合的着装要求

| 着装要求术语 | 适用场合 | 穿着要求 |
|---|---|---|
| White Tie（非常正式） | 国宴、世界级大奖颁奖典礼（极少遇到） | 男士：燕尾服、白色领结、缎面宽腰带<br>女士：曳地长裙（裙长必须曳地） |
| Black Tie（正式） | 大型舞会 | 男士：西装、黑色领结<br>女士：晚礼服，选择范围较宽，但在妆容和饰品上相对华丽 |
| Business Casual（商务休闲） | 商务会谈、面试、毕业典礼等，相当于国内"正装"的概念（剑桥大学、牛津大学的正式晚宴也属于此类） | 男士：西服、领带<br>女士：礼服或西装，选择范围较宽，但在妆容和饰品上相对简单 |
| Smart Casual（正式休闲） | 相对正式但无明确着装要求的场合，比如教师授课、学术报告等 | 男士：西服，不打领带，或上身只穿衬衫、羊绒衫或 polo 衫<br>女士：无明确要求，只需大方、得体即可，妆容不宜过浓 |

　　此外，对于传统的英国人，在开展不同体育运动时也会对应穿着不同的运动装，因此在英国所有的运动场馆都设有更衣室和浴室。我也曾听到过英国人问出"你们为什么要穿打篮球的衣服跑步？"这样啼笑皆非的问题。的确，这样的分类着实有些过度，对于非专业人士，穿着同一套运动服即可应对绝大多数日常的体育运动。不过需要注意的是，在英国参与远足、登山与徒步这类活动应穿着专业的防水徒步鞋、防水外套与速干裤，并做好充足的准备。普通的运动服和旅游鞋是难以胜任的。

### 英国真的是"美食荒漠"吗？

　　提起英国的食物，在英国生活过的人大都会皱起眉头。在英国流传着一个这样的笑话："如果世界各国都提供一份自己国家名菜菜谱的话，英国的菜谱大概是世界上最薄的。"英国并无很多本地的美味佳肴，英国人钟爱的食物也大多是世界各地的舶来品。英国菜一般是以油炸、水煮为主，往往热量、糖分含量较高，对于习惯了东方饮食的中国人而言，往往会觉得过于甜腻而难以接受。

英国曾面向民众开展过一场"最受欢迎的英国菜"评选，其中炸鱼薯条（Fish and Chips）以超过 70% 的得票率位列榜首，当选为英国的国菜。此外，英国人对于奶酪也是情有独钟。英国奶酪种类繁多，在一些正式晚宴的场合，在餐点过后，往往还会添加几种奶酪，类似于中餐中的水果拼盘，细细品尝起来，别有一番风味。

在英国的食堂，食谱通常会分为普通、vegetarian 和 vegan 三类，后两类是指素食，但程度有所不同。绝大多数人都会选择普通菜单，但印度人或特殊宗教背景的人士可能会选择素食。随着旅英华人数目逐渐增多，中餐馆在英国各大城市已经非常普遍，中餐也逐渐受到外国人的喜爱，绝大多数也都开设了外卖业务。目前英国的主要城市中都设有中国超市，油、盐、酱、醋等调味品都可以买到，因此，不用很费劲就可以享受到一顿中餐美食。

### 英国的学生一般住在哪里？

英国大学的学生住宿一般分为三大类：第一类是大学提供的校园内的学生宿舍（live on campus），这种宿舍往往自带食堂，除住宿之外还为学生提供伙食；第二类是校外的学生公寓（out of campus），它们可能由学校管理，也可能由校外的第三方公司托管，这类住宿往往不提供统一的食堂，但为学生们提供功能较为齐全的厨房；第三类是学生通过中介机构或私人关系，独立租房。一般来说，新生（特别是大一的本科生）往往会选择自带食堂的学生宿舍，不单是为节省做饭时间，也便于有更多机会交到新朋友，此外，固定的就餐时间也有利于同学们规律地安排作息。随着年级的增长，学生们会逐渐选择校外更有自由度的住宿方式。

英国人非常重视个人隐私，所有的宿舍都是一人一间。宿舍根据卫生间和厨房的使用方式，分为 single study（多人共用卫生间）、shared bedroom（两人共用卫生间）、en－suite（一人独享卫生间）三种，此外还有一种 studio（除卫生间之外还自带厨房）。不过英国宿舍的隔音设施并不是很好，加之欧洲人普遍有在住处开展聚会的习惯，恐怕不少留学生都会有深夜被邻居吵醒的经历。对于需要自己做饭的学生，英国的厨房大多使用电热炉而非明火灶，在做饭时也要特别留意用火与用电安全，避免发生火灾；英国的厨房往往没有抽油烟机，中式饭菜在烹饪时可能会产生油烟，有些外国人会比较在意。另外，据我观察，英国人通常习惯于把用过的碗筷堆在厨房的洗手池中，等到堆满后再统一处理，这可能是由于英国家庭普遍使用洗碗机的缘故。

### 在英国常用的出行工具有哪些？

英国大部分城市都设有非常便捷的公共交通系统，公交车、地铁、有轨电车、火车等公共交通工具是人们出行的首选。此外，在地势较为平缓的英格兰南部地区，也有不少人选择自行车作为日常出行的交通工具，特别是牛津、剑桥两个城市，自行车几乎是人手一辆的生活必需品。骑行也是一项深受大众喜爱的运动，有不少人会选择周末利用几个小时的时间，骑自行车去周边的小城镇游玩一番，既放松了心情，又锻炼了身体。不过，要注意的是，在英国骑自行车上路前，必须为自行车安装可发光的前后灯，否则一经发现将会被处以 400 英镑的罚款；而根据英国法律，只需为自行车安装后座或儿童座椅，骑车带人就是正当的行为。

英国的公交系统比较完善，绝大部分城市都设有公交线路，是人们出行最为方便的选择，不过周末或节假日公交车班次往往较少，有时甚至一两个小时才会有一班车。英国的公交车只有一个前门，也没有单独的售票员，通常是司机兼职售票。目前，绝大部分公交车都支持银行卡付款。此外，对于注意礼貌的英国人来说，比较传统的习俗是，下车时要向司机点头微笑致意，并轻声说"谢谢"，司机一般也会点头回礼。

英国一些大城市设有地铁（underground，注：英国也使用 subway 一词，但其含义并非地铁，而是地下通道）或有轨电车这类的轨道交通，而很多轨道交通也会出现同一地铁线有不同分岔、不同终点的情况，同学们应该提前做好功课。特别地，伦敦建有世界上最古老的地铁系统，第一条地铁线路"大都会"线（Metropolitan）建成时，连电力都没有普及，所以这条线路设有大量的通风槽，用以排出蒸汽机车放出的有害气体。也正是因为这个原因，伦敦绝大多数地铁线路都未铺设通信电缆，在地铁里也是没有手机通话及网络信号的。我记得自己曾看过不少文章介绍欧洲人特别喜欢阅读，在火车和地铁上都阅读纸质书籍，我想这除了文化传统之外，也可能是他们在地铁里几乎无法使用手机的缘故。伦敦地铁没有数字编号，这就需要我们熟悉每条线路的名称。此外，它还以单程 4.9 英镑的价格位列"世界最贵地铁"榜首。因此伦敦居民，绝大多数都会购买伦敦交通"一卡通"——"牡蛎卡"（Oyster Card），这样可在乘坐地铁时享受不少折扣，甚至有不少其他城市的居民，也会办一张"牡蛎卡"，以便自己去往伦敦时使用。

英国大城市的出租车系统也较为发达，但除机场、火车站之外，英国很少有招手即停的出租车，大都需要网上或电话约车。在英国，除"优步"（Uber，相当于国内的"滴滴"）之外，各城市大都设有专门的出租车公司，可提供电话叫车与手机软件约车服务。但我感觉，在安全性方面，"优步"的管理和出租公司相比略微松散，如果是独自一人（特别是女生）单独打车的话，仍然建议选择城市内的出租车公司。但若有两三人共同出行，"优步"也是安全的选择。

火车是英国民众跨城市出行的主要交通工具，甚至有人的工作地点与居住地点分别在两个城市，每天坐火车往返。但英国的火车线路比较老旧，而且归属于若干火车运营公司分管，因此管理效率并不高，列车班次延误或取消的事情也时有发生，英国居民对此已经见怪不怪。不过，虽然火车分属于不同的运营公司，但英国火车票的样式是统一的，所有公司的订票系统也都使用同一个数据库，因此在任何公司的订票网站上都可以订到全国范围的火车票。对于年龄在 30 岁以下的年轻人，还设有通行全国的"年轻人卡"（Young Person Card），最高可享受到约原票价 2/3 的折扣。

### 英国真的是全民免费医疗吗？

英国具有全国统一的医疗系统，称为 National Health Service (NHS)，是由小型全科医生诊所（general practitioner，GP）、药房、牙医诊所和大型医院（其中年轻人与医院的交集主要在于"急诊部"，称为 accident and emergency services，A&E）共同组成的。一般常见的小病，如感冒、发烧、头疼等，都会选择在全科医生诊所处解决，只有遇到大病或严重外伤才会去医院。此外，据我观察，英国医生对于打针、输液和使用处方药、抗生素、激素等药物比较谨慎，对于一般的小病，英国医生更倾向于建议患者依靠自身免疫系统战胜疾病，而非依赖外界药物。英国的急诊也是需要排队的，医生会根据病人的病情轻重将患者分成几类，排队时间往往在几十分钟到几小时不等。因此经常会听到有人抱怨英国的医疗系统"拖到疾病已经完全自愈，都还没有轮到自己挂号看病"。对于华人而言，出国时随身携带一些常见的中成药、酒精棉球、创可贴等，是一个明智的选择。

对于英国本地人而言，NHS 的服务全部免费，"全民医疗"也是英国人引以为傲的一项福利。但对于留学生和长期留英工作的人而言，须缴纳一笔国际医疗费（International Health Surcharge，IHS），才可以享受到与英国居民同样的全民医疗待遇。此费用是在申请英国签证时强制缴纳的，费用多少根据留英时间的长短而定，而且英国政府多年财政赤字，此项费用正逐渐上涨。因此，对于旅英华人来说，所谓的"免费医疗"，其实是我们已经"预先支付"了自己可能产生的看病费用。

新冠疫情期间，英国范围内围绕疫情的检测、溯源、隔离、治疗和疫苗接种工作也均由 NHS 系统负责。对于普通民众而言，在英国可以申请免费的核酸检测（PCR）和快速抗原检测（Iateral Flow Test，LFT）；疫苗接种方面，英国的新冠疫苗以"辉瑞"（Pfizer）、"牛津－阿斯利康"（AstraZeneca）、"摩德纳"（Modena）三种为主，疫苗接种记录会记录在个人档案中，完成两针接种的居民会在手机应用中收到"疫苗护照"，在入境英国时免除隔离。此外，据我观察，除新冠疫情之外，英国社会整体对于糖尿病、阿尔茨海默病和心脑血管疾病普遍较为关注。英国的中老年人风湿病患者也比较多，我猜测，这或许与英国的气候以及当地人的饮食习惯有些关系。


### 英国的购物

英国可谓是时尚用品的购物天堂。一般的服装、化妆品、首饰等时尚用品，价格往往较为亲民，但文具、电子产品和人工服务的价格却比较高昂。位于伦敦的哈罗兹（Harrods）百货是不少青年男女所向往的购物天堂；位于牛津市附近的比斯特购物村是全英国最大的奥特莱斯（Outlets）。在英国伦敦周边的新型卫星城密尔顿－凯恩斯市中，坐落着全欧洲最大的室内购物广场。

每年 11 月后的第四个星期五，是一年一度的购物节——黑色星期五（Black Friday），在前后一周的时间里，英国的各个商店往往会有较大幅度的折扣。这一购物节的来源是：美国的感恩节（星期四）后的那一天起，民众往往开始购买圣诞节的"年货"，根据当时的习惯，店铺账面盈余用黑色标注，而亏损用红色标注。因此商家往往会在民众购买年货期间开展减价促销活动，期待自己在星期五的营业记录上全是"黑色"。英国人并不庆祝感恩节，但却学习了北美"黑色星期五"的习俗。此外，一些商店在圣诞节前夕和春夏之交也会不定期地推出打折减价活动；在英国的一些城市，还会有跳蚤市场一类的旧货交易集市。不少平价店铺还会专门针对学生提供特殊的学生折扣，留学生可以在付款前加以询问，通常只需出示学生卡，就可以享受到八折左右的优惠。

### 留学生毕业后可以在英国找工作吗？

随着我国经济的发展，回国就业已经成为留学毕业生的主要选择。当然也有一些学生选择毕业后留在英国工作一段时间，将工作经验的积累看作是另一种形式的学习，经过几年的打拼后再回国。英国最成熟的行业是金融业，投行、风险投资公司、量化交易、咨询类工作是英国学生（特别是优等学生）最热门的求职方向之一。此外，英国罗尔斯－罗伊斯（Rolls Royce）公司是世界上最大的航空发动机制造商，微软、亚马逊、华为等科技公司的研究院也是留学生们实习与求职的热点。也有不少学生在博士毕业后，在英国的高校、科研院所担任博士后研究员，最终走上科研工作的道路。此外，据我观察，在英国高校的大部分教授心中，"博士后研究员"（postdoc）与"访问学者"（visiting scholar）之间的界限相当模糊，课题组的负责人往往会将访问学者也看作是博士后。因此，在英国的访问学者可能并不轻松，一方面要完成英国方面合作导师的任务（任务量与导师对一般博士后的要求类似），另一方面还要兼顾国内的各项事务，同时还要根据个人研究方向学习新知识，往往会比较忙碌。英国的"博士后"并无统一规定"出站"的年限，因此自主选择的空间会大一些，一些课题组甚至还有连续工作十几年甚至二十几年的"老博士后"。

对于英国的大学生而言，兼职工作和实习的机会也有不少，因此，有些英国学生在大三、大四便很少出现在课堂上。这并非他们自暴自弃，很有可能是找到了兼职工作，抑或是提前去往毕业后心仪的公司开始实习。但是对于国际学生而言，所持有的学生签证要求学生一周最多只能兼职工作 20 个小时。对于中国学生而言，常见的低门槛兼职工作有奢侈品店销售、中餐馆或甜品店服务员、海外留学机构或中小学生辅导老师这几类。对于博士生而言，还有一种特殊的兼职工作——担任大学本科、研究生课程的助教（teaching assistant，TA）或实验课助教（lab demonstrator）。此外，英国大学的暑假非常长，一般有三四个月的时间。绝大部分学生都会利用假期进行实习，特别是金融类专业的学生，很多从大一的暑假就开始进入企业实习或见习；对于理工科专业的学生，一般也会从大三开始利用暑假联系心仪的课题组，参与一些简单的科研项目。

英国的失业率在全世界都处于较低的水平，但失业人口中青年人占比很大，英国政府与民众对此情况非常重视。为此，英国政府通过各种优惠政策鼓励年轻人接受高等教育，从而降低青年人的失业率，英国各个高校也非常关注毕业生的就业率，并以此作为评价其教学质量的重要指标。因此，在不少英国本土的教学评估排名中，一些以培养学生就业为导向的新型高校往往异军突起、名列前茅，而剑桥大学、牛津大学这些老牌的研究型大学反而排名并不突出。在这样的政策和思潮的影响下，英国高校在课程设置上普遍更重视理论与实践的结合，而非一味地追求理论知识的深度与广度；在高校里也普遍设有就业服务处（student career service），为学生提供修改求职简历、模拟面试等多种活动，也会定期举办企业招聘会（career fair）。

### 行万里路——到欧洲大陆去旅行

英国距离欧洲大陆很近，不过相隔一条英吉利海峡。尽管已经脱离了欧盟，但是英国与欧洲大陆的往来依然密切。作为留学生，在英国办理欧盟国家的签证也非常方便。我还记得在诺丁汉大学交换学习期间，有一位同学接连几天都没来上课，我发微信询问他近况，得到的回应是："我正在意大利的米兰看足球赛呢！"

在欧洲旅行，几乎没有什么国家的概念。往往是坐船或者坐车，当划过一个湖，或是经过一座桥时，你会收到手机漫游的短信提醒——这时你才会意识到，自己已经到了另一个国家。所以，我利用本科交换期间的几个假期，也曾光顾过欧洲十多个国家。

欧洲的各个国家既有不少相似之处，彼此也有各自的特点。欧洲的许多景点都属于人文景观而非纯粹的自然风光，若是缺乏一定的文化底蕴，也很难得其精妙。因此，曾有不少人总结："到欧洲旅游，就是'上车睡觉，下车看庙，转了一圈，啥也不知道'！"不过，在我做过几段"功课"后的旅行下来，还是有几个令我印象深刻的城市，支撑起了我对欧洲的整体印象。

**法国·巴黎**

巴黎是我到欧洲大陆去的第一座城市。尽管我在那儿一共停留了三天时间，但对于巴黎而言，还是太过短暂。巴黎的历史与文化气息太过浓烈，整个城市都被文化的甘泉浸透了。人文与艺术的气息已经渗透到每一条大街小巷之中，随便走过一条小巷，必然会遇见一两个展览馆或陈列馆，要是来一场"深度游"，可能至少需要一个月的时间！

在不少人的印象中，巴黎是个"浪漫之都"，可我却以为并不尽然。相比之下，我认为巴黎倒是展现了一个历史上强国首都的宏伟和壮丽。当你登上巴黎市两大制高点——圣心大教堂或是埃菲尔铁塔，极目远眺，便会发现：那一块块的街区，大多呈现方形或三角形的外观。它们像几何图案那样，规律而整齐地排列着。《巴黎圣母院》中，也有大段描写敲钟人卡西莫多在圣母院的塔楼上看到的巴黎景象，但这样的震撼，只有亲历才能体会。你会明显感觉到，这样一座宏伟的城市，都是由一个伟大的设计者构思而成的。虽然有一条塞纳河穿城而过，但巴黎整个城市的布局却丝毫不受这条河的影响。塞纳河，反而看上去更像是一个不合时宜的"闯入者"。

至于卢浮宫这种大型博物馆，给我的感觉已不单单是震撼，甚至有些绝望——我也曾阅读过不少讲解欧洲艺术与文化的书籍、画报，大学期间也曾聆听过几场专门针对卢浮宫展品的名家讲座，便自诩为了解西方艺术的"文艺青年"，但卢浮宫却让我自惭形秽，我曾经在书报杂志上见过的作品也就是总藏品的零头。我原来认为是卢浮宫"宝物"的大画廊，其实也不过是卢浮宫所有展品的冰山一角。走出卢浮宫，倒是令我想起东坡先生"发愤识遍天下字，立志读尽人间书"的典故。无论何时，都需要对人类的历史与文化存留一份敬意。

我对于巴黎的核心印象，聚焦于先贤祠。我曾读过冯骥才先生《巴黎，艺术至上》一书，书中描写的"街头热吻的情侣""地铁中的乐手""塞纳河畔的古董商人"，在我浮光掠影的游览中并没有见到。但先贤祠这座"精神的殿堂"却终究没有让我失望。这是一座仿罗马时期的建筑，比我想象中的"祠堂"要高大宏伟不少。大概是因为不通法语的缘故，匆匆游览之中，我和这里供奉的历史伟人们也没产生多少"精神的共鸣"。颇费一番周折，才在地下室中寻找到卢梭的坟墓，领略到些许冯骥才先生所说的"卢梭的棺木很美，雕刻非常精细，正面雕了一扇门，门儿微启，伸出一只手，送出一枝花来"的诗意。

先贤祠真正吸引我的，是大厅里的"傅科摆"。这是一个臂长很长的单摆，一头悬于 80 多米高的穹顶之上，另一头则拴着一个硕大的金属球直垂到地面。地面上，摆放着一个标有角度刻度的大圆盘。法国著名物理学家傅科（Jean-Bernard-Léon Foucault）于 1851 年在此地首次用此装置证实了地球的自转——由于此单摆臂长很长，外力很难改变单摆摆动的轨迹，而脚下的地面随着地球自转也在不断"转动"，因此可以观察到单摆轨迹在圆盘上的指向不断变化。此现象已成为当今各国大学力学教材中讲解"科里奥利力"（地转偏向力）最为常见的例题。我在进入先贤祠时大致记住了摆球的刻度，大约一个小时后，发现摆球的轨迹果然偏移了一个小格，心中不得不佩服当时实验设计者的巧妙构思。

冯先生对先贤祠中伟人们的评价是："他们全都是人间的受难者。在烧灼着自身肉体的烈火中去寻真金般的真理。"的确，法国拥有波澜壮阔的恢宏历史，因此当读到冯先生的文字时，我以为已经抓住了法兰西文化的主要精义。但是当我看到"傅科摆"时，才意识到更为全面、更为深刻的先贤祠的"人文精神"——看来，在法国人心目中，科学与哲学同样伟大。那摆球一次一次单调而又重复的摆动，这当中竟也蕴含着地球自转这样自然规律的深意。用最简单的手段去验证深刻的道理，就好比诗人用简洁的文字抒发强烈的情感那样，这或许是法国人追求的另一种"浪漫"吧。

## 丹麦·哥本哈根

我到哥本哈根的旅程是在一个暑假，恰逢一位师哥在此地即将博士毕业。在哥本哈根机场相见时，我惊讶地发现他竟然也带着旅行箱，一问才知道，他刚从瑞典隆德参加完学术会议。

"博士生的安排竟如此紧张？"我当时大感不解，甚至感到自己来得有点不是时候。师哥告诉我说，挪威、瑞典、丹麦这北欧的三国，不仅边境相互开放，共同使用"克朗"作为货币，就连语言也几乎毫无差别。在这几国当中穿行，你根本感受不到是往来于不同的国家，甚至还有不少家住在挪威或是瑞典，却每天来到丹麦工作的上班族。

丹麦首都哥本哈根依海港而建，在夏季更是万里无云，海天一色。大片的城市绿地，伴着清爽的海风，本就是一个令人备感闲适放松的度假胜地。何况这里还孕育了童话大王安徒生，更为这座城市增添了几分唯美的童话色彩——不少铜像和古典建筑的铜顶已经发绿，更像是动画片中出现的场景。市中有好几处安徒生的雕塑，令我不禁浮想联翩——《皇帝的新装》里那个虚荣的"皇帝"，大概就曾在这样的街道上"盛装"游行吧？那一条条街道旁的下水道里，也保不齐会重现一个独腿的"小锡兵"……

在这样一座城市里，美人鱼雕像更是游客必去的景点。《海的女儿》可谓是安徒生童话中的经典，可真实的雕像却与我心目中的美人鱼形象相去甚远——海岸边的长堤上，有一块突出的部分挤满了人，当我挤到人群的前排，才看到一尊黑色的铜像，她甚至比真人的大小更显得矮小一些，侧坐在海边一块突出的岩石上，面带愁容地望着大海，而她的双腿末端长出的鱼尾才表明了她的身份，让我确信这就是美人鱼雕像本尊。她的上半身已经依稀可见斑驳的绿迹，而下半身则在游客的"爱抚"下被蹭得溜光。

据说此铜像是由丹麦最为有名的嘉士伯啤酒创始人雅格布森出资铸造的。提到北欧的啤酒文化，这位师兄告诉我："北欧的风俗与我们通常认识的正好相反，北欧女生们即使在婚后还是会叫上闺密一起去啤酒馆聊天，男生反而逐渐变成了'家庭妇男'。"

哥本哈根的另外一张城市名片，便是量子力学的"哥本哈根学派"以及其所提出的"光与粒子的波粒二象性"了。我没能参观哥本哈根大学，也未能到波尔的研究所探访一番，而是去了师哥所在的位于哥本哈根附近的另一所大学——丹麦技术大学。相较起哥本哈根大学的古典与严整，这里明显更具有现代气息。一条笔直的校园大道，两侧规则地排布着一座座玻璃幕墙的二层建筑，看着好像与我在英国常见到的那些新型的大学并无什么区别。

师哥专程带我"偷偷溜进"他的透射电子显微镜实验室。当时我本科还没有毕业，专业也不十分对口，看到这个直顶天花板的"大家伙"，心里面又胆怯又崇敬。它的主体是一个笔直站立的黑色大圆筒，下面连接着数不清的各种管道和仪表，一旁的操作台上还摆放着两三个电脑屏幕……我一时竟愣在门口，手足无措了——我害怕即使是走近一步，都会使面前这个精密的科学仪器发生故障。

还是师哥拉着我，对着桌面上一张说明书给我简要介绍了投射电镜的结构：

"它和你中学时候生物课上用到的光学显微镜原理一样，只不过把光线改换成了'电子束'，它之所以有一人多高，是因为这当中有三块圆形的大磁铁，做成了汇聚电子束的'电磁透镜'。"

我当时听得一知半解，看着示意图上画出的"物质波"符号，我冒冒失失地脱口而出："它用的是电子物质波的相干叠加？"没想到师哥竟对我竖起大拇指，连连夸赞我有悟性。后来，随着深入学习我才明白，这一句"相干叠加"的背后，其实蕴含着"阿贝成像原理"，即电子束透过样品发生两次衍射现象，第一次形成了干涉图样，第二次又重新形成物体放大的图像，因此投射电镜既可以观察到样品的形貌，又可以利用干涉图样对物体的化学成分加以分析。

走出实验室，师哥才跟我吐槽道："课题组里一个新来的博士生，第一次操作就弄坏了价值十多万的载玻片。"在我的追问下他才告诉我，一台透射电镜的价格竟高达上千万元——要是提前知道这个消息，我大概就不敢走进那间实验室了！

如果说童话是对孩子心智与品行的启蒙，那么这次丹麦之行，亦是对我在材料表征技术方面生动形象的启蒙。

## 奥地利·维也纳

提到维也纳，不少人会直接将它与艺术挂钩。我想，维也纳是当得起"艺术圣殿"这样称号的。当你在一些欧洲城市里走上半天，很容易感觉到厌倦，因为城市的风格太相似了，走到哪里，都是灰白、砖红或暗黄色的楼宇；但维也纳则不然，这座历史悠久的城市，也是历史上神圣罗马帝国和奥匈帝国的首都，可算是欧洲建筑史的博物馆，既有高耸入云的"哥特式"尖顶教堂，17、18世纪华丽的巴洛克风格，又有20世纪才兴起的返璞归真的新古典主义，还有代表后现代文明的玻璃幕墙……

而我对于维也纳印象的华彩篇章，则来自曾经的神圣罗马帝国的皇宫——美泉宫。传说1612年神圣罗马帝国皇帝的马蒂亚斯狩猎途中经过此地，饮用此处泉水，深觉其清澈甘洌，遂赐此地名为"美泉"，后成为神圣罗马帝国、奥地利帝国、奥匈帝国的王宫。我一直认为这是欧洲最美的宫殿，法国的凡尔赛宫虽然气势恢宏、装潢华丽，但其地势过于平坦，略显呆板；而美泉宫后除整齐的草坪之外，还有一座高度适中的小山包，为整个建筑群增添了一丝灵动之气。登上山包顶端的"凯旋门"，全城景象可尽收眼底。美泉宫更因《茜茜公主》系列电影故事而吸引着无数游客。我想一座包含着些许自然之趣的宫殿，才更符合茜茜公主热情奔放、热爱自由的性格特质吧。

除建筑之外，音乐可以算作是维也纳的第二特征。奥地利人仿佛都对音乐有着特殊的追求与天赋。在维也纳街头，经常会听到有悠扬的小提琴演奏声。我还听过一个不知源于何处的笑话："奥地利最成功的一点在于：让全世界都认为，生于德国的贝多芬是奥地利人，而生于奥地利的希特勒是德国人。"可惜我对音乐的了解着实有限，不过我记得华为手机的主题曲《Dream it Possible》就是讲述一个奥地利女生继承祖父希望，去维也纳学习音乐的故事。

邂逅维也纳大学，可以说是我在维也纳的意外之喜。不知道是什么原因，使得维也纳大学没有在世界排名中跻身欧洲顶级名校的行列。但其辉煌的业绩，绝对不输任何一所世界名校——薛定谔、多普勒、玻尔兹曼、赫斯（发现宇宙射线）、弗洛伊德等，无数教科书上出现名字的伟大者，都与此地颇有渊源。遗传学之父孟德尔曾来此学习数学与统计学的知识，随后才开始用统计学的方法研究遗传问题，从而提出了遗传因子的分离和自由组合定律；在材料学的仿真计算中，最为常用的软件包称为 VASP（Vienna Ab－initio Simulation Package）也源于维也纳大学。

只可惜维也纳大学校区过于分散，我所见识的不过是大学的主楼而已。学校主楼里有个方形庭院，里面陈列着上百位知名校友的雕像。主楼的大厅前还设有一个名人墙，上面错落有致地放置着九张杰出校友的照片，中间则是一个大大的问号——下一位从这里走出的科学巨匠会是谁呢？

在我的印象里，欧洲的旅程总是放松而愉悦的。"70 后、80 后、90后、00 后，他们走出去看世界之前，中国已经可以平视这个世界了，也不像我们当年那么'土'了……"习近平总书记的一席话，不知引起了多少海外游子的共鸣，也再次触发了我的旅欧记忆。其实欧洲的美景还有很多：德国严谨缜密的工业气息、意大利气势恢宏的古老宫殿、西班牙热情奔放的现代艺术以及挪威那俊美多姿的峡湾、瑞士那优雅秀丽的雪峰……无不是人类文明的瑰宝。但欧洲的诸多美景，最终都是知识者、劳动者们用聪明智慧和辛勤汗水创造出来的，作为新时代的中国青年，我们也更应该用青春和学识，在当今世界这个大舞台上，为我们的祖国创造出属于这个时代的绚烂美景。

## 名校体悟

英国与欧洲大陆之间的联系较为密切，尽管英国已经脱欧，但在英国的留学生去欧洲旅游仍然是非常经济和方便的选择。在英国办理欧洲国家的签证十分方便，很多欧洲的旅游景点（特别是博物馆类的公众景点）对于世界各地的学生还有优惠甚至是免票的规定。所以留学生们大可以在保证自身安全与健康的前提下，利用假期时间去欧洲观光游览，增长知识、开阔视野，感受欧洲的文化氛围。

提到欧洲，很多人都会想到"欧盟""申根区""欧元区"这几个概念。这些概念相互重叠，涉及绝大部分欧洲国家，但又不完全等同，涉及的国家也略有区别。欧盟是一个国际组织，更多涉及欧洲国家政治、经济上的合作，与留学生的关系并不密切。申根区是指各参与国相互开放边界，只需申请一国签证，即可游览所有申根区国家。"申根"一词的由来，是因为此项协议最初是1985年6月在卢森堡小城镇申根提出的。欧洲大陆很多国家都在申根区内，但英国、爱尔兰、克罗地亚、塞浦路斯等国家不在其中（即需要单独办理签证），而瑞士、冰岛、挪威等国家，虽然不是欧盟成员，但也在申根区内。欧元区是指使用欧元作为货币的国家，在申根区中，瑞士（使用瑞士法郎）、北欧四国（即丹麦、瑞典、挪威、冰岛，使用克朗，但不同国家汇率略有区别）、捷克（使用克朗）、匈牙利（使用福林）、波兰（使用兹罗提）等国家不属于欧元区，而爱尔兰、克罗地亚等国虽然不属于申根区，但却属于欧元区。欧洲也有一些诸如梵蒂冈、安道尔、摩纳哥、圣马力诺这样的微型国家，它们均不设边检，从附近的国家即可前往。

去欧洲旅行，飞机和火车是欧洲旅行的两种主要交通方式（Omega 与携程网是比较常见的订票网站）。一般来说，坐飞机出行会更加方便快捷，并且欧洲各国间的机票票价也较为便宜；火车便于沿途观光风景，是休闲度假的好选择。欧洲的火车大都需要提前订票，如果有长期乘坐火车的计划，也可以购买欧洲的火车年票。此外，"欧洲之星"是英国与欧洲大陆的直通列车，它通过那条著名的穿越英吉利海峡的"海峡隧道"，只需两小时的时间即可由伦敦直达法国巴黎，三个半小时可到达荷兰的阿姆斯特丹。需要提醒的是，在查看飞机与火车的时刻表时，应注意欧洲大陆也采用夏令时，大部分国家与英国有一个小时的时差。

最后还需要提醒各位留学生朋友，在旅行期间，应时刻注意自身的安全与健康。西欧、北欧国家的城市治安情况较好，而南欧、东欧国家则稍显混乱。因此，去往南欧和东欧旅行的人们，要时刻注意自身与财物的安全，也要注意饮食的干净卫生。

**辑六**
Series VI

# △英伦名校初探秘

提起英国大学，人们大概马上就会想到"牛津"与"剑桥"。

# 牛津大学
## ——英国精英教育的"名片"

提起英国大学，人们大概马上就会想到"牛津"与"剑桥"。在普通英国大众的心目中，牛津与剑桥两所大学有着特殊的地位，它们不只是两所大学的名字，更是世界顶级学府与精英教育的代名词，也成为英国对外交流的名片——英国国家对外的宣传片中，牛津大学和剑桥大学始终频频出镜。前文已经详细介绍过了剑桥大学，在此简要介绍与之齐名的牛津大学。

牛津大学与剑桥大学十分相似，它们都是英国的古典类大学（牛津大学成立时间更早），有着悠久的历史；大学与城市同名，二者早已经融为一体，整个城市中布满了石黄色的院宇和教堂，古色古香，曲折而繁复；学校采用学院制，其中诸如"圣约翰学院""耶稣学院""圣三一学院"（牛津、剑桥的同名学院），以及"叹息桥"这类景点，在牛津、剑桥两所大学都可见到。因此，同时游览牛津与剑桥，会有一种似曾相识之感。

可是，这两所学校在历史上却一直是"死对头"。在几年前，两所学校有一场关于校徽的"诡辩"：剑桥大学的校徽是一个红色的盾牌，正中间是一本合上的书；而牛津大学的校徽则是一个深蓝色的圆，上面是一本打开的书。牛津的学生首先发难："剑桥的学生们不爱看书，所以才把书合起来。"而剑桥的学生立马回应："你们摊着书是因为你们看得太慢，我们早就看完了。"在剑桥上学，身边的同学一般称呼牛津大学为"隔壁某学校"，有时甚至会用"以字母 O 开头的隔壁学校"来指代，都不愿意直呼其名。

尽管如此，这两所学校的联系却又异常紧密，两校中许多学院相互结为姐妹学院开展联谊活动，也经常开展各项体育比赛，每年3月开展的"牛津—剑桥赛艇对抗赛"就是其中最为著名的一项。在剑桥有不少研究生之前毕业于牛津，也有不少剑桥的毕业生去往牛津深造。我课题组中一个重要合作方也是牛津大学的科研课题组。

　　我对牛津的印象比其他学校略深，但也只限于走马观花，这里提供几个片段，作为牛津印象的剪影。

### 历史——牛津给我的"第一印象"

　　当你站在牛津市中心，一定会注意到牛津大学的地标建筑：圆形的瑞德克利夫图书馆（Radcliffe Camera），黄色的拱形石壁，第一层被方砖石所包裹，而上面的几层则被坚实的立柱所箍住，灰色的穹顶在雨水的侵蚀下有些发暗。我一直以为这是牛津大学的主图书馆，直到一位学习历史专业的朋友告诉我：这是牛津大学历史系的图书馆。

　　这位朋友硕士就读于剑桥大学，毕业后去往牛津大学攻读博士学位，当我前去牛津拜访他时，他饶有兴致地向我介绍起牛津的图书馆来：

　　"牛津有上百个图书馆，具有英国最大的图书馆系统，他们对于图书馆的态度也特别严肃，这一点要比剑桥表现得还充分。

　　"新生想进入图书馆之前，有个'宣誓'环节——承诺遵守图书馆的规章制度，不能破坏书籍，这样才能使用图书馆。就算是疫情期间，这一环节也必不可少，只是改在网上进行。"

　　"我原来觉得剑桥的生活就很有仪式感了，没想到牛津更'啰唆'！"我感慨道。

　　"是的，在牛津期末考试都要穿gown（长袍），牛津的gown还配有帽子，但是在没有毕业之前是不能戴的，只能拿在手里。"

　　走在牛津市中心的大道上，一路向东，路途上经过了牛津大学的圣三一学院（Trinity College）。作为剑桥圣三一学院的学生，我与同学也就顺势谈起了牛津的圣三一学院和学院制度。

　　"牛津的Trinity跟剑桥相比，名气可是小了很多，好像也只能排到中等的地位。"

不过因为疫情，我的这位朋友也没能参加太多学院活动，但他告诉我，综合考量学生成绩、名气、经济实力和风景，牛津大学公认最好的几个学院是：圣约翰学院（St John's College）、"新"学院（New College，注：此学院并不新，它成立于 1379 年，是牛津最老的几个学院之一）、玛格达林学院（Magdalene College），当然还有牛津最为著名、作为《哈利·波特》的拍摄地点的基督教堂学院（Christ Church College），这也是我所在的剑桥大学圣三一学院的姊妹学院。

沿着主街走五六百米，便可走到历史系门口。这就是一个不起眼的二层小楼，通身灰黄，镶嵌有半圆形的长条窗户，陡峭的屋顶，还有灰色的钟楼，看上去像是老学院，而非一个专业系。

"没想到你们系的楼这么老！"

"是的，而且牛津的专业也分得很细，很多学院都各自为政，星星点点，分布在整个大学。不像剑桥，还有几个大的教学区。"不过他也告诉我，由于疫情，他的主要工作也是在宿舍看书，以及与导师线上讨论，他自己也没有进入过教学楼内。

我们向前继续漫步，我心中对他一直存有一个疑问：他是学东亚历史的，为何一定要来到英国求学？在中国学习岂不是更加方便？

我本以为他会回答我"去更高的平台开阔眼界"一类的话，但他的回答却出乎我的意料。他告诉我，英国对于历史资料的记载非常翔实，很多人都有记日记的习惯，并且保存得非常完好。他甚至还读到过几百年前的日记——"一位邻居在厨房做饭，却不慎被烤肉签子扎死"的事情，这都是一些普通人的记录，却能一直保存到今天。因此，有些西方人对东亚的有些记载，比我们本国人还要详细得多。

"我现在的研究课题是明、清时期东亚的殖民与奴隶贸易。最近刚读到一个很有意思的故事：在明朝万历年间抗倭援朝的战争当中，有个中国人被倭寇抢到了日本，成了一个日本'大名'（相当于我国古代的'诸侯'）的家奴。他把日本侵略朝鲜的计划告诉了中国，可是他告密的消息也不胫而走，被另一个中国人举报给了当时日本的统帅丰臣秀吉，丰臣秀吉不但没有处罚原来的告密人，反而下令把这位举报人处死了，理由是：大明人帮助大明人，天经地义；而身为大明人，却背信弃义出卖祖国，这才是罪该万死。"

"所以说，这反映了当时日本人带有明显的中国传统的'忠义'的思想？"

"嗯——我还没想好呢！"他并没有正面回答我，"我读到的这个是一个'大名'的日记，并非正史记载，我希望最好能再找到一些可以相互印证的资料。"

当我离开之时，再看到牛津主图书馆，那高耸的墙壁露出一个个小窗户，仿佛一个个窥探真理之光的窗口，这才明显地感受到：规范的文献管理，确实是产生新思想有力的助推器。

### 生物与医药——牛津对世界的贡献

一场新冠肺炎疫情让全世界都了解了"牛津疫苗"，可是牛津对于世界的贡献不止于此。

2020 年夏日的一天，我偶然间发现了一条新闻，牛津大学的研究团队研发出了对于新冠基因检测的新技术，可取代传统的 PCR（DNA 聚合链式反应）技术。新技术不需要专业的实验室，同时具有很高的灵敏度，还可以有效减少测试结果的"假阴性"，对于一些医疗条件落后的地区意义重大。

看到后面我发现，这个团队正是我的一位博士同学所在的课题组。

我把这条消息转发给了她，不一会儿便得到了肯定的回复。

"这确实是我实验室老板做的，我们在苏州建有一个研究院，跟国内的联系也很紧密。武汉市刚刚开始封城的时候，他们就在琢磨，能不能也为疫情做点事情，所以用了几个月时间，研究出了这样一套新方法。"

通过这次对话，我还得知，牛津疫苗的研发部门，距离他们也非常近。

记得在疫情之前这位同学曾到剑桥访问，曾谈起她在牛津的学习体验，她所在的生物医学工程系，建筑挺大，设施现代，就是距离市里比较远。

"而我的学院，跟实验室正好是个'对角线'，所以现在自己租房，住在市中心，离实验室能近一点儿。"

提到她的学院——圣休斯学院（St Hugh's College），这是一个建于 19 世纪的学院，所以整个房子现代一些，主建筑是个二层的红色小楼。这里最开始是个女子学院，后来才男女混住。一般而言，女子学院的氛围往往会更加友好一些，这里也不例外，比如圣休斯学院曾经养了两只"院猫"，向全体学生征集名字，最后两只猫的名字定为饼干教授（Professor Biscuit）、馅饼上将（Admiral Flapjack）。

看到我们似懂非懂的样子，她又告诉我们：

"原来英国的女首相'梅姨'（特蕾莎·梅）和缅甸领导人（国务资政、民主联盟领袖）昂山素季都是这个学院的校友，'梅姨'即将离任的前夕，我们学院的学生活动室里还挂有'梅姨'的照片，脱欧的决定也一直是学生们津津乐道的谈资。"

看来"牛津出政治家、剑桥出科学家"这一说法，可真是一点儿都没错。

### 数学——牛津、剑桥共同的优势

在剑桥大学圣三一学院的同学里，我有这样一个特殊的朋友，他是我中学同校低一级的师弟（由于英国学制稍短，他成了我的同学），他在高中时就获得世界数学竞赛大奖，本科就读于牛津大学数学系，硕士时来到剑桥大学。由于他同时就读于牛津和剑桥两所大学，因此作为刚入学的新生，我对他在牛津的经历也颇感好奇。

刚入学的一次聚餐中，我便问过他：牛津大学与剑桥大学有哪些区别？他想了想，告诉我们说，在牛津市区的学院都比较小，市中心没什么绿地；而剑桥市中心大半被国王、圣三一、圣约翰三所学院所占据，景色也更优美。整体来看，牛津像是个古城，而剑桥则像是个大花园。

上学期结束的时候，我与他单独吃过一次火锅。由于我自己本科时也学过一些数学系的专业课程，席间我也问过他一些学习情况。

"牛津与剑桥大学的数学系都很好，但剑桥的学术气息更浓，剑桥数学系的研究生学位（Mathematics Part 3，亦作 MASt/MMath 学位）是世界上公认最难拿的学位之一，全世界有不少学生，就是为了挑战自己，才来到剑桥读这个学位，当然我也是其中的一个！

"剑桥这里定理的证明都非常严谨，相比之下，牛津在这方面就差一些，我在牛津就经常为一些证明的不严谨之处向老师提问，可老师往往也不能很好地回答。"

"有一件事情我一直想不通：牛津在讲多变量分析时太过简略——"他说起话来语速很快，看我有些懵懂，他又解释道：

"也就是国内数学系开设的数学分析三——比如说隐函数存在定理，就完全没有证明；多元函数的泰勒（Taylor）展开，也只给了 $R^n \to R$ 的公式，没有证明，也没有给出 $R^n \to R^m$ 的张量表达式。大二时我们有一门讲流形（Introduction to Manifold）的选修课，其实没怎么讲流形，而是在补多元函数方面的知识。

"这一点内容的缺乏，直接导致的一个结果就是，牛津大部分数学专业的学生，最后都转去学习统计、人工智能或金融数学，而难以从事纯数学的研究——至少中国留学生是这样。"

说到牛津的概率和统计学专业，学弟告诉我，牛津的概率统计专业是非常优秀的，比如随机分析就讲得很好，其实这门课程门槛非常高，往往要先学好测度论和随机过程之后，才能学这门课。而牛津这门课就讲得非常清楚。他还专门向我介绍，牛津有位特里·莱昂斯（Terry Lyons）教授，在 20 世纪 90 年代提出了"粗糙路径理论"（Rough Path theory），目前看来，在自然语言处理中可能有重要的应用。

"不过，这不是说牛津数学的其他分支就不好，牛津在代数领域也有几个'大牛'。"此外，他了解我学习物理，他还为我推荐了牛津大学群论的讲义：

"牛津开群论比较早，这是大一的课程，但你们应该不需要掌握太多细节，只要掌握基本概念就行，所以这门课正合适。"

此外，他还告诉我，牛津的物理系也很重视数学，物理系的学生们会专门学习泛函分析当中希尔伯特（Hilbert）空间和巴拿赫（Banach）空间的知识，结合量子力学来学习。经过一番讨论，我们也达成了"共识"——数学、物理两个专业虽然都以"严谨"著称，但很多时候也是"貌合神离"，比如：物理学很多学科与希尔伯特空间都有联系，但从数学上看最主要的联系也只是 Reisz 表示定理以及紧算子的谱结构，与巴拿赫空间的联系则更加松散；物理学中"统计物理"的概念，也与现代的统计学方法关系不大，只是思想上有点测度论的影子。

我的这位学弟在牛津大学的学习成绩一直是数一数二，在交流中他也提到了牛津大学的考试。

"在牛津，考试也是要穿 gown（黑色长袍）的，学生还会在袍子上别上康乃馨，第一门考试要别白色的，考试期间别粉色的，而最后一门考试要换成红色的。所以你看到一个学生别着红色小花面露喜色地走过，不要大惊小怪，那是他考完试了。"

另外，对于之前考试取得优异成绩的学生（一般来说是 70 分以上），他们会穿着更长一点的袍子参加考试，这种袍子被称为"学者袍"（scholar gown）。所以在考场上，如果看到周围全是穿着长袍子的人，就表明你被一群"学霸"包围了。

这位学弟在剑桥硕士毕业之后，去往美国斯坦福大学攻读博士。他也曾向我提到斯坦福的生活：斯坦福大学牛人是不少，但有些东西讲得却很混乱，比如关于布朗运动，他在剑桥、牛津都学过，再在斯坦福学一遍，也要靠多刷题才应付得了，有些缺乏相关背景的同学，就听得一头雾水！

我相信有着牛津、剑桥两所学校的扎实功底，他也必定会在他的研究领域做出成果、放出异彩。

## 名校链接

英国的教育高度产业化。在英国，共有150余所大学与高等院校。大学需要获得皇家特许状、教宗诏书、议会法案，还需在英国枢密院备案，才能获得颁发学位的权利。根据成立的时间和历史大致可分为三个阶段，其中那些成立于中世纪和文艺复兴时期并持续至今的大学称为古典大学。这样的大学在英格兰只有两所，即著名的牛津大学与剑桥大学；在苏格兰共有四所——爱丁堡大学、格拉斯哥大学、圣安德鲁斯大学、阿伯丁大学。这些大学往往拥有悠久的历史传统与深厚的文化积淀，在一些传统学科，如哲学、数学、自然科学、文学、经济学等学科上拥有很大的优势，课程设置方面比较强调知识体系的完备性与思维方式的形成，比较适合学者与政治家的培养。牛津大学是英国最为古老的大学，也是古典类大学的代表。

牛津大学（University of Oxford），简称"牛津"（Oxford），位于英格兰地区的牛津市，是世界顶尖的公立研究型大学。其准确的建校时间已不可考，但比较公认的说法是：1167年，当时的英格兰国王同法兰西国王发生争吵，导致一批寄读于巴黎大学的英国学者回国，他们聚集在牛津，在教会的帮助下，开展学术活动，并以此为基础建立了大学。牛津大学是英语世界中最古老的大学，也是世界上现存第二古老的高等教育机构（最古老的大学是意大利的博洛尼亚大学），在众多领域拥有崇高的学术地位和广泛的影响力。牛津大学采取学院制，共拥有38个学院。此外，牛津大学的主图书馆博德利图书馆是英国第二大图书馆（仅次于大英图书馆）；市区中还有大大小小的多个公园、博物馆等，其中阿什莫尔博物馆（Ashmolean Museum）是全英最古老也是现在第二大博物馆（仅次于大英博物馆）。牛津大学学校教职工超过7000人，本科生约12000人，研究生约12000人。

牛津大学是一所综合性大学，顶级专业包括政治、医学、数学、法学、经济管理、历史、英国语言文学、物理、生物化学等，其中哲学、政治与经济学专业，是培养英国政界人士最多的专业。其儿科学系（Department of Paediatric）研制出针对新冠病毒的"牛津疫苗"；物理系克拉伦登实验室（Clarendon Laboratory）举世闻名，距离市区不远的哈威尔科创园（Harwell Science and Innovation Campus）还拥有英国唯一的同步辐射光源——Diamond Light Source。

牛津大学涌现了一大批引领时代的政坛精英、科学巨匠与艺术大师，包括28位英国首相及数十位世界各国元首，72位诺贝尔奖得主。英国前首相撒切尔夫人、托尼·布莱尔、大卫·卡梅伦、特蕾莎·梅，现任首相鲍里斯·约翰逊，美国前总统比尔·克林顿等都是牛津大学的著名校友。牛津大学的著名校友还包括：杰里米·边沁（著名思想家、社会改革家）、雪莱（著名浪漫主义诗人）、奥斯卡·王尔德（著名作家）、罗伯特·胡克（物理学家，提出胡克定律、发明显微镜）、埃德温·哈勃（天体物理学家）、史提芬·霍金（物理学家，本科毕业于此）、约翰·古迪纳夫（锂电池发明人、2019年诺贝尔化学奖得主）、蒂莫西·约翰·伯纳斯·李（"万维网"的发明者）。著名中国学者、作家钱锺书也毕业于牛津大学。

2020—2021年度，牛津大学位列 QS 世界大学排名第5，在 THE 世界大学排名连续五年蝉联第一，U. S. News 世界大学排名第5。

# 帝国理工学院
## ——小而精的理工科大学

从伦敦市南肯辛顿（South Kensington）地铁站出来，沿着一条颇为宽敞的马路一直向北，路过雄伟古朴的英国国家自然历史博物馆和国家科学博物馆，便可见一栋栋水泥玻璃幕墙构建的现代化建筑。在一座大楼的外墙上印有几个银色的大字"Imperial College London"，这就是世界知名高等学府——帝国理工学院。它始终稳坐英国高校的第三把交椅，在不少人心中，也是一所"英国仅次于剑桥大学的理工科学校"。

提到"帝国理工"这个名字，它的准确翻译应为"伦敦帝国学院"，是一所综合性大学，不过由于它的理工科实力过于出众，这才被"将错就错"，留下个"帝国理工"的名声。

我近距离接触帝国理工学院，是为拜访一位中学时代的同窗好友。中学毕业后一直联系不多，偶然了解到他目前在此读书，学的也是物理专业。因此，这次帝国理工之行，颇有一种"他乡遇故知"之感。

等我赶到，这位朋友已站在"Imperial College London"的大字下。相见之后，经过简单寒暄，我才了解到，他念书的进程比我略快，当我还在读硕士时，他已经是博士一年级的学生了。

走进校园，我才发现，帝国理工校园其实很小，一条"帝国理工大道"贯穿东西，一眼就可以望到学校的另一头，这中间也就五六百米。

"我们学校就是这么小，可办学的规模却相当可观。你看看，英国很多大学，恐怕都很少见到超过六层的高楼，但这里随便一个楼都有七八层高，我们只不过是把别的学校给'竖起来'了。"他长得高而瘦，戴着蓝色窄边的眼镜，说起话来语速略快，带着一种书卷气。

学校中间有个大草坪，草坪上耸立着一座高塔，白色的砖石、铜绿色的塔顶——这是帝国理工地标：女王塔（Queen's Tower）。

"我们专业的研究生有一项任务，每人都要设计一项面向大众的演示实验，有的同学就在这个塔上演示过自由落体实验，当然所采用的测量装置，都是我们最新的研究成果。"

此时，正值中午放学，大批的学生像潮水一样，很快就挤满了校园的各个角落，而我们也正准备去学校的食堂吃饭。我们沿着大草坪的东侧，经过帝国理工最大的图书馆"中央图书馆"，走进对面的建筑。

帝国理工的食堂可真不少，食物的种类也很多，其中的日式拉面很符合东方人的胃口。饭后，应朋友的邀请，我又来到了一个小酒吧，这也是一个学生用餐的场所，原木的桌椅、柔和的灯光，再配上深色的墙纸和屋顶，也显出一种别样的静谧与祥和。

"你猜猜这个 bar（酒吧）的名字叫什么？——'h bar'。"他自问自答道。

我立刻心领神会——h bar 在英文里也是约化普朗克常量 $\hbar$ 的读法，是现代物理学中的一项基本常数。这时我恰好抬头看到墙上一个红色 $\hbar$ 符号，旁边是一行计算机程序注释一般的字体"\ h bar \"，这才体会到这里理工男们的幽默。

穿过了酒吧，我在朋友的带领下走向他学习的科研楼，这时我发现自己已经置身于水泥森林的深处，早已辨不清东南西北，所以不由得佩服起朋友的方向感。

进入教学楼，环境与之前相比很不一样。宽敞的走廊被白色的射灯照得通亮，显得干净简约，此时正值中午休息，走廊里也静得出奇。偶遇一间敞开的房门，一间小屋里墙壁被涂成了绿色，一排柜橱和一个小水池，摆着饮水机和咖啡机。房间正中是个圆桌和几把椅子——这是师生的休息室。

我发现桌子上还有几行字，走近一看，不知是哪位学生用花体字写出了麦克斯韦方程组。抬头观看，远方的墙壁上挂着一块白板，上面写得密密麻麻，有些字用力太重，痕迹已经无法清除。上面竟还有几行中国字，笔画僵硬，横竖撇捺都像是用尺子比着画出的线。上面内容也使我们忍俊不禁：

"我还有头发，我还能学计算机。"

想不到理工男们还这么幽默。我们边往外走，老友就向我介绍起来：

"我们边上就是英国皇家音乐学院，有个非常有名的阿尔伯特音乐厅，是世界级的音乐圣殿，宋祖英、谭晶、郎朗等人也在此开过音乐会，而我们每年的毕业典礼，都是在这里进行的！"

"说到我们物理系，与皇家音乐学院也有合作，在本科开设有'物理与音乐'（Physics with Music）专业，物理系每年还有钢琴演奏会，可有意思了。"

朋友介绍得津津有味，我听到这里却挠了挠头，我的朋友不仅是一位物理学霸，对钢琴也颇为在行。而我对于乐器却是个门外汉，听了半天才明白：所谓"物理与音乐"，大致是将物理学中的声学和弦的振动等，与乐理等内容相结合。

"不过这个专业还是挺不好学的，因为既要学好物理的基础课，也要掌握好音乐的基础，这两方面都挺吃功夫的。我知道这个专业报名人数不多，学生也都是高分毕业，都是属于天才那种类型的。"

我们再往前走，又发现了一个没有关门的教室，教室的黑板也没有擦。

"这是费恩曼图啊，量子场论的课。真没想到，开学没多长时间，就讲到这儿了。"

"帝国理工挺不简单的，跟剑桥大学相比，这是个小而精的典范。你别看平时不显眼，说不定什么时候就会冒出来一个大成果。

"你知道负折射率材料吧？那就是帝国理工教授的原创。"

作为英国仅次于剑桥大学的理工类学校，两所学校有着不少竞争与合作。有不少剑桥本科毕业的学生去往帝国理工深造，剑桥的研究生与博士生中也有不少来自帝国理工。据我所知，剑桥大学物理系也有位颇为知名的教授，原来是帝国理工的教授，带着自己的研究成果从伦敦来到剑桥。

我们继续向前走着，谈起了他的研究方向：

"我是做冷原子（cold atom physics）的，我们组有一个很有意思的方向：测量单个电子的电偶极矩（dipole moment）。"

我不解："单个电子还有电偶极矩？"

"是的，在标准模型下，电子被当作一个点电荷，并不存在电偶极矩。但在此之后理论物理界又产生过一些新理论……"

"那你们组的工作是——"

"我们就是要测量这个电偶极矩，要先施加外电场，如果电子具有电偶极矩，不同的电子就会具有能量差，此时，我们再用激光——"

"用单色激光照，激发能级跃迁，再测荧光谱？"

"对了一半！我们的做法是，让电子处于叠加态，光照射后，会有一部分光因为电子能级跃迁改变频率，而另外一些光频率不变，这样一来，光就会产生'干涉'。通过测量干涉的振幅，即使是很微小的电偶极矩，我们也能测出来。"

随后他又补充道："这个实验要是成功了，意义非常大！它可以帮助我们判断，哪些超越标准模型的新理论是合理的，这会使理论物理再向前迈出一步。"

说话间，我们来到了博士生的集体办公区。这是一间大屋子，一张张办公桌并排摆着。有趣的是，尽管是物理系的办公室，但墙壁上的墙纸上写的都是"跨学科""合作""研究""技术""创新""影响力""训练""挑战""技能"等单词，这些字有大有小，横竖不齐，很像是企业的文化墙。

"没想到你们受工业界文化影响这么深！"

"是啊，我的导师就很重视与工业界的各种合作。他甚至鼓励我们在博士期间外出实习，或者出去工作一段时间。因为他觉得学生在博士期间增长才干是最重要的，而不是单纯地把学生看作科研工作中的'廉价劳动力'。你会发现，我们组在一些科研的硬指标上并不突出，但我们都觉得很有收获，幸福感也挺高的，我还是很喜欢这种学术氛围的。"

一天的时间转瞬即逝，帝国理工之旅也到了尾声。我脚步匆匆，所到之处也是走马观花，只是与好友在帝国理工的校门前合了一张影，既是我对帝国理工印象的缩影，也算是我们友谊的延续。

此后我与这位中学同窗的联系多了起来。疫情期间，这位好友又给我发来了一条小视频：帝国理工化学系为了在实验教学中保证适当的社交距离，使用了"微软"的增强现实眼镜 HoloLens。小视频中，有位学生戴上眼镜，走到一个复杂的实验仪器旁，便看到了计算机投影出的几个文字框，分别出现在需要操作的按键或手柄前，每个文字框前还标有 1、2、3 的序号，直观易懂，即使是非专业人士，也有一种想去操作一下的愿望。

不难预计，面对未来的科技革命，帝国理工依然能够引领浪潮。

帝国理工学院，全称是帝国科学、技术与医学学院（Imperial College of Science，Technology and Medicine），其历史可追溯到1907年，是世界顶尖的公立研究型大学和最具创新力的大学之一，与麻省理工学院、加州理工学院、苏黎世联邦理工学院齐名，并称世界四大理工学院。学校在伦敦有多个校区，其主校区南肯辛顿校区是伦敦著名的富人区，紧邻海德公园、肯辛顿宫（威廉王子与凯特王妃住处），与白金汉宫、威斯敏斯特教堂亦相距不远。学校教职工约4500人，本科生约10000人，研究生约9000人。一项调查表明，帝国理工学院毕业生平均第一年年薪为37931英镑，位列英国第一（超过牛津与剑桥大学的毕业生约5000英镑），学校在工业界的人脉资源也非常深厚。

帝国理工学院以理工科与医学见长，顶级专业包括土木工程、电气电子工程、化学工程、机械工程、基础自然科学、计算机科学等。

帝国理工学院目前拥有14位诺贝尔奖得主，著名校友包括：晶体电子衍射现象发现者之一乔治·汤姆孙、全息摄影技术的发明者丹尼斯·加博尔、首次提出维生素C结构的沃尔特·霍沃思、金属有机化合物先驱杰弗里·威尔金森，以及两位青霉素的发现者亚历山大·弗莱明、恩斯特·钱恩。值得一提的是，帝国理工学院与我国的科学家渊源很深，共有三位"两弹一星元勋"——黄纬禄（导弹控制技术专家）、姚桐斌（冶金和航天材料专家）、王大珩（光学专家）毕业于此。

2020—2021年度，帝国理工居 QS 世界大学排名第8，THE 世界大学排名第11，U. S. News 世界大学排名第20。

# 伦敦大学学院（UCL）
## ——宽进严出的品牌学府

伦敦大学学院（University of College London，UCL）成立于1826年，是启蒙运动后，全英国建立的第一所现代大学。它与伦敦国王学院

（KCL）一起开创了伦敦大学系统，这个系统在全世界的影响颇为广泛。几乎伦敦所有的高校，都是伦敦大学的成员，就连赫赫有名的帝国理工学院也不例外，一直到 2007 年才独立出来。

UCL 在世界大学中排在第十名左右，在英国本土则稳居第四把交椅。在剑桥大学读硕士期间，我的课题是与 UCL 合作完成的，也经常需要去 UCL 的实验室做实验。我对这所学校也有着颇为近距离的接触。我经常打趣地说："我硕士也是半个 UCL 的学生。"

UCL 的主校区坐落在伦敦市国王十字火车站（Kings'Cross Station）旁边，步行也就十分钟的路程。距此不远，就是世界著名的大英博物馆和大英图书馆。主校区面积不大，但囊括了绝大部分的院系、图书馆和剧院。大大小小十几座高楼挤在这里，像堆积木一样占据着大部分空间，只剩下几条弯弯曲曲的小径供人通行。

学校的主办公楼是个希腊神庙式的建筑，这是学校里视野相对开阔的地方。这栋楼后面则是学生中心（Student Centre），是供学生们自习的场所，里面装修现代，设施齐全，泛着淡金色的灯光静谧而祥和。这里除了宽大的课桌、新式的电脑等学习设施之外，还设有快餐店、咖啡店，方便学生们的生活。我问过不少从 UCL 毕业的学生，学生中心是他们共同的回忆。

UCL 成立之初，就是要打造成一所现代化的大学，摒弃古典类大学中的繁文缛节。因此，"自由与平等"是 UCL 的精神核心。特别是师生间的平等关系，给我留下了很深的印象。

我在 UCL 进行自己的课题研究期间，也曾经数次走进 UCL 的课堂。在一门"纳米结构中的物理学"课程中，就遇见了一件新鲜事：在第一节课，老师做完自我介绍后，竟让每位学生也都进行自我介绍。

"可以很简单，说说自己是谁，以及在这门课上想学到些什么。"

UCL 的学生们早有准备，毫不怯场。当然，他们给出的上课动机也是五花八门：有说想来学习光学的，有说想来学习物理的，甚至还有说"本不想来，但因为是必修课没办法"的。可学生们都非常尊重彼此，谁也没有表达出不齿或嘲笑。最后，老师也没放过我这个旁听生。我只好红着脸说，自己是一个旁听生，想来了解一下这个领域的最新进展。老师对我也一视同仁，微笑地点了点头，说了声"Okay"。

在 UCL 的课堂上，老师们非常注意和学生们的互动，老师往往会专门设计出一些问题，以供学生们讨论，这在理工科其实并不容易——问题既不能设计得太简单或者太常见，否则学生们答案一致，讨论根本开展不起来；也不能设计得太难、太新颖，否则大部分学生不知从何下手，或者无法在短时间厘清思路。在这门"纳米结构中的物理学"课程中，我记得老师就提过一个有趣的问题：如何根据电场边界条件定性分析光在光纤中的传播模式？这个问题一经提出，整个教室鸦雀无声，学生们都不知从哪里下手，可老师很快就为学生提供了思路：分析光纤中水平、竖直两个横截面中电场的分布。

这时我大概理解了老师的意思：水平、竖直两个界面都经过光纤截面的圆心，在中心处的电场强度是相等的，可在光纤边界处，电场强度会有不连续的变化，根据边界条件与折射率分析出哪个方向上电场强度更强，也就表明电场的分布应该"矮胖"还是"瘦高"。

这时终于有位男同学自告奋勇地站起来，可老师却坚持让学生走上讲台，把两个横截面的电场分布画出来，还很严肃地递给学生两根不同颜色的粉笔。当这位学生画好之后，老师首先非常正式地说："感谢你的讲解！"然后才问道："全班有谁不同意吗？"

有一位学生举起了手。

"你是哪里不同意呢？你是觉得不应该这样画？还是你没有看懂？"这位同学红着脸摇了摇头说："我没听懂。"可这位老师丝毫没有轻视，就当着全班同学，把刚才的内容又重新讲了一遍。

UCL 的一堂课大都是三个小时，但由于师生互动，所以听着并不会感到很累。而且这样讨论的形式，非常适合老师介绍一些科研的进展——有时老师就会把一篇新发表的论文拿来讨论，老师首先简单叙述实验步骤和实验结果，再让学生们对结果加以讨论，而老师会对每一位学生的观点都做评价，经过一番七嘴八舌的讨论后，老师再揭晓论文本身对实验结果的解释。这样一来，学生们不仅了解了学科的发展，还潜移默化地掌握了分析问题的方法。相比之下，剑桥大学的课堂尽管大都只有一小时，但由于内容多、讲得快，每次上完课，都会使人头昏脑涨。必须承认，剑桥大学讲授的东西比 UCL 多得多，也难得多，要求学生必须有很强的基本功，还要有一定的毅力才能坚持下来。就教学方法而言，我觉得 UCL 的课堂更具有西方教学的特点，而剑桥反倒有一种"填鸭式教学"的感觉。

谈完 UCL 的课堂，必须要讲一讲它的科研，因为它的科研比教学成绩还要出众得多，甚至高于这所学校的"名气"。这里有些课题组，甚至有些"瞧不起"UCL 自己培养出的本科生，而选择从麻省理工、斯坦福、剑桥、牛津这些世界顶级名校招收学生。我硕士的课题便是剑桥大学与 UCL 分子束外延生长（Molecular Beam Epitaxy，MBE）实验室共同开展的，课题的内容是：在自生长的量子点纳米结构中，使用退火（Annealing）方法改变量子点的形貌与化学组分，最终应用在硅基集成的激光器上。

我在和另一所学校一位相关专业的博士师兄提到这个课题时，他不假思索就发来一篇论文，告诉我这是这个领域最重要的文章，几乎人人都看过。我打开一看，这篇文章的第一作者，就是我在 UCL 的指导老师 C 老师，当我告诉这位师兄这一消息时，他甚至都替我感到激动：

"那恭喜你，你可得好好珍惜这个机会啊！"

第一次见到 C 老师是在他的办公室。他先让我做个自我介绍，当我说到我来自剑桥大学，并被圣三一学院录取时，多少还带着一丝骄傲和激动。可偷眼一看，C 老师什么反应都没有，仿佛不太满意的样子，他只是平平淡淡地对我说：

"你要经常来实验室，我之前也带过像你这样的学生……每周也就只来 UCL 一两次，这样肯定做不好——我们做实验一做就是一整天！"

"没问题，我肯定好好干！"我很爽快地点头答应了。

当天晚上，C 老师就给我发来了邮件，其中附件里面有十几篇文章，他让我读完后写出一篇文献综述，还要我在他课题组的组会上做一个报告。

刚刚来到剑桥读硕士的我，接到这个任务，既紧张又兴奋。刚一进组，就得完成这个"严峻任务"，我可听说，厉害的老师们，往往越器重谁才越严格要求哩！更何况，我可还代表"剑桥学生"，可不能给剑桥大学丢脸。

铆着这样一股劲儿，我用一周的时间读完了全部文章。对每篇文章的主要观点和实验方法，我也都做了笔记。

到了报告的那一天，C 老师果然聚齐了组里全体博士生听我的汇报。当他看到我把相关的技术方案都总结在一个表格中，还描述了每种方法的优缺点，他把随身带的小本也翻开了。当我讲到"要让外部的原子进入量子点，无非是在以下两点下功夫：一、在量子点中提供一定的空间；二、为原子注入足够的能量"，C 老师还高兴地点了点头。

当我讲完后，C 老师带头鼓起了掌。

等我的课题进展到一半的时候，有一天他突然问我：博士申请进展如何？当时我已经感到他对我颇为重视，但也只能实话实说：我已经收到了剑桥大学卡文迪许实验室的录取通知，我将在剑桥读博士了。听到这个消息，他沉默了几秒。我能感到他脸上掠过了一丝惋惜。

没过多久，他课题组里的一位学姐博士毕业，她在博士期间发表了多篇论文，还拥有一项发明专利。直到现在，这位 UCL 的学姐，也是我学习的目标和榜样。在 2020 年年底，C 老师的一项工作还被美国光学学会评为 2020 年最重要的科研成果。

到了参加剑桥大学硕士毕业答辩的前夕，我出于礼貌地把我的答辩 PPT 发给了 C 老师，可没想到一小时之内，他就把 PPT 改好并且发给了我，里面除了对一些专业说法上不准确之处进行修改之外，就连语法的错误也都做了纠正。

最终，我的答辩受到了老师们的一致好评。当我把这个消息告诉他时，他给我回复了一个笑脸：

"以后什么时候来 UCL，你就过来找我！"

后来，这位老师也带过一位来自剑桥大学的硕士生，从我这位师弟的口中我才知道，C 老师对我评价很高。他说我是他"带过的最优秀的剑桥学生"，还让其他学生都向我学习，听到这个消息，我心里热乎乎的。

真的，只差一点，我可能就是 UCL 的博士生了。直到今天我都觉得，去 UCL 读博，其实也不失为一个不错的选择。

名校链接

英国的大学之间交流频繁，也产生了大量的"大学联盟"或非官方的

"统称"。常见的大学联盟或统称列举如下。

G5超级精英大学（指英国最为优秀的大学），包括牛津大学，剑桥大学，帝国理工学院，伦敦大学学院，伦敦政治经济学院。

罗素集团（英国24所大型学校的联盟，被誉为英国的"常春藤联盟"，因为这些院校校长每年春季固定在伦敦罗素广场旁的罗素饭店举行研究经费会议而得名），留学生们心仪的目标院校，绝大多数都属于罗素集团。

金三角名校（指位于伦敦、剑桥、牛津地区的6所最优秀大学），包括牛津大学，剑桥大学，帝国理工学院，伦敦大学学院，伦敦政治经济学院，伦敦国王学院。

伦敦大学（伦敦地区17所大学组成的联盟，这些大学在管理上相互独立，但互认学分，共享体育馆、图书馆、宿舍等设施），包括伦敦的大部分学校，但帝国理工学院于2007年独立。

N8大学联盟（英国北部的8所大学组成的区域性联盟），包括杜伦大学，纽卡斯尔大学，利物浦大学，兰卡斯特大学，曼彻斯特大学，利兹大学，谢菲尔德大学和约克大学。

学院制大学（指保留英国老式学院制传统的大学），包括剑桥大学，牛津大学和杜伦大学，这三所大学在英语中也被合称为"Doxbridge"。

在这些学术联盟中，伦敦大学学院便是其中亮眼的明星。

伦敦大学学院（University College London），1826年创立于英国伦敦，是世界顶尖公立研究型大学，也是伦敦第一所大学，在多个大学排行榜上居世界前十，以其多元、尖端的学科设置著称，并享有英国最多的科研经费。其中英国国家医学研究所（National Institute for Medical Research）、盖茨比计算神经科学中心（Gatsby Computational Neuroscience Unit）、伦敦纳米技术研究中心（London Centre for Nanotechnology）、巴特莱特建筑学院（Bartlett Faculty of the Built Environment）、教育学院（Institute of Education），都是世界顶级的科研机构，旗下的教学医院——皇家自由医院（Royal Free London）连年获评全英最佳医院。

UCL共诞生35位诺贝尔奖得主，著名校友包括"光纤之父"高锟，"电话之父"亚历山大·贝尔，DNA发现者弗朗西斯·克里克，"核化学之父"奥托·哈恩，固体物理学奠基人布拉格，AlphaGo之父戴密斯·哈萨比斯、大卫·席尔瓦，奇点定理证明者罗杰·彭罗斯，文学巨匠泰戈尔，印度国父圣雄甘地，日本首相伊藤博文等。

2020—2021年度，UCL居QS世界大学排名第8，THE世界大学排名第16，U. S. News世界大学排名第19。

# 曼彻斯特大学
## ——工业革命中诞生的骄子

　　提起曼彻斯特，很多人都不会陌生。这是英国仅次于伦敦的第二大城市，拥有"曼彻斯特联队"与"曼彻斯特城市"两大英超豪门球队。此外，这里也有一所非常优秀的大学——曼彻斯特大学（"曼大"）：计算机之父图灵、提出原子核式结构的欧内斯特·卢瑟福、现在科研领域的热点石墨烯，以及不少先进制造技术，都与曼彻斯特大学有着千丝万缕的联系。如果说英国G5大学（即剑桥大学、牛津大学、帝国理工大学、伦敦大学学院、伦敦政治经济学院）代表英国顶尖的大学，那么曼彻斯特大学与爱丁堡大学则代表着仅次于G5大学之后的第二梯队。

　　初到英国时，我与曼彻斯特大学并无交集，直到我来到剑桥求学时，才通过它的毕业生们逐渐认识它。

　　那是在剑桥大学读硕士的时候，我在一个课题组中参与科研。当时直接指导我的是一位中国博士生。这位师兄体形壮硕，平时看着满脸严肃，但说起话来却非常热情。除了我之外，当时还有一位剑桥本科的英国同学来此实习，这位同学的考试成绩在剑桥大学也是名列前茅，但做起实验来却有些力不从心。有一次，我们在搭建一个实验装置时，需要焊接一个简易的电路板。当我们三个设计好电路，走到实验台旁时，这位剑桥的同学连连摆手，支支吾吾地讲：

　　"我——我——不太会用电烙铁。"

　　师兄当时没说什么，走过去自己焊好了电路。

　　中午吃饭时，我才得知，这位师兄本科毕业于曼彻斯特大学，硕士毕业于剑桥，与我是同一专业。有了这一层的关系后，我们的交谈就随意了一些，他向我说道："真没想到，剑桥本科生竟然不会用电烙铁！按说外国人动手能力应该是很强的嘛！我本科是曼大的，大一的时候就要求我们焊接一个微处理芯片，大二时就用自己焊好的电路板学单片机编程。"

我当时感叹了一句，师兄又讲道："当时我们有个专供本科生使用的实验室，各样的电子元器件都摆在小抽屉里，可以随意拿取。此外，我们还可以自己设计电路板，在学校里就可以进行流片，把电路板生产出来。"他说话时略带京腔，更显得见过不少世面。

短短几个月之后，我就跟这位师兄成了好朋友，并逐渐了解到，这位师兄本科在曼大时主修自动化专业，以第一名的成绩毕业后，读硕士和博士则来到剑桥学习光电子器件的方向，尽管很多专业课都需要重新学习，但他的成绩却非常优秀，论文还被选作范文，供我们参考。

他后来还与我交流过他的科研进展："我们一直在研究、改进一个硅基液晶器件的参数，试了好久，都没从理论上搞清楚影响这个参数的因素。最后我向导师建议干脆采用机器学习的方法，最后生成了一个'对照表'，虽然没能解释清楚，但还是提高了器件的性能。"

我一直把这位学长当成自己的榜样，也经常思考他成功的经验。我觉得，在曼大锻炼的动手能力和独立解决问题的能力，是他成功的重要因素。

我在剑桥的另一位好友，是一位本科毕业于曼彻斯特大学的师姐。在开学前，我就从一位朋友口中得知，剑桥的一位"大师姐"在他申请学校的过程中帮了大忙。当我来到剑桥，才第一次见到她本人：大脸盘，大眼睛，爱说爱笑，拍照时总爱摆出一对"剪刀手"，露出一口皓齿。当我刚到剑桥，对其"风土人情"还不甚了解的时候，"大师姐"就带着我们在剑河上划过船、参观过不少学院，还邀请我吃过学院的晚宴。我和很多同学都记得，初来剑桥，有这么一位学姐，带我们熟悉剑桥的这些古老的规矩和风俗。

随着彼此的熟悉，我才发现，这位"大师姐"可不简单，她是环境专业的博士生，精通多门编程语言；同时她有着自己的创业公司；她还在伦敦哈罗斯（高端奢侈品百货大厦）做过销售并获得最佳销售员，考取过中级咖啡师与中级品酒师的资格证，她还涉足股票、比特币的投资。

我一直很难想象，是什么支撑她学会这么多"技能"的，特别是当她告诉我，她拿到了摩根大通的 offer，正在考虑在博士期间做一份数据分析员的兼职工作时，我的疑问达到了顶点。此时，她向我提到了她在曼大的一次经历：

"我在本科的时候，为曼大新生拍摄过一个视频，那时我也才刚上大学，对这方面完全不懂，但就是觉得能'出镜'，才报了名——我当时还叫了另一个同学，才有这个胆量。

"可没想到，学校派来了专业摄影老师指导我们，还同时为我们提供了专业的设备——就是那种扛在肩上的'大家伙'。可我还是觉得无从下手，老师就启发我，从自己的经历出发，先易后难。就这样，我们拍了机场、街道、宿舍、校园这几组镜头。完成了拍摄之后，老师还教我们后期的剪辑……经过一系列的修修补补，终于一步一步地把这个视频弄出来了。第一次做成一件有价值的事情，特有成就感！"

说话间，我依然能感觉到她当时的兴奋与喜悦，可能正是这个经历建立了她的自信，才养成了她勇于尝试新事物的精神。难怪，她平时常用的词语是"玩"而非"做"，在她看来，编程、创业、投资这些在外人看来并不适合女生的"工作"，在她眼中都是些"好玩的游戏"。

"这个视频就在我 YouTube 的个人主页里，你要感兴趣就去看一下，别忘了给我点个赞！"

和我的那位师兄一样，"大师姐"也是以第一名的成绩，从曼大环境工程系毕业，提起曼大，她也充满了怀念与感激之情：

"在曼大那段时间真好！

"曼大培养出来的学生性格都不错，容易亲近——"

转年夏天，我才有机会来到曼彻斯特大学。曼彻斯特大学的校园很大，分为北校区和主校区两部分。从火车站出来，首先会经过北校区，隔着铁路桥便可发现一个宏伟的红砖大楼，其上排满了一扇一扇的大窗户，像是一排排马赛克整齐地镶嵌在暗红色的墙壁上，颇有一种节奏感，这便是曼大工程学院的所在地。

记得师兄曾向我介绍过，这是曼彻斯特大学最古老的建筑，还被列为英国的重点文物保护名录，但是由于精心维护，这里的设施显得很新。这一点，即使是剑桥也都很难做到。从大楼门口向里张望，我看到墙壁早已被粉刷一新，和刚刚建好的新房并无区别，只是黑白格子的方地板砖，像中国电影当中民国时期的陈设。

紧邻此楼是一片绿地，绿地上有一个艾伦·麦席森·图灵的铜像，他平静地坐在长椅上，双手放在腿上，既像是观景，又似在沉思。我原来只知道他是计算机之父、剑桥大学的杰出校友，却不知道他与曼大有什么渊源。后来我才得知，图灵曾长期担任曼大计算机系的副院长，正是在此期间，他提出"把程序存储起来再运行"的理念，并且帮助曼彻斯特实现了第一台真正意义上的现代计算机"曼彻斯特一号"；也是在此期间，他提出了著名的"图灵测试"作为人工智能的定义，即"如果对于某项任务，当人们无法区分它是由人类或是计算机程序来完成的时候，就说明计算机程序在这个任务上拥有了和人类一样的'智能'"，至今仍被奉为圭臬。

沿着学校的主要大道"牛津路"直行，便可来到曼大的主楼，也是学校的地标性建筑。这是曼大学生们拍摄毕业照的场所，也是不少游客前来拍照的胜地。这座主楼建筑宏伟，采用复古的哥特式风格，楼宇之间形成了一个欧式的方形庭院。从拱门进入庭院，便可看到一个方锥状的尖塔——拜尔楼（Beyer Building）。此时正值盛夏，绿藤郁郁葱葱覆盖了建筑的大半部分，只留下一个古旧土黄色的尖顶，远远看去，很像一根削好的铅笔。

这里的同学告诉我，此楼一年四季都会改变颜色，春季浅绿、夏季深绿、秋季由黄变红，而冬季则归于灰黄。

此栋建筑的名字来源于蒸汽火车的发明人之一拜尔先生，也是曼大捐款最多的人，他所研制的机车当时畅销全球。他在 19 世纪就意识到：设计、制造大型现代化机械的工程师，必须经受系统的科学教育，而不能再像过去那样，以学徒工的身份，单纯依靠老师傅"传帮带"的方式掌握技能。正是在这种思潮的带领之下，工业革命催生出的一批新兴行业，如工程技术、出版业等，才从一份"技能"上升到"学科"的高度，红砖类大学"培养有用人才"的特色才逐渐形成，"科学"与"技术"这两个原本割裂的概念也逐渐融合，开创了如今科学界与工业界相互关注、共同发展的格局。

学校主楼的对面，便是科研与教学区，树木掩映之下，一座座高楼拔地而起。这其中，被玻璃幕墙包裹着的现代化建筑石墨烯中心最为亮眼。2004 年曼大的吉姆和诺沃塞洛夫两位教授把石墨粘在胶带上，之后用不断撕胶带的方式，终于第一次制备出单层分子的二维薄膜——石墨烯，并获得诺贝尔物理学奖。我忽然想到刚刚走过的铅笔似的拜尔楼，莫不是这两位教授也是在校园漫步时受此启发，才实现了这一历史性突破？

我继续走在曼大的街道上，看着远处星星点点的学生的背影，我想，未来他们当中会涌现出更多像我师兄师姐那样的人才，逐渐成长为一个时代的中坚力量。

名校链接

英国除了"G5"这样专注于精英教育的大学之外，还有一类非常重要的学校——红砖大学（Red Brick University）。这是对创立于19世纪工业革命时期和大英帝国时期的维多利亚时代大学的统称。这些学校中通常有大量由红色砖头砌成的建筑，因此得名"红砖"。红砖式建筑是随着工业革命后机器制砖工艺的发展而兴起的，因此"红砖大学"的学科优势，通常与工业革命息息相关。一般来说，红砖类大学在各类工程学科、环境科学、计算机、法律、建筑、经济与金融等领域有较好的表现。在课程设置上，红砖类大学也普遍更加注重于教学内容的实用性。曼彻斯特大学便是红砖类大学中的优秀代表。

曼彻斯特大学，简称"曼大"，是一所门类齐全、科系众多的英国公立综合性大学，位于英国英格兰中北部的英国第二大繁华城市曼彻斯特，是由始建于1824年的曼彻斯特理工大学和始建于1851年的曼彻斯特维多利亚大学这两所世界一流学府于2004年合并而成，组成了英国最大的单一校址大学，位列英国工业革命时期建立的红砖类大学之首。曼彻斯特大学以教学严谨、学术风气自由著称，创新作为教学和学术研究的主导思想已形成传统。校内现有来自超过160个国家的超过四万名学生就读一千多个学位课程，教职工约4000人，本科生约27000人，研究生约13500人。2010年时任英国首相卡梅伦在北京大学演讲时说过："英国不仅有牛津、剑桥，还有曼彻斯特等大学。"

曼彻斯特大学发展比较全面，在绝大部分的热门学科都有很好的表现。这其中，最为出众的专业包括管理类专业（曼大商学院位列世界第25

位，MBA专业获三大国际权威商学院认证）、会计金融类专业、生物学（是全欧洲规模最大、设施最先进的教学研究组织，尤其在癌症学和神经系统科学方面，处在世界顶级水平）、计算机科学（诞生了英国的第一台可存储的现代计算机）、化学工程、教育学等。曼彻斯特大学拥有英国国家石墨烯研究院，具有相当的国际影响力，我国国家主席习近平也曾来此参观。此外，曼大图书馆是全英第三大学术类图书馆（仅次于牛津、剑桥），其约翰赖兰兹图书馆（John Rylands Library）被广泛认为是世界上最美的图书馆之一。

曼彻斯特大学培养出了众多人才，其中包括25位诺贝尔奖得主，如约瑟夫·汤姆孙（电子的发现者）、欧内斯特·卢瑟福（提出原子核式结构）、威廉·劳伦斯·布拉格（提出关于X射线衍射的布拉格定律）、尼尔斯·玻尔（研究氢原子能级结构）、查尔斯·威尔逊（发明云室，并观察到微观粒子的运动轨迹）、内维尔·莫特（研究磁性和无序体系电子结构的基础性理论）、乔治·德海韦西（提出同位素示踪法）、梅尔文·卡尔文（提出光合作用中碳还原的卡尔文循环）等。此外，约翰·亨利·坡印廷（物理学家，坡印廷矢量的发现者）、汉斯·盖革（盖革计数器的发明者）、迈克尔·舍伍德（高盛集团副主席兼高盛国际联合CEO）、唐纳德·克鲁克申克（原伦敦证券交易所主席）、彼得·莱文（前伦敦市长）、西蒙·约翰逊（前国际货币基金组织首席经济学家）等，都是曼大的杰出校友。我国科学家杨南生（中国固体火箭发动机技术的开创者之一，国际宇航科学院院士）、陆学善（中国晶体学研究的开拓者之一，中国科学院院士）、苏元复（中国化学工程学科的奠基人之一，中国科学院院士）等，也曾在曼彻斯特大学深造。

2020—2021年度，曼彻斯特大学居QS世界大学排名第27，THE世界大学排名第51，U. S. News世界大学排名第64。

# 爱丁堡大学
## ——苏格兰的"常春藤"

我对苏格兰的风情向往已久，恰有同学在那里读书，于是在一个风光旖旎的初秋时节，我开启了苏格兰名校之旅。

苏格兰首府爱丁堡始建于公元 6 世纪，是苏格兰的政治与文化中心，有"欧洲最美丽城市"之誉。它靠近苏格兰和英格兰的交界处，自古以来纷争不断，造就了爱丁堡城沧桑而内敛的特质。城区分为新城和老城两个主要区域，以王子街为分界线。新城是购物和娱乐的中心，老城则集中了主要名胜古迹，爱丁堡大学也位于老城区。

一迈出半地下的爱丁堡火车站，就能看见一街之隔，那一栋栋高大雄伟的建筑绵延不绝。灰绿色的方砖，还配有一个个高塔，一个个大窗户被分成很多小格。我把头使劲往上仰，才看到那一个个高耸的尖顶，好像这个楼要倒在自己身上，不免使人觉得有些压抑，又油然而生一种敬意。同学告诉我，这些楼依山而建，只有爬到楼顶，才能看到楼对侧的"地面"。

拾级而上，我发现一个临街店铺的门口，有一位传统打扮的中年苏格兰吹笛人。他可真像"小沈阳"——上身穿着黑色燕尾服，几个银色的扣子点缀其上，打着领结，显得尤其正式；他下身穿着红色格子的短裙，白色长筒袜搭配着皮鞋，真好像把一个男士的上身装束和女士的下身装束拼在一起。他正吹着一把硕大的苏格兰笛子，身体时不时前后微倾地晃荡着，吹出来的声音颇有些尖锐，能传出好远。晴朗的正午时分，远近的笛声此起彼伏，在整个城市上空悠长地回荡。

爱丁堡真可谓是一座"山城"，我和同学一直向南步行，时不时还要经过一两座高架桥。站在桥上，远处的小山包在晴空下清晰可见。其中的一个山包顶上戴着个灰白色的"平顶帽"，那便是著名的爱丁堡城堡，我一心向往着爱丁堡大学，对于城堡只是远远的一瞥。听同学介绍，爱丁堡大学学生中间流传着这样一种说法，有谁在考试季进入这个城堡，他的期末考试必将"挂科"。

再往前走，就是著名的爱丁堡大学。我们漫步在一个个布满青苔的古老建筑旁，浏览过它的人文艺术学院、法学院等。后来走到一座黑白相间的塔楼前，这是爱丁堡大学计算机系的所在地。它本就坐落在一个小山包上，再加上楼的高度，自然就成为城市的一个制高点。这里的顶楼是个可供学生随意使用的计算机自习教室，两边整面的玻璃幕墙，让整个城市的美景一览无余。

从这里向外看去，真是美得令人惊讶！远处是一道分明的海岸线，一侧是城市内鳞次栉比的房屋，另一侧是海天一色，纯净的蔚蓝一直延伸到天际。海岸线的一侧，一座不大不小的山峰泛着苍翠，这便是亚瑟王座。说是"王座"，看上去倒像是一排翠绿的巨浪拍向岸边，翻卷着向爱丁堡城市压下来，却又在最高处被定格。市区内一个个深灰色屋顶，随着丘陵此起彼伏，更像是另一片凝固的"海浪"，一直延伸到自己脚下。

在这里不要说是学习，就是待上一两个小时，也是美的享受。

身边的同学介绍说，亚瑟王座可是他们休闲的好去处，到了周末，登上亚瑟王座，顿觉心旷神怡。我和同学从计算机楼出发，到登顶王座，也就一个小时。从山顶俯瞰，整个城市有如绿浪上泛起的点点白帆，而我又一眼看到了计算机楼，它在爱丁堡大学的建筑群里独树一帜，与这个自然形成的制高点遥相呼应。

提起爱丁堡大学的计算机系，身边的同学非常自豪，向我介绍着那里的逸事：

"这群教授不仅仅醉心于自己的学术研究，一个个还都'身怀绝技'。我上学期选了一门非常'硬核'的课，讲的是机器学习理论，里面有很多高深的统计学模型和纯数学知识，推导起来既晦涩又枯燥。教这门课的老师是L教授，我一直觉得他就是个'老学究'，他连手机都只用最简单的，只能打电话发短信的那种。直到有一天上课，他告诉我们，他可以边抛杂技球边念完一道题目，说完就拿出十个杂技球在手里扔起来，十个球转成了一个圈，关键是他边扔边讲课！我当时都看傻了，感觉自己不是在上课，而是看一个专业的杂技表演，最后他把十个球稳稳地接住，整个班都掌声雷动。从那天起，我就爱上了这门课！

"还有我毕业论文的导师，也是特别厉害。他的专业是生物信息学，性格和脾气都特别好，平时跟我们说话也是温文尔雅的。直到我选了他的毕设，在他组里用的聊天工具上偶然发现，他还是一个山地自行车的爱好者！他自己探索很多野路，还能骑车上各种台阶，把车子骑到山顶上，让我大开眼界。他后来还告诉我：他的梦想是有朝一日参加环法自行车比赛。我当时就觉得，研究也好、个人爱好也好，凡事得有热情才能做出些名堂来，而且无论干什么，既然决定要做，就要做到最好！"

从亚瑟王座下来已是傍晚，我和同学迎着夕晖又来到了爱丁堡市另一处名胜——卡尔顿山。山顶上矗立着一个硕大的希腊神庙遗迹，金色的斜阳从几根巨大石柱的间隙中款款洒下，为遗迹镀上了一层古老而神秘的釉彩。

爱丁堡，真无愧于"北方雅典"的美誉！

## 名校链接

爱丁堡大学（The University of Edinburgh），是一所享誉世界的一流综合研究型大学，位于英国苏格兰首府爱丁堡市，创建于1583年，是英语国家中第六古老的大学。爱丁堡大学的建立是英国宗教改革的产物，为英国的启蒙运动做出了卓越的贡献。这使得当时的爱丁堡市成为欧洲的文化中心之一，并且获得"北方雅典"的美誉。爱丁堡大学是英国的一所顶尖大学，是英国罗素大学集团成员，有着很好的国际声誉，同美国的加州理工学院（California Institute of Technology）、斯坦福大学（Stanford University），澳大利亚的墨尔本大学（The University of Melbourne），北京大学、浙江大学拥有校级合作。学校每年收到社会各界超过4亿英镑的捐赠，在英国位列第三，仅次于剑桥大学和牛津大学。学校现拥有教职工10,000余人，本科生约23000人，研究生约13000人。学校依山傍海，环境非常优美。英国小说《哈利·波特》中很多场景与形象的灵感均来源于爱丁堡市，市中心的"大象咖啡馆"（the elephant house）便是作家 J. K. 罗琳创作《哈利·波特》的地方。

爱丁堡大学是苏格兰地区排名第一的大学，在多个学科具有出色的表现。其优势专业包括医学、兽医学、语言学、英国语言文学、艺术与人文、社会政策与行政管理、历史学、法律、环境科学、计算机科学等。其中，爱丁堡大学的医学院一直被认为是英语世界里最好的医学院之一，体外受精技术、克隆羊"多利"（Dolly the sheep，第一个克隆动物）、第一例通过基因工程生产的乙肝疫苗等，均来源于这里；其信息学院（School of Informatics）也被认为是英国最好的计算机专业之一。

爱丁堡大学培养了大量的人才，包括19位诺贝尔奖得主、3位图灵奖得主、1位菲尔兹奖得主、2位普利策新闻奖得主和3位英国首相。比如查尔斯·格洛弗·巴克拉（完善 X 射线散射与 X 射线光谱学）、马克斯·伯恩（量子力学的奠基人之一，首创量子波函数的概率诠释）、彼得·丹尼斯·米切尔（提出 ATP 在生物体内的合成机理）、罗伯特·爱德华兹（试管婴儿之父）、彼得·希格斯（提出粒子相互作用的希格斯机制）、理查德·亨德森（发明低温电子显微镜）、杰弗里·欣顿（"深度学习之父"，提出神经网络训练中的反向传播算法）、詹姆斯·戈登·布朗（英国前首相，执政年份2007—2010）。此外，托马斯·贝叶斯（数学家，贝叶斯定理提出者）、亚历山大·格拉汉姆·贝尔（电话机发明者）、阿瑟·柯南·道尔（小说家，《福尔摩斯探案集》作者）、大卫·休谟（启蒙运动时期哲学家）、詹姆斯·威尔逊（美国开国元勋）都是爱丁堡大学的杰出校友。爱丁堡大学与我国的知识界也有较深的渊源：傅斯年（历史学家，五四运动学生领袖之一）、章士钊（北京大学教授，当代著名民主人士）、束星北（中国雷达之父）、程开甲（我国核武器技术专家，"两弹一星"元勋）、彭桓武（"两弹一星"元勋，参加我国第一代原子弹与氢弹的设计工作）等均在爱丁堡大学学习过，我国著名的呼吸病学专家钟南山院士，也曾于1979—1981年赴爱丁堡大学医学院进修，并在2020年以超过90%的高票，荣获首届爱丁堡杰出校友奖（Being Edinburgh Award）。

2020—2021年度，爱丁堡大学居 QS 世界大学排名第20，THE 世界大学排名第30，U. S. News 世界大学排名第28。

# 格拉斯哥大学
## ——苏格兰的精品工科

我离开爱丁堡时已是晚上，经过40分钟的火车，晚上10点前到达了苏格兰最大的城市——格拉斯哥。我当晚无暇欣赏夜景，匆匆找到自己预订的酒店住下。

第二天早晨，当我迈出酒店的门口，才发现自己已置身格拉斯哥的闹市区。这里的景象与爱丁堡市形成了鲜明的反差，街道两旁一栋栋摩天大楼拔地而起，站在街道中央，有如身处一条水泥玻璃幕墙建筑组成的峡谷中。偶尔还会有一两座砖红色的古老楼宇，阳台上雕刻着精美的花纹，仿佛诉说着这里曾经的繁华。灰黄的城市底色上出现几抹深红，也算是这座古老名城的别样点缀。

格拉斯哥是一个由渔村发展而来的城市，一条克莱德河（River Clyde）穿城而过。它在17世纪就有着发达的商业，工业革命后一跃而成为钢铁重镇、造船中心。"克莱德制造"一度成为"高品质"的代名词。如今的格拉斯哥已华丽转身，丰富的建筑和博物馆资源，吸引着无数的游客。1999年，它还被评为"全英建筑与设计之城"。

格拉斯哥大学位于城市的北部，我坐上汽车一路向北。沿途的风景让我产生了错觉，好像这不是辆汽车，倒是个时光机——房屋逐渐变得低矮，最后只有两三层，人也越来越稀少，大片的绿地展现在我的眼前，像是一片未开发的土地，俨然是这个城市两三个世纪以前的样子。

我下车后发现，自己正面对着格拉斯哥大学校园。一条静静的小河在学校前缓缓流淌，一座小铁桥横跨其上。河对岸树木掩映，远远望去，红、橙、绿三种颜色层次分明，一座高大的钟塔在树丛后露出头来，这便是格拉斯哥大学的主楼了。小河的另一侧是大片的绿地，还有一座气势恢宏的博物馆。独自一人漫步在草坪上，我凝视着河对岸的美景，整个人都彻底沉静下来，"鸢飞戾天者，望峰息心；经纶世务者，窥谷忘反"，自然美景对人的陶冶，古今中外，大概皆同一理。

格拉斯哥大学建立在一片高地之上，我走过铁桥，一路向上攀登，终于到达了校园。这里可真是别有洞天！与我相约的两个同学和我一同绕过学校钟塔和主楼，并且告诉我：亚当·斯密等著名学者，都曾经在这里工作过。我们又走过几座古朴的教学楼和自习教室，便来到了学校的主图书馆前。当时正值蒸汽机的主要改良者瓦特去世200周年，学校的主图书馆正在举行纪念瓦特的展览。一排走廊被腾了出来，两侧墙面的壁纸上印着花花绿绿的介绍。一个玻璃陈列柜里，摆放着瓦特改良蒸汽机的模型——它由红、蓝、橙三种颜色组成，压气室、冷凝室、传动装置等，一目了然。

陈列柜后面的墙壁上，画着蒸汽机的草图。旁边是一段瓦特的自述：

"这一切都发生在学校门口的草坪上。那是个下午，我想出去晒晒太阳，在草坪上，边走边琢磨蒸汽机。我刚走过第一个小房子，突然灵光乍现，我还没走到第二个小房子，整个蒸汽机的图景就在我脑海里形成了。"

我当时脱口而出："蒸汽机是瓦特在草坪上拍脑袋想出来的？小学课本里面他母亲的烧水壶哪儿去啦！"身边的同学都哈哈地笑起来。

真是没有想到自己刚才闲逛的这条草坪中的小径，居然见证了工业革命开启的序幕。

走出图书馆，同行的同学中一位在亚当·斯密商学院学习国际人力资源管理专业的朋友谈及他的一段经历：

"这儿教学的风格特别重视理论联系实际。我有一门课程专门介绍员工培训理论，有一项大作业就是为公司设计培训计划，帮助公司员工了解性格以及特长，培养团队精神。老师为协助我们做好这项作业，专门请了一个专业的培训团队来，把我们这些学生当成'员工'，让我们体验了一次他们的'团建'活动，好启发我们如何提出自己的培训计划。

"我印象最深刻的是他们提出一个游戏，每个人随机抽取五张描述性格的卡片，我抽到的有'乐观''虚心'等，然后再把抽到的卡片发给自己认为符合这种性格的同学。我收到的好几个卡片都完全超出自己对自己的认知，有两个还是自相矛盾的，我当时惊讶极了。这时候，我看见那些培训团队的人都没闲着，全拿着小本写着什么。我后来才知道，他们当时是在记录我们的反应，还根据我们的反应调整了原来的活动安排！

"这时候我才'开窍'，学习这个专业，书本上的理论固然重要，但必须时刻牢记：这是在和人打交道，必须根据对方的反应不断调整自己的策略。平时在学习中，也得注意重点锻炼自己的反应速度和应变能力。"

重视实践的传统，看来已经根植于格拉斯哥大学的基因之中。

时间一晃而过，很快到了午饭时间。我和同学走进格拉斯哥大学的学生中心用餐，周围的学生们匆匆忙忙，穿梭于教学区与生活区之间。饭后，我就要赶往火车站了，我在餐桌旁回味着一个个记忆片段，深深感到，这座大学同这座城市一样，拥有着宝贵的历史财富，却又始终在发展中焕发着新的勃勃生机。

名校链接

格拉斯哥大学(University of Glasgow)始建于1451年，是在苏格兰国王詹姆斯二世(King James II)的建议下，由罗马教皇尼古拉斯五世(Pope Nicholas V)创立的。经过多年的发展，是一所英国综合性公立古典大学。

它是苏格兰地区最古老的大学，也是苏格兰地区排名第二的学府。学校现拥有教职工7,000余人，本科生约21,000人，研究生约10,000人。学校所在地格拉斯哥市也是公认的欧洲十大城市之一，特别是在"友好程度"和"物价水平"方面高居榜首，城市内有大量的绿地、公园、博物馆等公共设施。

学科设置方面，工科类专业一直都是格拉斯哥大学的优势专业，它建立了英国第一个土木工程系和造船专业；此外，它的亚当斯密商学院（Adam Smith Business School）享誉世界，获国际三大经典认证（EQUIS，AACSB，AMBA）；该校法学院是全英最大的法律研究中心之一，培养出了英国第一位最高法院女法官 Hazel Aronson，Lady Cosgrove，阿伯丁大学创立人 William Elphinstone 等；其教育学专业的实力也不容小觑。

格拉斯哥大学培养出大量杰出的校友，其中包括威廉·汤姆森（即开尔文男爵，热理学奠基人之一）、詹姆斯·瓦特（改良蒸汽机）、约瑟夫·李斯特（英国皇家科学院院长，首次提出无菌手术的概念）、亚当·斯密（著名经济学家，被誉为"经济学之父"，著有《国富论》）、乔治·劳德（卡耐基钢铁公司创始人之一）、詹姆斯·威尔逊（美国开国元勋之一，曾先后就读于格拉斯哥大学与爱丁堡大学）等。

2020—2021年度，格拉斯哥大学居 QS 世界大学排名第67，THE 世界大学排名第99，U. S. News 世界大学排名第89。

# 卡迪夫大学
## ——威尔士教育的代表

我去卡迪夫之前对它的了解近乎为零，只知道它是英国威尔士地区的首府。当时正值 2018 年年初，我刚刚结束在诺丁汉大学的一次期末考试，只想着找个地方换换环境、放松一下，就这样匆匆踏上了一场别样的威尔士之行。

坐了 5 个小时的火车，从英国东部直抵西海岸，才抵达卡迪夫。这里英语仍旧是第一语言，但车站里的标识都用英语和威尔士语两种语言写成，仿佛在提醒人们，这里是一片新天地。

一出火车站，便可感知到这座城市的年轻与活力。老式的火车站被样式新颖的建筑群包围，显得有些格格不入。几座高大的楼宇还未竣工，下半身被玻璃幕墙包裹着，上半身还露着暗黑色的钢筋，三个塔吊在忙碌地运转着，要知道这样热火朝天的场景在英国可不常见啊。加之雨过天晴，空气中湿漉漉的气息，好像也展示着这座城市的一派生机。

沿着城市主干道向北走，穿过繁华的购物步行街，便是壮丽雄浑的卡迪夫城堡。它距今已有近 2000 年的历史了，历经王朝兴替，屡遭破坏而后又多次重建，体现出多个时代的建筑风格。它的内部装修华丽，但却只是贵族们的休闲居所。值得一提的是，它坚固的城墙在"第二次世界大战"中被改造成为"防空洞"，为无数平民躲避法西斯的轰炸提供了庇护，也算是物尽其用吧。

继续向北，我本想参观卡迪夫博物馆，却意外邂逅了博物馆旁的卡迪夫大学。英国的大学大都没有校门或围墙，导致我一开始都没有意识到踏进了一所世界一流学府，直到抬眼看到它庄严的行政楼，才意识到自己原来已经深入其"腹地"。最使我印象深刻的是行政楼对面的中心花园，一大片绿地簇拥着中央的喷泉雕塑。雕塑被圆形的巨大石柱围起来，再配上层次分明的"屋檐"，远处望去好像一个神庙。这引起了我的兴趣，想走到近前一睹其内部的真容。可走近一看却出乎意料：所谓的屋檐，只是石柱上方的一圈。中间的喷泉正对着天空。这个喷泉可不小，水池正中一根圆形的石柱矗立着，三个青铜的人像雕塑高举花环站在侧面，石柱顶端是一个天使，肋生双翼，挺拔地站立着，一脚在前、一脚在后，手中高举权杖。

环顾四周，各个专业的教学楼排列在花园四周，教学楼阻隔了外边城市的喧嚣，只留下一个纯粹的精神世界；而这些建筑却又充满了现代元素，花花绿绿，烟火气十足，有如一圈更大的"石柱"，包围着整个学校。这些"石柱"阻挡着外界的喧嚣，却又不封闭与外界交流的窗口。与其说是阻挡，不如说是过滤，去粗取精，让身处其中的学子们体味时代留下的精华印记。

后来，当我来到剑桥大学求学时，身边有一位好友，本科就毕业于卡迪夫大学。他现在是剑桥大学电子系的博士后研究员，从事超导研究，年纪轻轻就已在国际上小有名气。他也跟我提起过自己的本科经历：

"卡迪夫大学特别培养学生做事的严谨性。记得我刚去的时候，选了一门商科的课程，一部分分数是完成网上的一个非学术相关的问卷调查，问卷是通过网络链接发到学生的电子邮箱里。但是那时候我刚到英国，还没有及时查收大学电子邮件的习惯，再加上心里总觉得学好知识最重要，根本没把问卷调查当回事儿。结果错过了截止日期，这部分得了零分。

"明明不是自己学得不好，却没有得到好成绩，我心里可失落了。我身边一个同学也是如此，我们不甘心啊，好几次去找任课老师理论。结果都被老师婉言拒绝了，最后他告诉我们：'规矩就是规矩（rules are rules）。不过这也是个好教训：以后无论学习、工作，都要养成勤查邮件的习惯。'

"从那以后，我就对所有的细节都特别重视。写论文的时候，除了内容准确之外，每处语法、拼写，甚至一个标点符号，我都不敢大意。十年过去了，现在想想这件事情，我都觉得受益匪浅！"

卡迪夫是个临海城市，晚风习习，沿着滨海街道一路漫步，穿过街道两侧霓虹闪烁的店铺，不知不觉就回到了我当晚居住的酒店。别看这里1955年才成为威尔士的首府，是全欧洲最年轻的首府城市，在一个世纪以前，这里可是世界最繁忙的运煤港。如今，威尔士早就已经转型升级，这些码头随之也被改造成了华丽耀眼的酒吧和水边餐馆。从酒店的落地窗中放眼远眺，月牙形的海岸也已成为七彩灯光的海洋。我再次想到了白天参观过的卡迪夫大学，这个浸润在威尔士文化氛围中的学府，也正在融入国际化教育的大海洋，谱写着一曲新时代的欢乐颂。

名校链接

卡迪夫大学（Cardiff University，威尔士语：Prifysgol Caerdydd）是一所位于威尔士首府卡迪夫市的公立研究型大学，也是威尔士地区的最高学府。它成立于1883年，是威尔士第三古老的高等教育院校，其成立之初名为"南威尔士与蒙茅斯郡大学"，并不具有独立授予学位的权力，只是作为牛津大学、剑桥大学和伦敦大学的预备学校。学校于1893年扩建为"威尔士大学"，又于1988年与威尔士大学科学技术学院合并（UWIST），终于在1997年获得了自己的学位授予权，于1999年才公开使用"卡迪夫大学"这一名称。卡迪夫大学校园环境优美，拥有现代化的设施和先进的教学与管理经验。卡迪夫大学非常重视国际合作，国际学生比例超过25%，并提供总价值超过200万英镑的国际奖学金。学校现拥有教职工6,600余人，本科生约24,000人，研究生约9,000人，是全英十所规模最大的高校之一。

卡迪夫大学的优势专业包括商科类专业、媒体与传播、矿业与冶金、建筑学与土木工程。其商学院获得 AACSB 与 AMBA 认证，其物流和运营管理更是学校的特色专业。

卡迪夫大学培养了多位杰出校友，包括马丁·约翰·埃文斯爵士（卡迪夫大学现任校长，首创基因靶向技术，获2017年诺贝尔生理学奖）、莱塞克·克尔兹斯托夫·鲍里西维奇爵士（免疫学教授，第345任剑桥大学校长）、罗伊詹·哈里斯·金斯勋爵（欧盟委员会主席、牛津大学名誉校长）等。

2020—2021年度，卡迪夫大学居 QS 世界大学排名第154，THE 世界大学排名第198，U.S. News 世界大学排名第168。

# 巴斯大学
## ——老城市中的新型大学

英国的巨石阵（Stonehenge）是一个旅游胜地，在湛蓝的天空和碧绿的草地中间，若干长条巨石直挺挺地矗立着，呈圆形排列，内外几层、错落有致，既像人为修葺的产物，又如大自然的鬼斧神工。这里每年都吸引着不少游客，距此不远便是全英国最古老的城市之一——古城巴斯。早在罗马时期，这里就因温泉而得名。可是，在这样一座古城里，却建有一所成立只有 60 多年的新型大学——巴斯大学。

我与巴斯大学的交集，是在本科交换学习期间参加的计算机算法设计比赛。这是美国计算机协会举办的世界范围的编程比赛，但欧洲地区的竞争相比国内轻松一些。因此，我这个非计算机专业的外行，竟也能一路过关斩将，"误打误撞"地晋级到了全欧洲范围的半决赛，本次比赛的地点，便是英国的巴斯大学。

比赛是利用周末的时间进行的。因为这次我们是代表诺丁汉大学参赛，所以学校专门派了大轿车接送我们全组的参赛选手。到达巴斯大学的时候，已经是周五的晚上，当时车窗外一片浓黑的夜色，什么也看不真切，只记得从一个露天的停车场出来后，仅有不远处一座一层的矮房子散发着光亮。走近一看，落地的玻璃幕墙印有一大串切成几瓣的圆。这原来是一个自助餐厅，但柜橱都已经打烊，变成了比赛的注册地点。

这里的桌椅被摆成了一个大大的 U 字形，而坐在桌子后面的志愿者都穿着统一的服装，每个人面前都摆着一大沓名单，我们找到了自己的名字，打了对钩，把比赛用到的参考资料交给组委会检查。

做完这些，我们每人收到一个袋子，里面有一个印有大赛标志的灰色短袖 T 恤，还有未来两天比赛的日程，看到这里，我才明白自己来到的地方叫作 lime tree，是学校的自助餐厅。做完这些，我们离开了大学，下榻在大学为我们统一订好的校外旅馆。

第二天早起，我才发现，我们入住的旅馆坐落在半山腰，巴斯大学则位于山顶，而城市则位于山脚下，两地的落差能有上百米。难怪在比赛日程上，除了一些基本的时间安排之外，还标注有从学校到城市的班车——去趟学校要爬上百米高的山，还真是不容易嘞！

旅店门前，是一条单车道的马路，鳞次栉比的房屋从山脚下一直延伸到山顶，在晨曦的照耀下，反射出特有的金黄色，更是增添了整个城市的古老与神秘。大概也是因为丘陵地形的缘故，家家户户都买有汽车，周六的早晨，所有的汽车全都整整齐齐、一排排地停在道路两旁，像两条五彩缤纷的长蛇，从山脚一直向上延伸。

我们乘坐诺丁汉大学为我们提供的轿车，再次来到了巴斯大学。这次我才发现，巴斯大学位于山顶的一片空地，可以俯瞰整座城市。这座大学与众不同，它的校园的主体是一座悬空式的高架人行天桥，而各个院系的建筑，大都是灰黄色调的五六层楼房，排列在这座高架天桥的两侧，建筑的入口基本上都在第二层，看上去像是个现代购物广场的设计。而我们昨天登记的餐厅，则位于这座人行天桥对面的宿舍区。

从停车场出来，便是登上高架天桥的台阶，台阶的一侧是深蓝色的镂空栏杆，另一侧是一面淡黄色的砖墙，上面写着"巴斯大学"（University of Bath）。这就算是学校的"入口"吧。看着这突出的台阶，仿佛也在体会一名学生的求学之路。

我们的预备活动安排只有半天：介绍比赛规则并进行简单的模拟热身赛，地点叫作 Founder Hall——是登上高架天桥楼梯后经过的第一栋建筑。走进室内我才发现，这其实是个大型的篮球馆，不过篮球架子已经高高地升起，体育馆里整齐排列着若干张大桌子。每张桌子上放着一台电脑，体育馆入口处，还有好几簇绿色的气球——这是比赛的道具，当你答对一道题时，就会有志愿者在你的桌子上绑上一个气球。

裁判员的讲话比较简短，而模拟的热身赛试题大都也非常简单，大部分人都取得了满分的成绩。这项活动也就持续了两个小时，随后的活动是在学校礼堂（University Hall）中举行的专业讲座。我们穿过整个高架天桥，才来到学校的礼堂。令我意外的是，巴斯大学的校园不大，但景致却别具一格：礼堂正对面是一片大绿地，上面还有一个不大不小的人工湖。当天讲座的内容我早已印象不深，只记得当时"深度学习"风头正盛，报告的主题大约是"深度学习"在股票市场分析中的应用，不过我对于校园风光中的田园之趣却记忆犹新。

周六下午是一段休息、备战的时间，而我和我的组员们忙里偷闲，跑到市中心游览了一番。市中心有规模宏伟的巴斯教堂，旁边设有一个小型集市，各样的小吃和当地的工艺品琳琅满目，还有闪着点点亮光的玻璃球，五光十色。我们本想去造访著名的古迹"罗马浴池"，无奈天色已晚，此景点已经关门，我们也只好摇头作罢。

周日是正式比赛的日子。我们一整天大都是在那个称为 Founder Hall 的篮球馆里度过的。大概是由于前几年赛题较为简单的缘故，这一年的赛题明显增加了难度，我绞尽脑汁，也只完成了十道题目中的一半，在两百多个参赛队中位列第 53，不过作为非计算机专业的学生，首次比赛能取得此等战果，我们也是心满意足。

当比赛结束后，我们又来到了首次报到时的 lime tree 自助餐厅——此时这是公布比赛结果的地点。餐厅里为我们准备了各式的甜点与咖啡，我们不仅看到了参赛名单，还有比赛题目的解题思路讲解。这时我心中才涌出一丝不甘心：有一道让我们花费很长时间的题目，其实思路是对的，只是少考虑了一种情况；另一道为饭店分配桌椅的难题，其实也只需要根据每张桌的容纳人数进行动态规划（Dynamic Programming）！不过我抿了一口手中端着的热咖啡，心里想着利用周末进行了一场巴斯大学之旅，也是十分值得了。

此时天色已暗，一场巴斯之行，也就画上了句号。

两年后，当我来到剑桥大学之后又得知，剑桥大学电气工程专业一位颇具名望的教授刚刚担任巴斯大学的校长。他是光通信领域的权威人物，曾主导 IEEE 多模长跨距协议（10GBASE－LRM）的制定，曾任剑桥大学副校长和剑桥大学工科学部主任，相信巴斯大学在这样一位新校长的带领下，定会走出一片新天地。

> 名校链接

英国在"第二次世界大战"后，又成立了不少新型大学，它们被称为"平板玻璃大学"（Plate Glass University）。这个名称是来源于大学中拥有很多现代建筑，在钢结构或混凝土结构中广泛使用平板玻璃。这些新型大学的课程形式更加活泼，往往在工商管理、新媒体、艺术设计等专业上有不错的表现。巴斯大学便是这类大学的典型代表。

巴斯大学（University of Bath）坐落于世界历史名城、英国唯一的世界遗产城市——巴斯，是一所以科研为导向的英国公立大学，成立于1966年，属于新型的"平板玻璃大学"。巴斯大学拥有一个多用途、现代化的校园，校园面积不是很大，从一端走到另一端仅仅需要15分钟，此外，校园内建有学生宿舍及一流的体育设施，各种便民设施也很齐全。学校现有教职工约为2200人，本科生约13000人，研究生约4600人。

巴斯大学是一所规模适中、小而精的大学，注重学科的实用性以及学生毕业后的就业去向。其优势专业集中在商科、同声传译、土木工程三大专业上。管理学院（School of Management）是英国著名的商学院之一，有大量毕业生进入英国投行和大型企业工作；同声传译专业的学生还有去联合国实习的机会。因此，尽管巴斯大学的世界排名并不突出，但在英国和欧洲都具有较高的声誉。

巴斯大学尽管成立时间较短，但仍然培养出了不少媒体人、企业家与社会活动家等知名人士，如朱利安·霍恩－史密斯爵士（欧洲移动通信巨头 Vodafone 首席运营官）、贾斯汀·金（英国大型连锁超市 Sainsbury 首席执行官）、安妮·麦克莱恩（美国宇航员）等，都是巴斯大学的校友。

2020—2021年度，巴斯大学位列 QS 世界大学排名第173位，在泰晤士世界大学排名（THE）位列201－250，在 U. S. News 世界大学排名第427位。

# 文末杂谈
## ——世界名校应该怎么读

随着我国高等教育的不断发展，出国留学还有必要吗？我们
究竟能从世界顶级名校学到些什么？这些正在逐渐成为不少
优秀青年学子思考的问题。

时间如白驹过隙，转眼间已是我赴英留学的第五个年头，其间的求学经历、见识体会、逸事趣闻等，许多已写在书中。在一年多的写作时间里，我重温了初到异国的新奇、考前复习的紧张、被名校录取的喜悦等。目前，随着我国高等教育的不断发展，我国大学与世界顶级名校的差距也在不断缩小，"留学生"也已经不再与"精英人士"直接画等号。因此，出国留学还有无必要？我们究竟能从世界顶级名校学到些什么？这些正在逐渐成为不少优秀青年学子思考的问题。

　　回首自己的留学之路，我既有幸见识了世界顶尖的精英大学，又接触了不少英国其他高校，也体会过中国的一流大学，对于我心目中世界名校的闪光点，愿在此简单分享。作为一名刚刚开始科研道路的博士研究生，我的感悟虽然粗浅，但从一位受教育者的角度出发进行探讨，或许可以为一些年轻的学子们提供些许参考。

　　作为一个理工科的学生，我的第一感受是，我国高等教育的发展速度足以令世界惊叹！特别是近30年来成绩非常显著：世界各个名校中，中国学生占比越来越大；每年发布的世界学术机构学术能力排名中，中国科学院已经多年位居榜首；无论是《自然》《科学》这样综合性的顶级科研期刊，或者是专业学科的顶级杂志，已经随处可见中国学者发表的论文。很可能用不了太长的时间，中国也会成为世界新的"学术高地"。有些人认为民国时期是高等教育的辉煌期，但试问：当时我国有多少人能去往世界顶尖名校和科研院所学习或参与科学研究？那时的中国又有哪些举世瞩目的科研成就？我认为，民国时期中国的高等教育主要学习英美，是纽曼体系下全人教育的育人模式，教育家们旨在为社会培养全面发展的高素质国民——比如当时著名的燕京大学的校训"因真理，得自由，以服务"，这就是典型纽曼思想的反映（可对比麻省理工学院的校训"既要动脑、又要动手"）；而中华人民共和国成立后，为迅速满足大规模工业化建设的迫切需要，我国引入了类似苏联的洪堡模式，增强了高等教育的专业性，加快培养特定领域的专业化人才。目前来看，世界上真正的一流大学，都在尝试如何将两种育人模式有机地结合，而非简单局限于某一种单一模式。如今我们也正逐渐驶向教育改革和发展的"深水区"，如果不实事求是地肯定我们的成绩与长处，一味地厚古薄今，很容易失去改革的定力和方向感，变得随波逐流，只能盲目模仿西方高等教育的某几项具体方法而缺乏自主的创见。

那么，那些位于"世界大学排名"顶端的学校，究竟还有哪些过人之处？作为学生，我们又能从中汲取哪些养料呢？我认为可以从以下几点来考虑。

第一，要学习和了解那些世界一流的课题组。我们关注西方的科研和高等教育，往往紧盯着那些世界知名的高校，仿佛一所高校就是科研的圣殿。很多人都听说过剑桥、牛津、哈佛、麻省理工、斯坦福等大学，但真正关注这些一流大学里的那些世界一流课题组的人便要少许多。事实上，课题组才是科学研究的基础单位，学术上的交流与合作、先进仪器设备的购买、实验装置的搭建、科学理论的提出，无不是以课题组的形式而展开的。同时，世界顶级的科研人才，一般不会单纯地对某个学校的名气趋之若鹜，而会更关注他能在这里得到怎样的发展。记得我在剑桥大学圣三一学院的晚宴中，就有好几次被问道："你为什么来剑桥念书？中国不也有清华、北大这样的名校吗？"我也曾几次反问："那你们为什么选择剑桥，而不是我们国家的清华或北大呢？"对方给出的答案往往是："这里有我喜欢的某个研究方向，或是某某导师很了不起。"事实上，剑桥大学的管理非常松散，不少院系的硬件条件也比国内逊色许多，这里之所以还能吸引一批世界顶级的科研人才，是因为这里有一批世界顶级的课题组，而绝非大学本身的名气。正如清华大学原校长梅贻琦先生所言："所谓大学者，非谓有大楼之谓也，有大师之谓也。"具体到现代的科学研究上，所谓"大师"，不仅指一两位有名望的教授，更多的是指优秀的科研团队。在世界范围内，也不乏非常有名气的大学，比如印度理工学院等，它们往往为世界培养出了大量优质的本科生与研究生，但如果缺乏世界顶级的课题组，这些大学也很难成为科研创新的顶尖高地。

我原来心里存有这样的误区：西方的科研团队规模很小，导师对学生都是一对一的个性化指导。后来才发现，自己的这种看法并不全面，我所学习过的剑桥大学和诺丁汉大学，都有超过百人的大型课题组。现在看来，只要能够保证科研团队的负责人对于组内所有科研方向具有足够的把握能力，维持一个超过百人的大型课题组并无不妥。也没必要只关注导师对于学生的指导，在一个科研团队中，博士生向博士后学习，低年级学生向高年级学生学习以及学生间的相互交流学习，同样非常重要。对于一些实验过程中遇到的技术细节问题，同辈人之间的交流有时比导师的指导更为有效。比如空气动力学中著名的"卡门涡街"就是一个绝佳的例子：此现象的提出者是著名的冯•卡门（空气动力学奠基人之一，我国著名科学家钱伟长、钱学森、郭永怀等人的导师。"卡门涡街"是他一生中最重要的两大贡献之一）。当时他只是德国哥廷根的一位年轻助教，研究课题本与此现象无关，但与他同组的一位博士生正在做相关的实验，那位学生经过多次尝试后始终观察不到预期现象，这就引起了冯•卡门的兴趣，这才开始从事相关领域的理论研究，并最终将观察到的反常现象命名为"卡门涡街"。这一事例非常具有代表性，因为同辈人往往比导师更加了解一个课题具体的"难点在哪里"，而"难"的操作与"怪"的现象，通常是新突破、新发现的前奏曲。

第二，要学习西方学者之间、学校与企业之间合作交流的方式。对于西方国家的科技研究，我原来有个刻板的印象，认为西方科研很自由，大家完全根据个人的喜好来做科研。这种看法是片面的：西方科研氛围确实相对宽松，但绝非没有组织，特别是顶级高校、顶级课题组之间联系非常密切，其间的联系远不止是共同参加学术会议、分享报告那样简单。就自己而言，我在博士期间参与的课题，便与英国的牛津大学、德国的柏林自由大学、美国的俄亥俄州立大学等都有密切合作，共同完成课题。随着科学技术的不断发展，前沿、尖端的科学研究已经很难由单一的个人甚至是单一的课题组来完成。当不同的课题组共同完成某项课题时，我们不应该只关注自己的那部分，对于整个课题全貌也应加以了解，并努力站在更高维度上去思考：当今合作、分工的依据是什么？这样的思考往往可以帮助我们了解到现有技术方案的优势、潜力及其局限性。当人们研究一项课题时，往往采用的是"执果索因"法：首先提出一个问题，再去想如何解决问题。但我们也应重视另外一种从已有的技术路线出发，不断深化的思考方式。将"执果索因"与"知因推果"的方法相结合，思考问题才更加有效，也更容易产生新点子。

此外，在西方国家留学，也要关注企业与市场应用对于科学研究的影响，从而了解西方更加成熟、完整的产业链。对于一些基础科学领域的学生而言，还应适当了解一些自己课题项目上、下游的研究领域。就以英国的电子科学技术领域为例，我前后所在的三所大学就有不同的分工：剑桥大学擅长研究新材料基础性质，提出新型元器件的结构；UCL的课题组长善于研究材料和器件的制备方法与工艺；而诺丁汉大学则是利用这些基础元器件去搭建大型的电力系统。再比如航空发动机领域，在罗尔斯·罗伊斯公司的协调下，英国共有十几所高校参与航空发动机的研究：有些专做燃烧室的优化设计，有些做空气动力的仿真，我交换学习所在的诺丁汉大学则负责研发发动机快速检测的工具，还有些学校研究新型复合材料的生产制备等。在西方的大型企业，往往设有专门负责技术战略发展的部门，他们为帮助企业抢占商业先机，对于相关科研成果都会很感兴趣。他们深入到各个研究机构，对其科研成果加以研究后，再以投资者和商业化的思维提出发展规划，最终大型企业会以"横向项目"的方式，为科研团队提供课题和资金支持，实现科研的"组织性"。我们还应更多地了解西方的企业快速获知、掌握新的科研成果的方法，并且学习他们在提出远景规划时的思维方式。这样，便可更好地借鉴，从而充分发挥我国"新型举国体制"的优势，特别是在那些长期应用前景广阔但短期缺乏经济效益的方向（如量子计算、清洁能源、空间科学等），实现"弯道超车"，取得重大突破。

从另一个角度来看，对于西方国家产业链条的系统了解，也便于"原创性科研成果"的产生。尽管科学发现本身不完全依赖人的意志，但"原创性"完全是一种社会评价。因此，只有科技工作者与企业有组织地把一些有潜力的科研成果加以深化，原创性的价值才能充分发挥出来，"原创"才能称之为"原创"。比如工业革命的代表性成果蒸汽机，在发明之初只是一个协助人从井中取水的小装置，它之所以成为"蒸汽时代"的代表与象征，是因为有人在此基础上发明了火车、轮船等交通工具。在近代物理学中，著名的量子霍尔效应在提出之际也不受重视，其发现者之一英国的 Michael Pepper 教授甚至觉得此实验无关紧要，在实验当天都不在现场，但有人不断地在此基础上加以推广和深化，才逐渐形成体系，成为当今物理学的研究热点。因此，了解一个课题方向的"前世今生"，一方面可以更好地培养综合性的高素质创新人才；另一方面，也会促进更多原创性科研成果的产生，并使更多的基础研究一步步地转化为应用，并且最终形成技术和产品，改变人们的生活，甚至改变整个人类社会的发展轨迹。

第三，要更好地体会并充分利用西方高校为青年科学人才提供的成长平台。我在未读博士以前，常常幼稚地认为"博士"就是一个人可以获得的最高学位，所以，博士毕业就代表一个人成为某个领域的专家，在那之后，他就没什么可"学"的知识了，只需要利用知识解决问题就行了。但事实却大谬不然：对于科学研究这项特殊的工作而言，博士阶段只是"入门课程"，是科研工作者的"见习期"。在博士毕业之后，还要经过相当长时间的充实提高，不断挖掘、拓展自己的研究方向，在合作导师的指导下学会申请科研基金，并参与课题组的管理工作，才能逐渐成长为一名"合格"的科研工作者。对于那些非常优秀的博士生，即使已经在《自然》《科学》等杂志上发表文章并收获很高的引用量，但他们也只能被比作是"优秀的士兵"，还不能算是合格的"将军"，只是具有成为"好将军"的潜力。我的体会是，博士生的科研方向更多的是导师较为熟悉的方向，学生将已有的科研成果不断深化；而博士后阶段，则需要研究者们根据自己的理解与体会，不断开拓新方向与新领域，实现更多原创性成果。

西方大学的教职岗位，通常会采用"严进宽出"的方法，在西方国家取得教职是要经过较长时间博士后工作积累的。特别是在欧洲的学术圈看来，一个研究者只有接连在两三个课题组中都取得不错的成绩，才表示他自身具有较强的科研能力，而非"沾某一个课题组的光"。而西方国家科研人员的分流机制比较完善，那些自觉不适合科研或者逐渐对科研失去兴趣的博士与博士后，一般经过一段时间后就会自动选择转行

（常见的岗位有技术咨询、专业法律顾问、科技公司的研发岗位等）；那些最终坚持下来，成功申请到教职的研究者，便会被给予充分的信任。西方大学的"预聘—长聘制"，以及"同行评议"制度在我国引起了不少讨论，但据我观察，预聘期其实更多的是学校为人才提供的"适应期"，为那些无法适应工作环境的人才提供再次选择的机会，预聘期中途的中期考核，也更像是与学校沟通遇到的问题和共同寻找解决方案的一个对话平台。而"同行评议"的根本目的，也不是要把一些教师开除或淘汰，只不过是为科研人员提供适当的压力，督促他们不断进取、勇攀高峰罢了。所以，博士后阶段对于科研人员而言，既是成长的沃土，也是一块筛选优质人才的"试金石"。此外，那些世界顶级名校吸引着全世界的优秀人才，其竞争压力可想而知，并且来自全球的人才在语言、文化、教育背景方面迥然不同，对于人才筛选、录用的难度也提出了不小的挑战。深入了解这些名校选拔与考核师资生源的方式，特别是一些针对具体问题的实施细则，对于我国高等教育与人才选拔方面也会有一些启发。

第四，在课程学习方面，应该广泛利用各种资源，有效地夯实理论基础。世界顶级名校聚集着最为优秀的师资和生源，往往还伴随着长时间教学经验的积累，在教学方面往往各领风骚。但即便如此，世界名校的课堂也不一定是"字字珠玑、句句真理"，一些名气稍弱的学校，在一些课程的设置上，同样有可圈可点之处。在疫情之后，网上学习资源日益丰富，因此留学生应充分利用各类资源，广泛学习。对于没有课程安排的博士生来说，对于科研项目相关的专业课程，也应该主动地学习了解。从心理上，应抛下学校名气的"面子"，因为名校的学生们本身已经是同龄人中的佼佼者，如果只能向比自己更为优秀学校的人才学习，那他们的进步空间就会受到限制。这一点我深有体会：比如剑桥大学的理工科教育，我认为有些保守，特别是在高年级与研究生的课程设置上，过分强调学生的解题能力，授课的内容也侧重于一些成熟的理论；对于学生的动手能力与解决实际问题的能力培养相对较弱，对于与科学研究联系更为紧密的新知识涉及较少。因此，在网上旁听一些其他学校的公开课是对课堂学习的很好补充。刚到英国的时候，我对比中英两国的教育，总有些刻板印象：大班授课不如小班授课，老师讲授不如学生讨论，推导公式不如动画演示或是生动的语言等。其实现在想一想，课堂教学是一项高度依赖经验的工作，并没有一个放之四海而皆准的框架可以套用，必须坚持具体问题具体分析的方法。方法本身并无优劣之分，关键在于能否适应各自学科的特点，否则，即使是世界名校的教育方法，也不一定会有好的效果。

此外，西方高校在教学上往往有这样的倾向：最资深的教授讲本科低年级的课程，资历稍浅的教授讲解本科高年级的课程，刚入职的年轻教授讲解研究生的课程。我认为，对于这样的做法不必过多推崇。恰恰相反，对于大部分本科的基础课程，经过长时间的发展，已经形成了简洁完备的逻辑体系，老师们不需要太多个人的加工，只需要用适合初学者的方式讲清、讲全即可；对于研究生课程，知识点更为庞杂，而且往往涉及一些仍有争议，或者逻辑体系不完备的知识点，如何梳理出完整的知识结构，以及对于存在争议的观点如何取舍，则需要授课老师有丰富的科研与教学经验。我想，英美学校这样的安排，更多的是基于吸引优质生源、提高学校口碑、最大化学校经济利益的考量，也可能是有其资本运作模式的因素，而并非完全从学生的发展角度出发。这种做法的弊端也已经"初见端倪"：据我观察，英美名校正在逐渐患上"空心病"——很少有名校本科毕业学生坚持留在基础科学领域深造并做出巨大贡献的，反而是毕业于中国、日本、印度、新加坡等国家的本科生与研究生，正逐渐成为英美名校科研队伍的主力军。

第五，应该适当了解西方大学教育思想的演变史。英国的纽曼体系、德国的洪堡体系、"常春藤"的精英教育模式、斯坦福大学的创业教育、欧文工学院的"广义工科教育"，都成为一个个名片，吸引着世界各地的人才。只有体会西方大学的办学理念，才能更好地汲取营养，取其精华、去其糟粕。

从另一方面来看，中国要想实现从人才输出大国向人才输入大国的转变，成为世界科研和学术的高地，在人才培养方面也要建立自己的"人才观"；西方高校的办学理念，对于我国提出自己人才培养的目标，也有着一定的借鉴意义。比如在当今"知识爆炸"与"人工智能"时代的大背景下，我们就可以尝试培养"广义科研人才"的办学理念，作为结合纽曼、洪堡两体系的新探索。所谓"广义科研人才"，是指能灵活运用科研领域的技能解决实际问题的新时代人才，应该具备较强的学习能力，能够从大量信息中筛选、甄别有效知识；应该具备严谨的逻辑思维能力，运用系统的方法论有效解决问题；具备高水平的总结概括能力，可以把朴素的经验提炼成为新的理论模型或知识框架，或是把解决问题的方法提炼和推广，做到举一反三，触类旁通；对于身边的一切事物具有细致的观察力和敏感度，可以从身边或实验室里出现的"小事"中提出新问题，或是得到解决问题思路上的启发……新时期，互联网、通信和显示技术的不断发展，不仅使人们获取知识更加便捷，学习知识的过程也变得更加简单和轻松——各种专业的精品课在网络上随处可见，各式各样的科普短视频也是层出不穷，虚拟现实技术也使得知识的呈现方式更加生动、多样；而大数据、人工智能等新科技的发展会使人类的新知识、新经验爆炸性增长。在不远的将来，创造知识、学习知识、传播知识可能会像吃饭、喝水一样简单和普遍。因此，未来的"文盲"，将不再是不会学习、缺乏知识的人，而是那些只会死记硬背、鹦鹉学舌，对知识缺乏深刻理解，不能建立知识之间联系的人。

一百多年前，自从"赛先生"这一形象叫法被提出后，"科学"二字在国人心中便有着特殊的地位。"科学"不只代表着自然法则、科学思维，更被赋予了"进步""正确""合理"等诸多内涵，成为抵御愚昧、落后的最有力武器。在新时期，面对"建设世界科技强国"这一历史性的使命，培养"广义科研人才"，既是历史的选择，也是时代的呼唤。

我相信，我国高等教育蓬勃发达之日，便是中华民族实现伟大复兴之时。

# △后记

说起来，这本书已在我心中酝酿多时了。提起我与它的渊源，还要从我刚出国时谈起。

又是一个典型的英国晚秋，我坐在电脑桌前，心里不觉有些惊讶——没有想到，利用一年多的时间，忙里偷闲，我竟写出了 20 多万字的书稿。

说起来，这本书已在我心中酝酿多时了。提起我与它的渊源，还要从我刚出国时谈起——那可是我人生中第一次到异地求学，父母比我其实更需要一个适应的过程。我到英国的第一学期，他们经常给我打电话，问的问题有时过于详细，甚至令我有点儿厌烦，比如："今天三餐都吃的什么？""英国人做土豆是煮、是炒还是炸？"凡此种种，难以细数。直到有一天，我因为实验课耽误了与家人联系的时间，他们的问题开始有了新的内容："英国人怎么做实验？""经常听你说要写 essay，essay 究竟是怎么回事？"……

挂断电话，我在淘宝网站上搜索，想着能给父母买一本详细介绍出国留学的书籍，以满足他们过于细致的好奇心。可令我颇为惊奇的是，输入"留学"二字，出现的尽是海外大学申请技巧的工具书，或是世界名校知识介绍的画报，而且往往只讲到拿到录取通知书就戛然而止，至于父母关心的留学生生活，竟鲜有人加以记录。

这一晃过了两年，当我来到剑桥大学后，在朋友的推荐下，我读到一本剑桥大学 800 年校庆之时，集剑桥多位学生学者访谈整理而成的《剑桥大学：800 周年肖像》。此时正值英国疫情肆虐，我也回到了国内的家中，时间安排相对宽松。本着年轻人特有的冲动，我正式下定了决心：我也写一写自己的留学经历，立体展示当代留学生的所见所闻、所思所想，也从一个受教育者的角度出发，展现世界名校带给我的独特印记。

可是"写书"二字，说起来容易，做起来难。当我真正上手就彻底明白，为什么很难出现一本记叙留学生生活的书籍作品了：尽管当时因为疫情，英国大学都已经停止线下教学与科研工作，但平时作业、各式实验报告、文献综述、考试复习、毕业论文的要求却丝毫没有减少。这些任务对于最终的总评成绩均占据相当的分数，而且全部需要查重，绝不可能东拼西凑、敷衍了事。身处剑桥大学这样的世界顶级学府，能做好专业课本身的要求就已属不易，就连"双学位"都很少有人敢于尝试，更何况是当一个"兼职作家"？

但这段弹性的时间安排确实是个难得的机会！思来想去，我还是决定迎接这个挑战。我再次利用自己之前完成论文和复习考试的经验，把这个大任务化整为零，积小胜为大胜。我列出写作的提纲和计划，每天只安排一千到两千字的写作内容。这样，我便可以上午完成学习任务，下午和晚上腾出时间写作。鲁迅曾讲过：自己是"把别人喝咖啡的工夫都用在工作上"。我想可能当时人们的娱乐方式比较有限，现如今，如果把玩手机、看电视剧、打游戏等时间算在一起，全部用于写作，这效率说不定比过去的大先生还要高呢。

但是这样的安排，对一个人的自律性绝对是不小的考验。列出一个计划时，心里总是豪情万丈的，可日复一日地坚持下来，热情总会被慢慢消磨殆尽。当我执行自己的计划一周后，我才发现自己的工作状态：上午盯着屏幕写英文，下午和晚上又盯着屏幕写中文，每天在电脑桌前几乎占据了我绝大部分的时间。以至于有一段时间，我的家人们还误以为我会不会是染上了网瘾。直到几次"突击检查"，发现我电脑上始终都是一个个 word 文档，这才消除了误会。

直到今天，我回头审视自己过去一年多的生活，才意识到自己计划性和自律性的增强。从上中学开始，尽管我一直是老师眼中的好学生，可自己始终处在被动接受任务的状态，抑或在同龄人竞争的压力下，迫不得已才提高自我。写作这个任务，是我第一个自己主动接受的挑战。如何在自己选择的目标下坚持到底，脚踏实地地完成一个个小目标并乐在其中，不断践行"积跬步以至千里"的古训，我想这将是一个使人终身受益的好习惯。

同样值得一提的是，2020年恰逢纪念抗美援朝战争70周年，不少相关题材的影视作品登陆电视银屏，当我感到写作热情被消磨殆尽的时候，这些作品也着实给了我不小的激励。看着那一个个和我年纪相仿的年轻人，在面对一个个不断挑战人类极限的任务时所做出的义无反顾的选择，总会让我感到自己还有不少潜力可以调动。《金刚川》《战火熔炉》《跨过鸭绿江》……也为我一年多的写作时光增添了一份特殊的激情记忆。

如果说"从无到有"靠的仅仅是个人的意志力，那么作品的质量，则是一个更加需要攻克的难关。我本身是个彻头彻尾的"理工男"，从上小学开始，日记和记叙文的批语常常是"平铺直叙""简单重复""流水账"……把枯燥单调的理工科学习经历，写成一部绘声绘色的自传体文学作品，又谈何容易？

说到这里，就不得不提到我的指导老师——张大诺。我认识张大诺老师，还是一位剑桥的同学介绍的。他当时正在创业，其合伙人是一位残疾人。后来我才得知，他们的初创公司常常接受一位老师的无私帮助，这位老师曾是新华社的记者，也是一位知名的社会公益人士，听了我的想法后也颇感兴趣，我也就成为张老师的一位"学生"。张老师不仅对文学写作颇有心得和见地，对教育也有一套独特的方法。张老师对待我，始终坚持一对一的辅导，每一次同张老师交流，他都不着急开口，而是先问我写作的体会，不断启发我发现自己的问题，然后他再加以回答和点拨。我记得第一次下笔时完全不得要领，写出来的内容完全就是在回答论述题，几乎不能算是一篇文章。张老师看到文章后，并没有好与坏的评价，也丝毫不提是否需要"重写"，而是告诉我："你不要当成写作文，而要当成你向一个盲人描述刚刚看过的电影那样。"与张老师交流过后，我再看自己的文字，自己都不禁连连摇头。我随即按照他的思路下笔，果然顺畅了很多。当我把自己重写的文章再次发给张老师后，他毫不吝惜自己的赞美，第一时间对我说："你的文字一下就脱胎换骨了。"从这点看，张老师可谓是孔子"不愤不启、不悱不发"教育思想的优秀践行者。张老师的鼓励，也成为我坚持完成写作的动力之一。

此外，张老师对我的关心也体现在生活的方方面面。他为自己所有的"学生"建立了一个共同的"微信群"。他随时关注着各位同学的动态，对于"微信群"里同学的成绩及时加以肯定。对于我书中涉及的专业知识，张老师常常谦虚地主动向我了解。张老师的学生来自金融、管理、人文、社科、播音主持等多个专业，张老师还不计回报地指导几十位残疾人士完成了自传书籍。我想能够同时指导这些身份、背景、专业迥异的学生，除一颗甘心奉献的心外，其终身学习、不断充实自我的钻研精神，也非常值得我学习。张老师的存在，也着实为忙碌而单调的现代社会，增添了不少温暖与光华。

回看这本书的每一章、每一节，"感恩"一词，如康桥沉静而隽美的秋叶一般，不断在我的心头回荡。感谢在我留英之旅中所有遇到的老师、同学、朋友，共同组成了我丰富多彩的求学经历，共同组成了这本书的故事情节；感谢剑桥大学、圣三一学院、卡文迪许实验室，以及我的导师——英国皇家科学院院士 H 教授，他愿意接纳我这个并非最为出色但愿意学习新知的年轻人；感谢父母和家人，本书大半文字的初稿是我在疫情中居家隔离期间写成的，家人对我的写作始终非常支持，不仅尽力给我创造舒心的环境，还经常作为读者给我提供第一手的反馈。

"此情可待成追忆，只是当时已惘然。"在剑桥大学读书的经历，在当下看来也许是个人青春岁月的难忘时光，可对于拥有 800 年校史的剑桥大学看来，自己也无非是一部历史长剧中的一名匆匆过客。于我而言，数十年后，剑桥大学的求学经历也迟早会成为一段依稀往事。但我相信，这本书将是我对求学岁月最好的礼赠和致敬。

我也衷心希望各位读者能够觉得，我的经历或许是一个有趣的、有价值的故事。

辛木
2021 年 12 月
于英国剑桥

图书在版编目（CIP）数据

剑桥博士求学记/辛木著．—北京：中国青年出版社，2022.11
ISBN 978 - 7 - 5153 - 6758 - 3

Ⅰ．①剑…　Ⅱ．①辛…　Ⅲ．①留学教育-概况-英国
Ⅳ．①G649.561.8

中国版本图书馆 CIP 数据核字（2022）第 164923 号

**剑桥博士求学记**

作者：辛木

责任编辑：刘霜　罗静

书籍设计：白砚川（封面）　小蘑菇（版式）

出版发行：中国青年出版社

社址：北京市东城区东四十二条 21 号

网址：www.cyp.com.cn

编辑中心：010 - 57350508

营销中心：010 - 57350370

经销：新华书店

印刷：北京科信印刷有限公司

规格：700×1000mm　1/16

印张：18.75

字数：281 千字

版次：2022 年 11 月北京第 1 版

印次：2022 年 11 月北京第 1 次印刷

定价：68.00 元

如有印装质量问题，请凭购书发票与质检部联系调换。联系电话：010－57350337